越境する移動と
コミュニティの再構築

佐々木衞 編著

東方書店

序論

佐々木 衞

1 「グローバル化」の社会学的テーマ群と本書で検証したテーマ群

　今日の人文学の研究において、人と文化と情報の地球的な規模での移動、すなわち「グローバリゼーション」を論点から外すことはできなくなっている。『社会学評論』176（第44巻第4号、1994年）で、「情報化社会の中のエスニシティ」が特集として取り上げられた。編集者の梶田孝道は、特集の趣旨を、外国人労働者、エスニシティ、多文化主義、移民問題、グローバリゼーションへの関心が広がっているので、エスニシティ活性化を情報化・脱産業化・グローバル化との関連で取り上げる、と述べている。ほぼ10年後の『社会学評論』222（第56巻第2号、2005年）は「グローバル化と現代社会」を特集している。所収された論文は、グローバル化という構造転換の中における国民国家の構成論理、市民社会・市民権、移動者とエスニシティ、越境的社会空間の多元性、ナショナリズムをテーマとしており、国家と国民社会との間が乖離する社会の存立構造を直接的に研究対象としているのがわかる。二つの特集を並べると、この10年の間にグローバル化が国民国家という枠組みを構造的に変容させた方向と深度とを推測することができるのである。

　グローバル化が引き起こした社会構造の変動に関する研究を牽引した一人がサスキア・サッセンである。サッセンが公刊した著書のタイトルの推移をみても、グローバル化の論点が展開した過程をたどることができる。サッセンの代表的な著書には、

　　1988, *The Mobility of Labor and Capital: A Study in International*

序　論

　　　Investment and Labor Flow, Cambridge University Press.（＝1992、森田桐郎ほか訳『労働と資本の国際移動――世界都市と移民労働者』岩波書店。）
1991（2001），*The Global City: New York, London, Tokyo*,（New Updated Edition）, Princeton University Press.
1996, *Losing Control? Sovereignty in an Age of Globalization*, Columbia University Press.（＝1999、伊豫谷登士翁訳『グローバリゼーションの時代――国家主権のゆくえ』平凡社。）

がある。

　最初の著作である*The Mobility of Labor and Capital*（1988）は、サッセンが後に実証するテーマのアウトラインを概括的に提起している。

　第1のテーマは「グローバル化する労働移動」である。生産の国際化が国際労働移動を引き起こしていると説明している。工業諸国による海外投資と国際下請け制の増大や主要な大都市が世界的な経済システムの統制と管理のための中心へと発展したことを要因としてあげている。

　第2は「世界都市」の出現に関するテーマである。金融機構をはじめとする専門的サービスと経営管理のための高水準のサービスを世界的に提供する拠点が形成され、世界都市と呼ぶべき新しい性格の経済中心が確立してきたことを指摘している。

　第3は「グローバル化の社会構造転換」に関するテーマで、世界都市における階層的両極化をともなう経済的再編成と社会構造の転換に関するものである。一方では、①高度に専門的な輸出向けサービス部門に雇用されている所得水準の高いトップ・レベルの専門的労働者の生活様式が生まれ、②住宅地域・商業地域で再開発による富裕地帯化（gentrification）の急速な拡大過程が展開する諸条件を作り出している。他方では、③スエット・ショップ（労働条件の悪い小工場）や家庭内労働の拡大などによって低賃金職種が増大し、安価で不安定なサービス産業従事者が拡大する。④雇用関係も大企業のホワイトカラー（中産階層）を典型とする雇用関係から小規模・統一規格がない

序　論

臨時雇用の関係へ変化する。

　さらに、第4のテーマは「国家、国民社会の変容」に関するテーマで、国家と市民社会の枠組みを超えたレジームが生まれることを指摘している。詳細は*Losing Control? Sovereignty in an Age of Globalization*（1996）で論じているが、国境を越える資本と労働量力の移動によって、国民にたいする国家の排他的な権能の基盤を掘り崩し、国民の成員資格はもはや権利を実現する唯一の基礎ではなくなっているという。

　サッセンが指摘した四つのテーマに関しては、すでに多くの研究が成果を上げている。

（1）グローバル化する労働移動に関するテーマでは、

Castels, Stephen & Mark J. Miller, 1993, *The Age of Migration: International Population Movement in the Modern World*, Macmillan Press.（＝1996、関根政美・関根薫訳『国際移民の時代』名古屋大学出版会。）

（2）世界都市に関するテーマでは、

町村敬志、1992、「『世界都市』化する東京---構造転換のメカニズム」倉沢進・町村敬志編『都市社会学のフロンティア』日本評論社。

伊豫谷登士翁、1993、『変貌する世界都市――都市と人のグローバリゼーション』有斐閣。

（3）グローバル化の社会構造転換に関するテーマでは、

小井土彰宏、2002、「産業再編成と労働市場の国際化－越境的労働力利用の双方的展開と多元化」小倉充夫・可能弘勝編『講座社会学16　国際社会』東京大学出版会。

（4）国家、国民社会の変容に関するテーマでは、

Beck, Ulrich, 1997, *Was ist Globalisierung? : Irrtümer des Globalismus―Antworten auf Globalisierung*, Suhrkamp Verlag Frankfurt am Main.（＝2005、木前利秋・中村健吾監訳『グローバル化の社会学：グローバリズムの誤謬―グローバル化への応答』国文社。）

宮島喬、2004、『ヨーロッパ市民の誕生――開かれたシティズンシップへ』

序　論

岩波書店。
がよく知られている。

　以上のテーマ群の他、第5のテーマ群として、ナショナリズムとエスニシティの拮抗に関するものがある。ベルリンのトルコ人、ロンドンのジャマイカ出身者、ロサンゼルスのベトナム人の例が示すように、移住先のコミュニティが出身国と人のネットワーク、メディアによる大量の情報の濃密な交流によって結ばれ、移住先への国民感情を持たない移住者のアイデンティティ、すなわち「遠隔地ナショナリズム」を形成するといったテーマ群がある（アンダーソン（1992＝1993：179-190）。鄭大均は、1992年のロサンゼルス暴動が韓国系住民を襲った理由を、韓国社会に直結した韓国系住民のエスノセントリズムがあったことを指摘している（鄭　1993：77-92）。また、フランスとスペインにまたがるカタルーニャ語文化がエスニックなネイションを出現させているように、国家の枠組みに収まらない文化地域の現出もナショナリズムとエスニシティの拮抗に関する問題群を構成する一つである。

　本書に掲載されている論文は、以上に挙げた5つのテーマ群の上に論点を設定しているが、とくに、（1）国境を越える移動が仲介人やブローカーによって組織される現状、（2）移住先と故郷との間に開拓される家族ネットワーク、（3）移動者たちの国境を越えて形成するコミュニティ、（4）国家・ネイション・ナショナリズムと移動者・エスニックマイノリティとの格差構造に焦点をおいた。このようなテーマに論点を絞ったのは次の理由からである。

　東アジアにおける外国人労働者は、1990年代に入ってから急激に増大している。とくに、北東アジアでは、東西冷戦体制が解体すると国境を越える移動・移住が新たなビジネスチャンスを生み出し、移動・移住がもっとも旺盛な地域として注目されるようになった。東南アジアでもタイ経済の成長は、1990年代に入るとミャンマー、ラオス、カンボジアから低賃金労働力を集めるようになった。国境を越えた移動は今なお拡大する傾向の途上にあり、移動が引き起こされるプロセス、およびコミュニティの形成を社会学的に検証することが必要だと考えたのが第1の理由である。

第2に、ナショナリズムとエスニシティの拮抗という問題群は東アジア地域での移動を考える時、特に重要なテーマとなるのではないかと考える。鄭大均は韓国のエスノセントリズムを取り上げたが、経済発展とともに肥大化していく自文化肯定ナショナリズムは、1960年代以降の「日本文化論」（青木保 1999）の中にも見られるし、現代中国のなかにも表出されている。日本に侵略された傷痕が未だに解消されず、冷戦構造の負の遺産が国家分断状況を継続させている東アジア地域では、グローバルな移動が地域社会の構造を多文化的に変容させているにもかかわらず、逆に、それ故、ナショナリズムとエスニシティの拮抗は大きな摩擦熱を発していると思われるからである（佐々木 2005：347-362）。

　本書は、エスニシティの自覚が移動・移住によって再構成され、変形・強化される事実を、東アジアをフィールドに実態的に捉えることをめざした。また、本書の特徴は、北東アジア地域と東南アジア地域における移動・移住とエスニシティの交錯を比較的に論じるように構成したところにある。第1の地域は中国と朝鮮半島とが接触する中国青島、および韓国ソウルである。第2の地域は、タイと近隣諸国の国境地域（バンコクと周辺地区、ビエンチャン・ノンカイ地区）である。東アジアを構成する両地域は、歴史的な経験の仕方が異なっており、移動・移住者を受け入れる構造も異なっている。前者は、1992年に韓国と中国との国交が樹立して以来、韓国から資本と技術そして観光客が急激に流入し、また、中国からは大量の出稼ぎ者が流出して、社会的にも刺激的な高揚感を高めている。山東半島と韓国とは黄海を跨いで、一つの経済圏として著しく成長している。この移動・移住の中心にいるのは中国朝鮮族で、彼らは韓国・朝鮮半島に民族的なアイデンティティを認めながらも、中国の朝鮮族としてのナショナリティを強く自覚しはじめている。タイと近隣地域は、タイ系、モン・クメール系、チベット・ビルマ系が互いに交錯しながら生活してきた地域である。近年、経済的に一つの圏域としての結びつきを強くして、出稼ぎ者の急増などでいっそう活発な人の移動・移住を見せている。中国と朝鮮半島の隣接する地域の社会的性格とタイと近隣諸国

序　論

との国境地域とを比較的にみると、前者は冷戦構造の後遺症ともいえる状況を残して、また父系親族構造がタイトな社会秩序を構成しており、エスニシティの自覚もリジットにとらえられる傾向がある。後者は、双系的でルースな社会構造をもつといわれ、民族間の通婚も多く、エスニシティの自覚において対抗的な性格は弱いとみなされている。東アジアの北東アジアと東南アジアを比較的に論じることによって、移動・移住がエスニシティの自覚をうながし、地域社会を多元的に再構築する多様な現実を実態的に捉えることができると考えた。

　また、アジアにおける国境を接した地域の移動・移住の特色をより鮮明に検討するために、アジアから距離があるフランスとカナダにおけるアジア系移民の移動形態を参照する。フランスはインドシナ半島を植民地にした歴史もあり、アジアからの移民を多く受け入れてきた。しかし、近年、海外からの移動・移住に反発する動向が強くなっている。一方、カナダはアジアからの移動・移住に開かれた政策をとっており、移動・移住が比較的容易な国とみなされている。1984年に香港返還が発表された後、大量の移住者がカナダをめざしたことは記憶に新しい。以上のように、本書は、アジア内における対照的な二つの地域の移動と移住の形態を具体的に検証することを中心に、アジアの外における二つの地域の事例を参照することで、国境を越える移動・移住が引きおこしているエスニシティの自覚、相互の認知の対抗と受容を鮮明に考察することを目的としている。また、国境を越える移動と移住は、当該地域の活動エネルギーを大きく高めており、地域社会が再構築されていくダイナミックな構造をみることができるフィールドでもある。移動・移住の具体的事例をとおして、地域社会が変容するダイナミックな構造をも考察している。

2　本書の構成と知見群

　各章で論じたテーマと検証された知見を整理すると次のようになる。

序　論

　第Ⅰ部は、北東アジアにおける越境する移動とエスニシティ、そしてナショナリズムをテーマとした論文を掲載する。

　第1章は、山東省青島に移動した10数万人の中国朝鮮族のコミュニティとネットワークの構造を分析している。移動した人々が新しい生活チャンスを獲得するには、個人的に開発したネットワークを通した情報に頼ることが多い。しかし、大量の移動者を生み出している背景には、制度化されたコミュニティの活動があることを指摘している。

　第2章は、青島における韓国人サービス自営業者のコミュニティを分析している。青島では韓国文化が一種のブランドとして受け入れられており、韓国人が青島でエスニックビジネスやサービス業を起こすには、「ホンモノ」の韓国文化を演出しなければならない。このため、資本、情報、人材を韓国からリクルートし続けることが求められており、青島韓国人コミュニティは韓国社会との緊密な関係の上に成り立っていることを示している。

　第3章は、韓国ソウルに来住した中国朝鮮族のエスニック・アイデンティティを検討した。中国朝鮮族から韓国を「同胞」の社会と見なす視座と、韓国社会が彼らを「朝鮮語が話せる外国人」と見なす視座との食い違いが、中国朝鮮族が韓国社会でエスニック・アイデンティティを構成する基体になっていると分析している。彼らの経験の仕方によって、韓国社会への志向を強めるベクトルと、中国社会への志向を強めるベクトルに分岐するが、時間とともに、両ベクトルから乖離する方向に向かうと予測している。

　第4章は、韓国で近年著しい増加を見せている初等学生（生徒）の海外留学をあつかう。グローバル化時代を生き抜くスキルとしての外国語（英語）の修得をめざしており、学歴を巡る競争の過激化が初等教育段階での海外留学への志向を強めており、アメリカでの高等教育を望む傾向は、今後も一層過激化するであろうと予測している。

　第5章は、戦前の大阪で活発な対中国貿易活動を行った「北幇」（中国東北・華北出身者）のネットワークの構造を分析した。活動の中核となったのは「行桟」（宿屋、倉庫業、仲買業を兼ねる）を拠点に構成した商取引ネットワークで

序　論

ある。ネットワークは日本と中国の双方に広がり、家族、同郷、朋友、同業の絆が輻輳して、無為替取引、無担保貸付の取引慣行を成り立たせていたと説明している。彼らの活動の中に、今日のトランスナショナルなコミュニティのプロトタイプとも言える構造を見ることができる。

　第6章は、外国人労働者の動態を東北アジアの日本、韓国、台湾について整理したものである。1990年代から急増しており、日本では総人口の1.57％、韓国は0.74％、台湾は1.89％を占める。日本では韓国・朝鮮籍が最も多く、ついで中国、ブラジル、フィリピンの順になる。韓国では、中国と韓国系中国人（中国朝鮮族）が4割近くを占め、これに続いて、ベトナム、フィリピン、タイからの受入である。また、未登録労働者が約18万人と、半数を占めるのが韓国の特徴となっている。台湾ではタイ、フィリピン、ベトナムからの受入が多い。また、女性が3分の2を占めているが台湾の特徴である。

　第Ⅱ部は、東南アジアにおける越境する人とエスニシティ、および地域社会の構造に関する論文を掲載している。

　第7章は、タイは周辺国から多くの出稼ぎ者を受け入れており、登録人口だけでも100万人を越え、ほぼ同数以上の非登録者すなわち「不法外国人労働者」からなっている。その実態を、①労働者の募集・リクルートの制度、②移動ルート、③雇用主による雇用条件から明らかにしている。外国人労働者が雇用される条件には政治的・社会的な制度や構造の面で不自由な諸条件があり、これが労働者の生活を過酷にする悪循環を生んでいると指摘している。

　第8章は、外国人労働者の就業と生活の実態を、バンコク都市圏の東南約80〜120キロに位置するチョンブリー県の事例から紹介している。彼らの居住は、漁業・水産加工場や建設現場では集合的に生活するコロニーの形態をとることが多い。タイ的な「イッサラ」（自由）にもとづく伝統的な姿を継承しながらも、会社経営の現代的な合理化によって隔離化・非可視化が進み、地元の地域社会および彼らを横断するコミュニケーションが疎外される傾向が強くなっていることを指摘している。

第9章は、タイで働くミャンマー人労働者のモーン族のエスニシティとナショナリティの構造を分析する。モーン族はミャンマーではマイノリティにすぎないが、彼らの内4人に1人が出稼ぎに来ている。ミャンマー人出稼ぎ者には、カレン族のように一時的な出稼ぎを志向する人々と、モーン族に見られるようにタイでの定住を前提とする人々がある。モーン族は職種を転々としながら地域社会にとけ込んでいき、タイに適合的なエスニック・アイデンティティを選ぶ傾向があるという。

　第10章は、バンコク首都圏で働くミャンマー人労働者のネットワーク社会を分析している。労働許可書をもたない不法滞在者は、リクルート・ブローカーの手配によってタイに入国する。入国手数料は12,000バーツにも高騰し、不法労働者は大きな負債を抱えている。彼らは拘束、送還におびえながら働いており、奴隷的悪条件を耐えざるを得なくなっている。また、女性はセクシャル・ハラスメントの危険にさらされている。このような悪条件で働き、拘束されて送還されても、しかし、彼らはタイで働くことを希望していると分析している。

　第11章は、タイ東北部のノーンカイにおけるベトナム移住者のアイデンティティを検証する。当地のベトナム移住者は1940年の日本軍インドシナ侵攻の戦禍を逃れて来たベトナム北部農村出身者たちである。ベトナム戦争下、ベトナム難民に対する監視抑圧政策の影響を受けたが、世代を経るにしたがってタイ国籍取得者が増え、精肉・ソーセージ製造などで成功した人もあり、タイ社会の中に生活の地歩を広げている。中国系タイ人は中華商会、中国人廟、中華学校を拠り所に凝集力を維持しているのに対して、ベトナム系タイ人は集団としてのアイデンティティを希薄化させる傾向があると指摘している。

　第12章は、タイに隣接するラオス国境地域の移動の実態を報告している。ベトナムの港湾都市ダナンを経由して、ラオスのサヴァナケットを東西に貫通し、タイ北東部の中心都市コンケーンへと抜ける道路が整備された。また、19世紀末までは、タイとラオスを隔てるメコン両岸はタイ・ラーオ族が行き

序論

交う場であった。また、地元のコミュニティの構成員によって、ラオスからタイに労働者を斡旋するブローカーネットワークが組織されている。ラオスからの不法就労者の数は、一層増加する傾向が予測されると分析している。

第Ⅲ部は、アジアから欧米に移動した人々のアイデンティティを分析している。

第13章は、パリに移住したフィリピン人のネットワークとアイデンティティを検証した。パリ在住のフィリピン人の特徴は、非正規就労の比率が極めて高いことである。彼らのフランスへの入国には、親族関係を中心とするネットワークが非合法入国を手配する代理店と結びついたメカニズムがある。また、出身地社会ネットワーク以外にも、フィリピン人同士は互いに助ける暗黙の支援ルールが形成されているという。こうした事情が背景となって、同郷出身者のネットワークの絆は比較的強く、同郷のエスニシティが再確認されていると指摘している。

第14章は、パリにおける中国系移民社会の形成を分析している。現代フランスの漢人社会を代表する組織の一つは「華裔融入法国促進会」である。この組織の成員はサイゴン陥落後の1976年にフランスに「難民」としてやってきた人々である。フランスでの難民という孤独感もあって、子どもの教育を通してインドシナ系中国人のネットワークを形成し、「華人」アイデンティティを再び呼び起こしたと報告している。

第15章は、カナダ・カルガリーに移動した中国「新移民」の意識と生活を説明している。彼らは30～40歳代の高学歴層で、中国国内で社会的地位と職歴をもった人たちである。経済的チャンスを開拓する機会と捉え、エゴ・ネットワークの中で情報を収集して移動している特徴がある。中国社会で経験してきた「人間関係の煩わしさ」から逃れたいという意向が強いと報告している。

第16章は、カナダにおける日本語マガジンを紹介する。カナダに在住する日本人は、ワーキングホリデーや学生ビザで入国する人数が増大しており、20歳代半ばから30歳代半ばの女性で永住する志向をもつ人が増えているのが

序　論

特徴だとしている。日本語マガジンの掲載記事は、グルメや旅行、生活必需情報に関するものが主である。発行された雑誌は、彼らの社交の場を提供するばかりでなく、カナダの日系在住者と接続する機能も果たしていると分析している。

　以上の個別領域の知見から全体を総括すると、次のようになる。

　東アジアの各国は、非熟練・単純労働者の受入を政策でもって制限してはいるが、グローバル化による産業構造の転換によって、外国人労働者の導入が事後承認的に拡大している。外国人労働者が雇用される条件は、社会的な制度や構造の面で制限が大きく、また入国に際してもブローカーの手配に頼らざるを得ない場合も多い。このような労働環境が労働者の生活を過酷にする悪条件を生んでいるという指摘は、東アジアに共通するところであろう。

　本書で紹介している事例から、外国人労働者はネットワークを移動先の社会に広げているのみではなく、故郷との緊密な関係を維持し続けていることがわかる。同胞のコミュニティの存在、国際電話の普及、衛星放送やインターネットの利用によって、移動先の社会に交わらないでも生活できるようになっている。また、エスニックビジネスにみられるように、母国からもたらされる情報ルートは絶えず拡大されている。移動者たちがコミュニティをモザイク的に構成する空間構造と、隔離された「遠隔地ナショナリズム」を醸成する条件が調っていることを示している。このような条件の中で、彼らが劣悪な生活と労働の環境におかれるならば、周縁的な位置に閉じ込められている構造を他者との差異化によって地位を反転させたいという願望が強くなると推測するのは無理がない。韓国における中国朝鮮族が「中国」の「朝鮮族」として韓国社会から一線を引こうとするエスニックな感情、フランスの中国系インドシナ半島出身者が「華人」意識を改めて強くした事実は、東アジアの移動者たちに少なからず共通するところとなっていることも、本書の事例は示している。

　これに対して、タイに移住したミャンマー人モーン族が定住志向を高め、またタイ東北部のベトナム移住者が集団としてのアイデンティティを希薄化

させている事例も本書は紹介している。タイ社会の中に安定した地歩を築くことができた彼らは地域社会の中にとけ込んで行こうとしている。また、青島では、韓国内の金融危機後の就業機会の縮小を背景に、韓国からの進出企業の駐在員をはじめ、自営業の起業や子どもの教育を目的にした移住が増大している。東アジア地域内で移動と定住が進めば、エスニックな感情で地位の反転や優位をはかる意識構造は薄らいでいくのであろうか。しかし、外国人労働者が安価な労働力として受け入れられ、あるいは、地域間の経済格差が移動を導引している限り、エスニックな感情やナショナリズムが希薄になる傾向を期待することは困難であろう。

　では、トランスナショナルな移動が必ずしも相互理解を深めるとはならない現実を超克する道は閉ざされているのであろうか。本書で紹介した事例は、少なくとも次のことも明らかにしている。まず、人々の移動は政策的な管理を越えて拡大しているという事実である。そして、タイに移動した人々が過酷な条件の下にあっても必ずしも不幸の中に押しつぶされていないことも明らかにされた事実である。不法滞在者として拘束・送還されても再びタイへの出国を希望すると事例は語っている。韓国で働く中国朝鮮族にもこの情況は共通するところである。すなわち、移動性を高めた都市は、異種混交性、雑居性、脱中心（権威）的な構造を都市の性格として内在化させおり、移動者が新しい生活チャンスを獲得する空間を拡大させている事実が存在している。

　本書は、東アジアが経験しているトランスナショナルな移動を比較的に検証するところに目的があった。したがって、グローバル化による地域間・階層間格差と差別的な構造の拡大、その反転としてのエスニックな感情の助長、そして、グローバル化が構成する雑居性と異種混交性がもたらすある種の開放性が、社会構造としてどのように全体を構成するのかという問題については、本書では十分に論究することができなかった。この問題を検証するために、近い将来、一つの都市をフィールドとして社会構造の転換を全体的に分析する実証的な研究を発展させたいと考えている。

序　論

3　付　記

　本書に収録した論文は、日本学術振興会平成15～18年度科学研究費補助金「国境を越える移動・エスニシティ・地域社会の再構築に関する比較社会学的研究」（基盤研究（A）海外学術調査、代表：佐々木衞）による研究成果の一部である。4年間に渡るフィールド調査、資料検討会、シンポジウムで検証した内容を論文として取りまとめた。多くの関連調査資料を収集したが、資料は共有できるように『調査報告書』として整理しており、関心を持たれる方には配布したい。

　本書の出版にあたっては、東方書店の川崎道雄さんにお世話になった。出版事情がよくない時期にも関わらず、出版を快諾して下さった。しかも、論文のとりまとめに時間がかかり、出版社への入稿は時限のぎりぎりになった。この面でも多大なご迷惑をおかけすることになった。川崎道雄さんに心から感謝を申し上げる。

参考文献（本文中に紹介した文献は省略する）

　Benedict Anderson, 1992, "The New World Disorder", New Left Review, 193.（＝1993、関根政美訳「〈遠隔地ナショナリズム〉の出現」『世界』586：179-190。

　青木保、1999、『「日本文化論」の変容――戦後日本の文化とアイデンティティ』中公文庫。

　佐々木衞、2005、「東アジアのグローバル化――エスニシティとナショナリズムの交錯」『社会学評論』56（2）：347-362。

　鄭大均、1993、「韓国ナショナリズムの性格」『思想』No. 823、1993年1月：77-92。

目　　次

序　論 …………………………………………………… 佐々木　衞　i
　　　1「グローバル化」の社会学的テーマ群と本書で検証
　　　したテーマ群／2　本書の構成と知見群／3　付　記

Ⅰ　北東アジアの越境する移動とエスニシティ、国家

第1章：都市移住者の社会ネットワーク
　　　――青島市中国朝鮮族の事例から ………………… 佐々木　衞　3
　　　1　はじめに／2　移動者のネットワーク／3　青島朝鮮
　　　族社会のバックアップ／4　まとめ

第2章：韓・中間の国境を越える移動とコミュニティ
　　　――中国・青島の韓国人サービス自営業者の事例を
　　　　手がかりとして ………………………………… 具　知　瑛　19
　　　1　問題の所在／2　青島における韓国人サービス自営業
　　　者／3　越境する経営戦略／4　越境するコミュニティ／
　　　5　まとめにかえて

第3章：国境を越える移動によるエスニック・
　　　アイデンティティの変化
　　　――韓国ソウル市中国朝鮮族の事例から ………… 金　永　基　37
　　　1　はじめに／2　韓国社会における差異、差別の経験
　　　／3　エスニック・アイデンティティ再形成の事例分析
　　　／4　韓国社会における朝鮮族のエスニック・アイデン
　　　ティティ類型／5　おわりに

目　次

第4章：韓国における初等学生の早期留学
　　　　——教育のための国際人口移動 …………………… 小林　和美　55
　　　　1　はじめに／2　早期留学の増加とその特徴／3　初等学生の留学——親たちへのインタビュー調査から／4　おわりに

第5章：阪神地域における「北幇」の歴史社会学的
　　　　考察 ………………………………………………… 過　　　放　71
　　　　1　はじめに／2　「北幇」華僑および「川口華商」／3　「北幇」華僑の貿易活動と人口推移／4　行桟制度と「北幇」華僑の商取引ネットワーク／5　行桟の組織運営からみた「北幇」華僑／6　地域社会における華僑コミュニティ／7　おわりに

第6章：資料　東北アジアの越境する外国人労働者の人口
　　　　——日本編 …………………………………………… 黄　嘉　琪　93
　　　　1　外国人労働者政策の変遷／2　統計数字にみる日本にいる外国人労働者
　　　　——台湾編 …………………………………………… 黄　嘉　琪　97
　　　　1　外国人労働者政策の変遷／2　二国間協定の締結／3　外国人労働者の業種別／4　統計数字にみる台湾における外国人労働者
　　　　——韓国編 …………………………………………… 金　泰　賢　100
　　　　1　外国人労働者政策の変遷／2　在外韓国系外国人の雇用政策／3　統計数字にみる韓国における外国人労働者

Ⅱ　東南アジアの越境する人とコミュニティ

第7章：タイにおける外国人労働者の流入とその
　　　　制度的条件 ………………………………………… 北　原　淳　105
　　　　1　はじめに——過酷な現実と研究の無力さ／2　東南アジア域内の労働力移動の概況／3　タイ政府の外国人労働者の規制、制約政策／4　外国人労働者の労働・生活の条件／5　結びにかえて——方法論の課題

目　次

第8章：タイ中部における越境移動と地域社会
　　　　――チョンブリー県を事例として
　　　　　………………………… 藤井　勝・レーワット・センスリヨン　123
　　　　　1　はじめに／2　越境移動・移住と現代的コロニー／
　　　　　3　地域社会へ拡散する越境移動・移住／4　まとめ

第9章：タイにおけるミャンマー人労働者の
　　　　エスニシティとナショナリティ
　　　　――モーン族の事例を中心に ………………………… 橋本(関)泰子　139
　　　　　1　はじめに／2　タイ・ラーマン－タイにおけるモーン
　　　　　族／3　ミャンマーにおけるモーン族／4　タイにおける
　　　　　ミャンマー人労働者とエスニック・アイデンティティ／
　　　　　5　結　論

第10章：Myanmar Migrant Society in Bangkok
　　　　Metropolis and Neighboring Region
　　　　　……………………………………………………… Than Than Aung　157
　　　　　1　Introduction ／ 2　Profile of Myanmar Migrants ／
　　　　　3　Process of Migration ／ 4　Migration Life in
　　　　　Thailand ／ 5　Conclusion

第11章：国境の街・生鮮市場・ベトナム系タイ人
　　　　――ノーンカーイでの出会いから ……………………高井　康弘　173
　　　　　1　はじめに／2　ノーンカーイの商業地区とベトナム系
　　　　　自営業者／3　タイの「ベトナム人難民」政策の変遷と
　　　　　タイ国籍取得状況／4　ノーンカーイのベトナム系タイ
　　　　　人の現在／5　おわりに

第12章：タイ―ラオス国境横断の空間的構造 ………大城　直樹　189
　　　　　1　はじめに／2　カムアン、サヴァナケット、チャンパ
　　　　　サックの地域的特徴／3　不法就労移民の実情

目　　次

Ⅲ　欧米に越境したアジア人ネットワーク

第13章：フランスにおけるフィリピン人移住労働者の
　　　　エスニシティ ………………………………… 長坂　　格 201
　　　　　1　はじめに／2　「労働者輸出国」としてのフィリピ
　　　　　ン／3　パリのフィリピン人社会の概要／4　フィリピ
　　　　　ン人移住労働者としての連帯意識／5　再確認／再発見
　　　　　されるイロカノであること／6　おわりに

第14章：現代フランスにおける華人社会の形成 …… 白鳥　義彦 217
　　　　　1　はじめに／2　移民社会としてのフランス／3　フラ
　　　　　ンスにおける移民の流れ／4　フランスにおける中国系
　　　　　移民の歴史／5　現代における華人社会の形成／6　おわ
　　　　　りに

第15章：カナダ・カルガリーの中国人「新移民」の
　　　　意識と生活………………………………………… 首藤　明和 235
　　　　　1　カナダの中国人「新移民」とは何か／2　カナダ・カ
　　　　　ルガリーの中国人「新移民」の生活／3　中国社会の中
　　　　　間層と国際移動にたいする意識／4　カナダ・カルガリー
　　　　　の中国「新移民」からみえるエスニシティ研究の課題

第16章：カナダにおける「新移住者」向け日本語
　　　　マガジンの登場
　　　　　──『ビッツ』『ビンゴ』『マンマ』に関する一考察
　　　　　……………………………………… 水口　朋子・岩崎　信彦 251
　　　　　1　日本語マガジン登場の背景／2　新移住者向け雑誌の
　　　　　登場とその役割／3　まとめにかえて──カナダの日本
　　　　　語マガジンの今後

I

北東アジアの越境する移動と
エスニシティ、国家

高級住宅地にあるハングルの看板（中国・青島）

韓国人富裕層が多く暮らす高級マンション（中国・青島）

中国朝鮮族が集住する地域のマーケット（中国・青島）

中国朝鮮族の集住する地域（韓国ソウル・九老区）

韓国教会が組織した外国人労働者のレクレーション（韓国）

第1章：都市移住者の社会ネットワーク
——青島市中国朝鮮族の事例から

佐々木 衞

1 はじめに

　本論では、現代中国における人々の移動エネルギーが引き出される形態を、社会的な構造と文化的な論理の中から論じることに目的がある。労働力の移動は産業化のもとに引き起こされるという趨勢命題の一つに他ならないが、人々のエネルギーを掘り起こし、現実の移動を加速するのは、彼らが生きる社会と文化の構造の内にある論理に他ならないと考えるからである。結論の見通しを述べるならば、移動者たちの当座の生活保障は親族、同郷、知人などの個人的な信頼ネットワークを通して実現せざるを得ないが、大量の人口移動エネルギーを汲みだすには個人的なネットワークを支える制度化されたコミュニティの存在が不可欠ではないかという予測である。華僑の海外移住の歴史が示すように、移動した先には「会館」が中核となった「チャイナ・タウン」と呼ばれるコミュニティが形成された（斯波 1995）。東南アジアの華僑に関するモノグラフ研究からすると個人的なネットワークを越えてある種の集団的なエネルギーがプールされたのは、臨界点以上の人口の集中が条件となるが、制度的な仕組みが支えたからだと考えられる。制度化されたネットワークが個人ネットワークを支えて、人々の移動エネルギーを引き出すのではないだろうかと推測する。本稿では、青島に移住した朝鮮族の人々の親族・親戚関係、民族的活動、企業家組織などさまざまな場面を通して、ネットワークが制度化される事例を考察し、移動者のエネルギーが引き出され、プールされる形態を検討することに目的がある。

Ⅰ　北東アジアの越境する移動とエスニシティ、国家

なお、青島市の韓国企業と中国朝鮮族に関する基礎的な数字は以下のようである。青島に在住する韓国人は約8万人、韓国人の出資する企業は約8000社である。また、青島市に住む中国朝鮮族の人口は10数万人にもなると言われている。特に急激な増大を見たのは青島が都市機能を充実させた1997～98年からのことであり、5～6年のきわめて短期間の内に急増したことが指摘できる（李振山 2006）。

2　移動者のネットワーク

中国朝鮮族の家族とネットワークを考える上で特徴的な活動をまず検討し、次に、新来住者たちの移動とネットワークを検証してみよう。

2.1　祖先を祭祀しない親族ネットワーク

血縁的・同郷的な集団は、移動を促す媒体として今日でも機能を再構成していることはいうまでもない。しかし、今日の急激で大量の移動は、祖先を祭祀する血族組織の構造の範囲を越えて、系譜を確認できない人々をも包括した緩やかなネットワークを形成している（瀬川 2004；上水流 2002）。

祖先を祭祀しない親族ネットワークは、韓国や中国（台湾）の宗親会が示すように全国的、あるいは世界的な組織に発展することもある。韓国におけるモノグラフ研究が明らかにしたところでは、都市では祖先を共有しない同姓の人々の間で花樹会・宗親会が組織され、同郷者の「郷友会」や「親睦契」、あるいは同窓会などとともに社会的絆を構成する契機となっている（伊藤 1987）。また、花樹会・宗親会は祖先を祭祀する親族集団の形態をとりながら、社会的な親睦と支援、あるいは政治的な権益を獲得するためのネットワークとして、父系単系出自の原理から離れて個人を中心とした組織に組み替えられているところに特徴があることも指摘されている（岡田 2001）。

延辺朝鮮族自治州に住む朝鮮族は、1930年代に朝鮮半島から移住した家族が多く、その後も移住を繰り返している。住居の移動を繰り返した彼らは、

祖先の祭祀を数世代にわたって継承することが困難であった。父母の墓への墓参は、死後3年間は命日に息子や娘がそろってするが、その後は清明節と仲秋節にそれぞれ各自墓参するだけだという（佐々木・方 2001：197）。また都会に住む朝鮮族は、一般に亡骸を火葬に付して、墓を持たないことが多い。父母の祭祀も個人化され、親族を集合する結節点としての祖先祭祀という活動が弱いのが推測できる。

　しかし、親族のつきあいが淡泊なのでは決してない。遠い祖先を祭祀しない分、それだけ近い親族、姻戚者同士のつきあいには濃密さがある。都会に出た家族が生活する居住条件は一般的に悪く、子どもが長期の夏休みを家庭で過ごす条件が調っていないことが多い。このような家族にとって、老父母ばかりでなく、故郷に残る兄弟や姉妹の家族は、子どもの養育を託す大切な場となっている。また、都市で失業すると、一時の生活を頼らなければならないのも、故郷に残る家族や親族である（佐々木 2003）。

　中国朝鮮族の間では、高祖にはじまる子孫「八寸」の範囲の親族が一堂に会して祭祀する習慣はない。祖先の位牌を祀る祭壇もない。祖先の祭祀が親族の絆を更新する機会となっていないのに対して、父母の誕生日の祝いは、父母を中心にした近親の家族の絆を改めて確認する場となっている。彼らの家族は夫婦家族を中心としており、祖先を共有する親族には発展しない。しかし、老いた父母が生きている限り、息子や娘の家族はこのような活動を通して拡大家族としての絆が確認されている。彼らの誕生日の祝いには、移住した家族が頼ることが出来る絆を開拓し、常に更新しておかねばならない切迫した事情の一面を見ることも出来るのである。

　親の誕生日を祝う行事が、儀式となっているのが「花甲会」である。「花甲会」は親の還暦を祝う会である。朝鮮族家族にとっては、結婚式や葬式にならぶ大切な行事となっている。行事の進行を見ていると、結婚式を熟年になって再度行う金婚式をうかがわせる。都市ではホテルで行うことが多く、夫婦は着飾り、自動車を連ねて会場に向かう。会場では上座にテーブルがセットされ、さまざまな種類の花と果物、海や山野の食材が並べられる。

I 北東アジアの越境する移動とエスニシティ、国家

夫婦が席に着くと、年長の息子が挨拶をして開会する。プロの司会者と歌手をつけて歌もあり、踊りもあるという大宴会となることも少なくない。「花甲会」の儀式は家族が全面に出ることに特徴がある。主人公となる還暦を迎えた夫婦に対して、息子の世代から始まる輩行、近親の順に、親族全員による叩頭と献杯が続く。叩頭の順は親族の近縁関係を表出させ、共通の祖先の祭祀にかわって、還暦を迎えた夫婦が基点となる親族関係の絆が互いに確認されるのである。

　青島に移住した彼らも、「花甲会」は大切な行事となっている。青島に朝鮮族人口が急増したのは10年に満たないが、親を呼び寄せた家族も多い。「花甲会」は伝統的な形式の演出が重んじられるので、会場の設定、テーブルに飾る花や果物の準備、儀式の取り仕切りなど、老人会が「花甲会」の挙行を請け負うことも多いという。親の世代は、こうした行事を取り仕切ることで、同世代の動向を交換し、ネットワークを広げるきっかけともなっている。

2.2 運動会

　延辺朝鮮族自治州では、毎年秋に、村、鎮、そして自治州の単位で運動会が開催される。都会から離れた村では、老人会のゲートボールや朝鮮将棋などを中心にして、費用をかけない簡素な行事になっている。鎮単位の運動会になると、サッカー、バスケットボール、バレーボールの競技は男女別の地区対抗試合となり、秋千（ブランコ）、跳板（シーソー）、摔跤（相撲）など伝統的な種目も行われる。会場周囲は小屋がけの飲食店や駄菓子屋などが店を出し、祭日の雰囲気に包まれる。

　運動会は、移り住んだ大都会でも組織されている。大都市で見知らないもの同士を多数集める行事は、故郷の村には見られない性格が現れている。青島で2002年10月20日に開催された「青島市『21世紀杯』少数民族伝統体育項目運動会」を参考に、都市で開催される行事の性格を検討しよう。

　青島市民族宗教局の認可のもとに開催され、本来は青島に在住する少数民族の活動を支援することに趣旨があるということであった。だが、青島に住

む少数民族の大多数は朝鮮族ということで、実際は朝鮮族の運動会となっている。会場に掲げられるアドバルーンには、漢字では「民族伝統項目運動会」と書かれているが、ハングルでは「朝鮮族伝統項目運動会」と記されていた。青島市政府から運動会開催のための補助金として14万元が支出された。

運動会を組織したのは、朝鮮族企業者協会（公式名称は「青島少数民族経済発展協会」）のメンバーであった。先の補助金のほか、企業家協会が自らの活動で集めた金額は16万元ということであった。会長のH.M氏は準備段階から中心的な位置にあったが、運営の実際を担ったのは40歳代の人たちであった。準備委員会には企業者協会の中心メンバーの人たち、これに地区代表と老人会会長などが参加して、30人程度の人が集まった。

行事はユニホームを着た各地区の入場行進から始まった。老人会の活発な地区では、伝統のチマチョゴリを着る人もあり、銅鑼や太鼓をたたいて調子を調え、「農楽」を踊りながら行進した。

競技は地区別の対抗演技となっていた。秋千（ブランコ）、跳板（シーソー）、摔跤（相撲）、男子3000メートル競争、女子1500メートル競走などが続いた。中国朝鮮族チームと韓国企業チームとの親善サッカーは、点が入るたびに歓声が上がる。すべての競技が終わったのは午後6時を過ぎた。

秋千や跳板などは中年の女性が健闘した。若い人は中年の女性に力の入れ方などを教わりながら練習をしていた。中年の女性の中には延吉の体育学校で学んだ人があり、若い人にアドバイスをしていた。秋千や跳板は一般のスポーツ競技の種目ではないので、このような運動会が技術を継承する恰好の機会となっていると見られた。

入賞者にはむろん、参加者にもいろんな品物が贈られた。キムチと鞄のセット、レインコート、セッケンの詰め合わせ、女性の下着セットなどなどが次から次に配られる。これらの品物の一部は青島の朝鮮族企業から現物寄付として贈られたもの、またレインコートやキムチなど中には韓国企業から贈られた品物があった。

運動会のために集めた寄付金は全体で約30万元になった。寄付は朝鮮族の

Ⅰ　北東アジアの越境する移動とエスニシティ、国家

経営する企業が担った。支出の主な項目は、競技に参加した人のユニホーム代、送迎用のバス貸し切り費用、参加者の弁当代、準備のための食事代、最後の打ち上げの費用であった。

　運動会の運営全体の取り組みは、組織委員会の中心メンバー5～6人が仕切っていた。運動会の委員として名を連ねているC.Y氏は、マイクを握って対戦の取り組みを仕切っていた。綱引きなどで観衆を整理するのも、組織委員会の中心メンバーが担っていた。

　以上が運動会の様子である。運営の形態についていくつかの特徴を見ることが出来る。

　第1に、運動会は朝鮮族企業者協会が企画し、プログラムの作成、寄付金の徴収、参加者の組織まで朝鮮族企業者協会が担った。当日は組織委員の中心メンバーが競技の進行から競技内容の説明まで全て引き受けていた。

　第2に、運営の中心は、朝鮮族企業者協会に所属する40歳代の人たちが担った。彼らの説明では、市政府が後援する大きな行事を成功させることに関心があったという。運動会を運営すると、市政府や韓国企業の団体など各方面との協力関係を取り付けることが出来る。運動会の運営それ自体が、彼らにとって新しいネットワークを構築する機会となっていた。

　第3に、競技の参加は区単位に組織されており、統一したユニホームを着て、競技の得点を争う型式になっていた。各地区には、競技の中核となる組織がある。朝鮮族がもっとも集住する李滄地区では、伝統芸能の担い手として活発な活動をしている老人会がある。他の地区にも、例年リレーで活躍する人、秋千や跳板などで活躍する中年の女性があり、参加者の組織化は彼らが中心になっていた。

　第4に、地区の代表者は、多額の寄付金を集める力を持つ人に委任される。寄付金の徴収はもとより、運営の仕方にしても、「有力者」や「著名人」と目される人、企業家や政府機関と新しいネットワークを築こうと目論む人が中核となっており、組織運営の個人中心的な構造を見ることができる。

2.3 青島における朝鮮族の組織

　中小の企業が集中する李滄区と、工場団地と住宅区が開発されている城陽区には朝鮮族が集住する地域がある。韓国人も多く住み、街にはハングルが溢れ、青島の中の「小韓国」という様相を表している。このような背景のもとに、政府から公認された組織として朝鮮族企業家協会と朝鮮族老人協会、朝鮮族婦人協会、朝鮮族ゴルフ協会、朝鮮族サッカー協会がある。

　朝鮮族社会の活動の中核となるのが朝鮮族企業家協会である。協会は1997年12月に38名で創立された。現在は約150社の経営者が参加している。主な活動は、大晦日の「迎新年会」、3月のセミナー、5月（端午の節句）のハイキング、もしくは運動会、秋の韓国企業家が組織する「青島韓人商工会」との交流会である。先にふれた「少数民族運動会」は、市政府の支援のもとに2年に一度開催されるようになり、2005年10月に第4回の運動会が開催された。

　朝鮮族企業家協会は、会長、会長団（主席、副会長、10名）、理事（30名）、一般会員からなっている。任期は2年で、会長団、理事は会長が任命する。年会費は、一般会員は800元、理事は2000元、会長団は5000元、会長は1万元である。行事の運営は、会長をはじめとする役員の寄付によるところが大きい。2006年の新年会は会員の家族も含めて300人が集まったが、食事代3万元、景品代3万元、計6万元の経費の内、会長団は1〜2万元を負担したといわれている。会長は協会の各種行事のために、年間10万元を拠出するという。協会の行事の運営、経費負担のいずれにおいても、会長のリーダーシップ、そして企業家個人の資金拠出による財政支援が重要な位置を占めている。

　朝鮮族老人会が最初に組織されたのは李滄区で、1996年のことである。その後、城陽区、四方区など行政地区ごとに組織されている。会員は1000名を越えている。

　民族名を関したスポーツクラブの存在も中国朝鮮族の活動の特徴である。延吉には中国のプロ一次リーグに名を連ねている「延辺チーム」があり、地元の延吉で試合があると、街中が熱狂的な雰囲気に包まれる。青島でも、一

Ⅰ　北東アジアの越境する移動とエスニシティ、国家

般のクラブとして発足したのが朝鮮族サッカー協会である。2006年には、第9回中国朝鮮族サッカー大会を青島で開催し、全国から朝鮮族サッカーチームを招聘して試合を組んだ。

　以上、青島で組織されている朝鮮族の団体の活動を概括した。中国では任意の組織や団体が活動するためには政府の認可が必要である。朝鮮族企業家協会も政府に申請している正式名称は「青島少数民族経済発展協会」で、朝鮮族が単体で民族名称を冠した組織をつくることは認められていない。しかも、団体や組織が認可されるのは、企業、社区（コミュニティ）、学校などに関連した半行政的組織、婦人や青年などに関連する半体制的組織、あるいは愛国的宗教団体や民主諸党派のように管理された宗教団体と政治組織など、限定された範囲でしかない。この中にあって、朝鮮族の企業家が組織し、青島の朝鮮族社会の活動の中核として役割を果たす団体は、青島の朝鮮族が自立した社会的存在として活動するのに極めて恵まれた条件を生んでいると言ってよい。

2.4 新来者たちのネットワーク、情報サイト

　現在でも、東北三省（遼寧省、吉林省、黒竜江省）から新たな人たちが陸続とやって来ている。新たな流入者の中には、予め青島での就職を準備して来る人もある。雇用情報はインターネットで公開されており、高学歴者や有資格者は、インターネットで配信された雇用情報で採用されることもできる。また、職業紹介の仲介人（ブローカー）をとおして、就業と住居を準備して来る人も少なくない。しかし、事例として最も多いと思われるのは、何の準備もなく、わずかな元手を頼りに移動する人たちである。その典型的な事例を以下のX.H氏（1979年生、2005年8月調査）に見ることができる。

　X.H氏は、延吉の高校を卒業した後、延吉市内で販売員やファーストフードの店員として働いたが、25歳の時、一念発起して青島にやってきた。所持金は2000元しかなかったという。青島に着くと、まず、安い旅館を探した。翌日、街頭の職業紹介所で職を探した。最初に就いた仕事は、韓国資本の小

さな紡織会社であった。宿舎と食事付きで給与は1カ月600元であった。機織り機のすさまじい音に慣れなくて、3カ月で辞めた。次の仕事は、政府の職業紹介所で探した。中国と韓国が出資する合弁会社で、鞄を製造する生産ラインの仕事であった。雇用の条件は、韓国語が話せることであった。大きな会社に就職するとき、一般に保証金が必要だが、給与の後払いという形で保証金を支払った。この工場には2005年7月まで2年間働いた。

8月から鞄や財布を販売する会社に就職した。この仕事はインターネットで探した。延辺出身の若い経営者が企業をおこし、求人広告を掲載していた。求人の条件は、延吉出身の人ということであったので、これに応募した。従業員は20人ほどで、半数は朝鮮族の人である。従業員は企業の敷地内にある宿舎で生活をしている。食事は食堂でとり、食費は免除されている。

青島に来たとき、知り合いは1人もいなかった。現在も、知り合いは多くない。青島市に同郷の組織がありインターネットで交流会の情報を流しているが、行事に参加したことはない。

妹がいる。妹は高校を卒業した後、黒竜江省で就職した。黒竜江省で働いていたときの知人が威海に行ったので、妹もその人を頼って、2005年7月に威海に行った。まだ定職に就いていない。

X.H氏の青島での移動プロセスは、一つの典型を示している。単身で、頼るものもなく青島にやってきて、まず、小さな会社で条件の悪い仕事に就く。次に、公共の職業紹介所などで、少し条件のよいところを探す。次第に情報ネットワークを広げて、条件のさらによいところに再々度転職をするというプロセスである。最近、彼らの情報ネットワークで大きな役割を果たすようになったのが、インターネットの利用である。

http://www.moyiza.net は朝鮮族がアクセスする代表的なもので、ハングルによるサイトである。2000年に立ち上がり、韓国に住む中国朝鮮族にも接続されている。ニュース、コミュニティ、ビジネス（職業紹介）、「中国朝鮮族」などの欄がある。とりわけ、「中国朝鮮族」は、中国・朝鮮族としてのアイデンティティ・ナショナリティなどについて閲覧者が自らの生活体験を語っ

ており、様々な意見を交換する場となっている。

職業検索に用いるのには、http://www.chinatong.net、http://www.QingDaoNews.comがある。前者は韓国の人材派遣会社によるサイトである。中国に進出した韓国企業の人材募集に事業を広げたのは2004年である。人材募集は業種別、勤務地別に整理されており、中国国内では北京、上海、青島など11都市があげられている。このサイトを利用した人によると、雇用条件などをインターネットで企業と直接交渉することもできるという。後者は、青島のニュースサイトである。青島の職業紹介の欄は、職業は32に分類されており、青島で仕事を探すのに便利にできている。

この他、www.qdtown.comなど、青島に住む韓国人が運営する青島生活情報サイトがある。

3 青島朝鮮族社会のバックアップ

3.1 黒竜江新聞青島支社

青島でハングル文字による新聞が発刊されている。その一つはハルピン市に本社をもつ黒竜江新聞社の『黒竜江新聞』と、その青島版（土曜日版）の『沿海消息』がある。青島支社が置かれたのは1997年で、青島版の発行は1998年である。『黒竜江新聞社青島報道センター』を併設している。青島に住む韓国企業家、中国朝鮮族に読まれる新聞媒体として役割を果たすよう努力をしているという。青島市に韓国から外資を誘致し、国内の投資に貢献したことで、2000年に青島市政府から優秀団体の表彰を受けている。黒竜江新聞社青島支社は朝鮮族企業家を取材することが多く、取材で得たネットワークを通して朝鮮族企業家協会の組織を提唱し、その実現の準備を担ったのは前支社長のN.R氏であった。

なお、青島支社が管理する発行部数は5000部と言われている。

3.2 活動をバックアップする企業家

　朝鮮族の活動には、寄付をした企業の名を冠に付けていることがよくある。1998年4月に行われた青島における朝鮮族の第1回運動会は、正式の名称を「青島市少数民族第一回『亜赫杯』運動会」と呼ぶ。これは、朝鮮族の代表的な企業であるA公司が多額の寄付金を提供し、運営に必要な総額20万元の寄付金を集める原資となったからである。企業名を冠せないまでも、朝鮮族の活動には企業の寄付が期待されている。2004年の運動会では朝鮮族企業者協会が16万元集めたが、協会長のH.M氏は5万元寄付している。またH.M氏は2002年2月に挙行した敬老会では8万元寄付し、企業家協会全体の寄付金15万元の過半を負担している。延辺自治州の歌舞団150人を招聘し、1000人が参加する大規模な催しとなった。また、2005年5月、カラオケ機器メーカーが現金1万元と4万元相当のカラオケ機器を寄付したので、城陽区の人民大会堂を借り切って1000人以上の参加者を集めたカラオケ大会を催した。このように青島における朝鮮族の活動はさまざまなものを見ることが出来るが、これらの活動は成功した企業家からの寄付があってはじめて成り立っている[1]。

4　まとめ

　以上紹介した青島に住む朝鮮族の移動と生活から、かれらが構成するコミュニティと社会的ネットワークの特徴として、次のことをあげることができる。

4.1 制度化されたネットワークと「半制度」的ネットワーク

　青島における朝鮮族のエスニックな集団としての社会的特徴は、企業家たちによるリーダーシップのもとに活動が組織化されていることがあげられる。政治的、社会的な機能を持つ人的ネットワークは組織的な活動の上に支えられており、彼らのコミュニティが体制から認知されている。

I　北東アジアの越境する移動とエスニシティ、国家

青島の朝鮮族コミュニティの構造を、次の図のように描くことができよう。

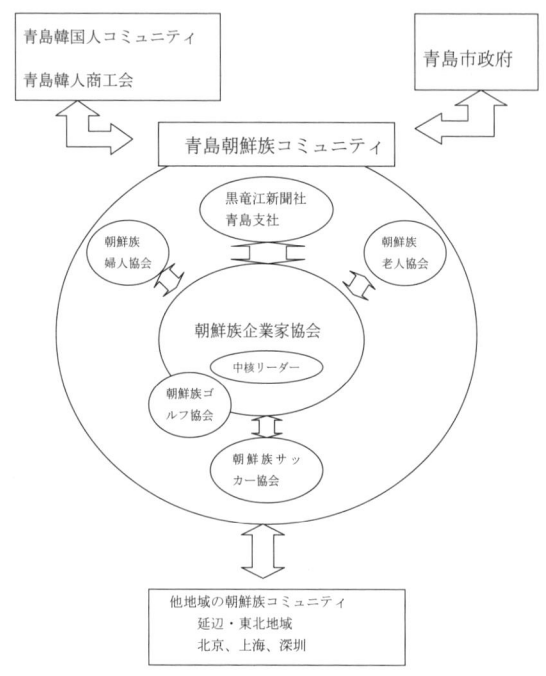

コミュニティの活動の中心に、青島の朝鮮族を代表する中核となる人たちがいる。朝鮮族の情報ネットワークの中核となっていた黒竜江新聞社の前支社長のN.R氏、青島朝鮮族の重鎮として信望を集める中国経済発展協会副会長のX.G氏、企業家として成功を収めたH.M氏などのリーダーシップは、朝鮮族コミュニティの活動にとって不可欠である。この人たちの財政的支援をはじめとするパトロン的役割によって「朝鮮族企業家協会」の活動が組織されている。

自主的な団体は厳しく管理されている条件の中で、朝鮮族の企業家は、正式名称の「青島少数民族経済発展協会」という冠を置き、「少数民族」の立場を転用することで自らの地歩を得ている。青島朝鮮族の運動会、社会活動

が示すように、企業家協会の組織が中軸として活動をバックアップしてはじめて朝鮮族の活動は成り立っているのである。朝鮮族老人協会、朝鮮族婦人会、朝鮮族ゴルフ協会、朝鮮族サッカー協会は、朝鮮族企業家協会の活動と連携することで、資金的に支援され活動が朝鮮族社会の中に広がっている。各分野の活動が企業家協会を中核に連携し、自立性の高いコミュニティを構成していることが、青島をして「第二の延辺」と言わしめるところである。

また、彼らの出身地である延辺、東北地域はむろん、大都市である北京、上海、深圳には青島と同型の構造をもつコミュニティが存在しており、サッカーなどの運動競技、企業家による韓中の経済交流会など様々な活動を通して、地域間の連携が図られている。

4.2 青島に住む朝鮮族の多層性と「半制度的」ネットワーク

青島に住む中国朝鮮族の構成は一様ではない。先ず第1に、軍隊や政府機関でのキャリアを活かして企業家としての転身など新たな地歩を築いた人がある。第2に、韓国企業の中間管理層として従事している人、貿易・製造業・サービス産業を起こした人たちがいる。第3に、企業の現業従事者、レストランのウエイトレスなどに従事する人、小さな商売を始めた人たちである。第1と第2の部類の人たちは住所を登録している人たちで、企業家協会などが企画する活動に参加する人である。第3の部類に入る人たちの就業形態は流動的で、彼らの多くは暫住登録も未登録が多い。飲食店などのサービス産業で働く若い人たちは数週間で職場を変えることも少なくない。彼らは青島に生活の基盤を築くことができないで、脆弱なネットワークのなかに生活しており、青島は移動の通過点でしかない場合も多い（佐々木 2005a）。

就職のあてもなく青島に移動する若い人たちは、就職を近親者や友人がもたらす情報に頼っているのだが、最近、Webサイトで検索することも多くなっている。全く面識のない同郷者や同窓者を探し出したり、企業とサイトを使って雇用条件を交渉することも可能にしている。広告を掲載する企業をも巻き込んだルースな制度を出現させているのである。構造的に見るなら

ば、企業家協会の制度的なネットワークと周縁的な流動者の個人的なネットワークを媒介する「半制度的」な位置にあるといってよい。将来、「半制度的」な中間領域が拡大すると予想することができるが（菱田 2005）、制度的な構造と連動しながらネットワークの階層性の幅を拡大していくものと考えられる。

4.3 ネットワークを構成する論理

　親戚として付き合う家族ネットワークは、父方にも母方にも、あるいは夫方にも妻方にも、状況に合わせて広がっている。当地にすでに生活基盤を確立した人たちの中には、親たちを呼び寄せている人も多い。彼らは兄弟や親戚を集めて親の「花甲会」を催すことに熱心だといわれており、同郷や友人のネットワークを開拓する場ともなっている。このような親族ネットワークは、リジットな系譜的構造を持たないことに特徴があるのであるが、都市への不安定な移動をする場合、就業の世話や子どもの養育などを親や兄弟に依頼することも多く、むしろリジットな構造を持たない状況的なネットワークこそが適合的に機能している。

　朝鮮族企業家協会の組織運営は、親族の状況的なネットワークの構造に相通じる論理が働いているように思える。

　企業家協会の運営をみると、会長をはじめとする役員たちの個人的な資金提供が活動を支えていることが注目される。朝鮮族協会の活動には、経費を多く負担した企業の名を冠して呼称することが多い。企業からの寄付が多ければそれだけ盛大に、多くの朝鮮族に呼びかけることができる。行事の運営、経費負担のいずれにおいても、企業家個人の資金拠出による財政支援とリーダーシップが重要な位置を占めており、パトロンとしてのパーソナルな人間関係と力量とによって組織される特徴を指摘することができる。親族がリジットな構造を持たない状況的なネットワークとして構成される形態と、制度的な組織がパーソナルなリーダーシップによるところが大きいという特徴とは、移動する人々の活動の中に相互に適合的な関連をもつと予測すること

ができる。

注

(1)『黒竜江新聞』の山東・青島版である『沿海消息』には、青島や山東半島で活躍する朝鮮族企業家を多く紹介している。この中には、次のような記事が多く見られる。

　2003年10月12-18日付け「トンサン玩具設立10周年、不遇青少年と家族、養老院に奨学金や生活補償金、生活必需品を支給、朝鮮族の文芸活動や体育大会に賛助金を提供」B.J管理部長へのインタビュー記事。

　2003年10月12-18日付け「ハンギョレ、城陽区朝鮮族運動会に1万元を寄付した世進自動車整備会社」J.H社長へのインタビュー記事。

　2005年7月24-30日付け「創業の道――朝鮮族の先頭者達、『高麗食堂』と『セヨン（세영）玩具実業有限会社』の成功物語」創業者へのインタビュー記事。

参考文献

伊藤亜人、1987、「韓国の親族組織における"集団"と"非集団"」伊藤亜人ほか編『現代の社会人類学　1』東京大学出版会、136-186。
岡田浩樹、2001、『両班』風響社。
菱田雅晴、2005、「揺らぐ国家・社会関係:自律する社会？」菱田雅晴・園田茂人著『現代中国経済8　経済発展と社会変動』名古屋大学出版会、10-35。
上水流久彦、2002、「台湾漢人の同姓結合にみる柔軟性―蔡姓の宗族および宗親団体を中心に」吉原和男ほか編『拡大する中国世界と文化創造』弘文堂、145-166。
佐々木衛・方鎮珠編、2001、『中国朝鮮族の移住・家族・エスニシティ』東方書店。
佐々木衛編、2003、『中国朝鮮族の移住とエスニシティ:都市居住者に関する社会人類学的研究』（科学研究費補助金研究報告書）。
佐々木衛、2005a、「中国朝鮮族に見られる移動と階層分化、エスニシティ」アジア社会研究会編『階層・移動と社会・文化』文化書房博文社、39-56。
――――、2005b、「東アジアのグローバル化－エスニシティとナショナリズムの交錯」『社会学評論』56（2）：347-362。
――――、2005c、「国境を越える移動とエスニシティ――中国青島の事例から」『アジア遊学』81：38-47。
斯波義信、1995、『華僑』岩波新書。
瀬川昌久、2004、『中国社会の人類学――親族・家族からの展望』世界思想社。
李振山主編、2006、『黒竜江新聞創刊50周年記念　中国朝鮮族現状　"ハンギョレ社

I　北東アジアの越境する移動とエスニシティ、国家

　　会"はどこまで来たか』黒竜江新聞社（韓国語）。

第2章：韓・中間の国境を越える移動とコミュニティ
―― 中国・青島の韓国人サービス自営業者の事例を手がかりとして

具　知　瑛

1　問題の所在

　従来韓国は、靴、衣類といった低技術・低賃金の製造業があり、それらの物を欧米へ輸出することによって経済成長を果たしてきたが、1980年代の民主化運動とともに行われた労働紛争などによって国内労働賃金が高くなり、基幹産業の世界的競争力を低下させた（James 1996：13）。そのため、外国から労働者を流入すると同時に、低賃金労働力のある国への工場を移転するなど、経済のグローバル化が促進されてきた。一方、中国は、1978年に経済の対外開放を公認し、積極的に外資導入を図るようになった。中国が最も重視した外資の利用方式は、責務負担が発生せず、資金・技術・経営のノウハウなどの経営資源を一括して導入できる直接投資であった（大橋 2003）。このような両国の経済構造を背景として、1992年に韓・中国交が樹立され、韓国人は'堰が切れたように'中国へ流入し、2006年現在、約50万人の韓国人が中国に滞在し、進出企業数も約2万社に上っている（在中国大韓民国大使館 2006）。

　韓・中間の国境を越える人や物の移動に関する先行研究は、次の二つに大別される。第一、大韓民国の建国以前に朝鮮半島から移住した中国朝鮮族の研究である。ここでは、彼らがどのように朝鮮文化を維持してきたか（ユン 2003）、また韓・中間国交樹立以降の韓国への移動によって中国朝鮮族の社会や文化がどのように変容したかに焦点が当てられている（グォン 2005）。これらの研究は「在外コリアン」研究の一環として位置付けられるものの、

I 北東アジアの越境する移動とエスニシティ、国家

そこではニューカマーとしての韓国人は射程に入らない。

　第二、韓国の経済グローバル化による企業進出の経済・経営の側面に焦点を当てた研究である（関 2003；白 2004など）。ここでは、主に中国における成功の戦略として企業の現地化を課題とし、中国文化に合わせた経営戦略の導入や韓国人の人数を徐々に減らし中国の人材を入れることを勧めている。これらの先行研究では、中国社会における韓国人を定住者ではなく、企業活動を行う一時的滞在者として扱うにすぎない。

　しかし2000年以降、様々なバックグラウンドを持つ韓国人が中国・青島に移住し、従事する仕事も多様化しつつある。そのなか、青島の景観を変えるほど急増したのが、中小資本のサービス自営業者である。彼らは長期滞在の傾向が強く、地域社会と密接な関連を持って青島における韓国人社会を形成する担い手である。にも関わらず、多数が正式な投資ではなく中国人の名義を借りて起業しているため統計上には現れないこと、事業基盤が不安定であるため流動的であることなどから、これまで研究対象とされなかった。

　本稿では、韓国人の一大集住地である中国・青島における韓国人サービス自営業層と彼らを中心として形成されつつあるコミュニティに焦点を当てる。産業構造の再編が進行する現代韓国社会においてその表舞台からこぼれ落ちた人々は、青島という新天地に流れ着いても、なお韓国との関係性を不断に追い求め再構築することによって生き残りを模索している。本稿の分析を通して、経済のグローバル化が進展する今日の東アジアにおいて、本国と移住先を「越境する場」——つまり、本国との関係性において始めて成り立つ場——が形成されるメカニズムの一端を明らかにする。

2　青島における韓国人サービス自営業者

2.1　韓国人移住者の多様化

　今日の青島は韓国企業の投資が最も活発に行われる都市であり、青島市にとっても韓国は外資投資金額の約50%を占めている最大投資国になる。青島

の韓国企業は、アクセサリー、服装、縫製、靴などの中小零細製造業の比重が高い。それらの背景には、1980年代青島周辺に数多く設立されていた郷鎮企業が1990年代のモノ余り時代のなかで開店休業状態のところが多くなり、青島市政府の積極的な誘致活動によって、資本の乏しい韓国中小企業の多くが郊外の郷鎮企業の建物に賃借りして入ったことが挙げられる（関 2003）。

しかし、1990年代末からの中国沿海都市の発展に伴い、賃金や原材料の価格が上昇しつつあるため、中小零細製造業にはメリットがなくなり、移転にかかる経済資本を持っている工場は、既にベトナムなどの東南アジアに移り始めている。それにも関わらず、韓国人の人口は増加し続け、2006年現在公式滞留ビザを取得した人口が約10万人、観光ビザで往来する流動人口が年間15万人を上回る（在青島大韓民国総領事館 2006）。

韓国人の移住を時系列的にみてみると、金融危機後の2000年を境に移住主体が変化している。まず1990年代までの移住者は、企業派遣者、経営者、貿易関係者が多数を占め、主に雇用主としての経済活動を行っていた。彼らは移住当初は単身であるが、長期滞在になると家族を呼び寄せるため、いわゆる＜連鎖移民者＞が発生する。当時の同伴家族は経済活動を行わなかった。

しかし、2000年以降に、金融危機の影響で夫の仕事の将来に不安を持った駐在員や経営者の妻が、青島で起業し始めた。また彼らが、異国での信頼関係の形成に不安を抱き、韓国から経営を手伝ってくれる兄弟や親戚を呼び寄せることから＜連鎖移民者＞がより一層増加した。また1990年代に移住し中国語の教育を受けた子供たちのことが韓国へ知られるようになってから、子供の教育のみを目的として来青する者、つまり＜教育移民者＞が出現し始めた。さらに、青島に韓国社会が形成されつつあること、中国の経済発展が注目されることなどから、移住自体を目的とする者も流入するようになるなど、移住者のバックグラウンドは一層多様化の兆しを見せている。

2.2 自営業層への流入契機

筆者がフィールドワークを行ったコリアンタウン（H花園）には、約500箇

Ⅰ　北東アジアの越境する移動とエスニシティ、国家

所の店舗があり、そのうち半分ほどが韓国人の経営であった。彼らがサービス自営業者になった契機として、金融危機は決定的な重要性を持っている。

　1990年代前半、青島に進出した韓国企業のなか、金融危機の際に倒産した企業の駐在員や経営者が仕事を失った。また経営難を抱える企業は、その対策として企業の「現地化」を進め、多数の人々がリストラされた。このように韓国の金融危機を機に仕事を失った者、なかでも帰国しても再就職の難しい40～50代を中心に青島に留まり新たな仕事のチャンスを模索し始めた。

【事例1】来青した後、事業転換しサービス自営業者になった者：
ＪＫ氏（38歳、男性、1997年来青、現在韓国レストランの経営者、妻を同伴）
・韓国での仕事：照明器具会社の社員
・来青の契機：会社の派遣
・青島での仕事の経歴：会社をやめてから、韓国服屋、化粧品屋などを開店したが倒産し、2003年度に韓国レストランを始めた。現在月収入が40～50万円程度であり、成功したと言われている。彼は諸々な事業に携わった経験から、中国で成功するためには韓国文化を強調しなければならないと考え、料理に使うソースを韓国から持ってくることは勿論、店にいる時に韓国の軍服を着るなど様々な営業戦略を立てている。

　一方で、韓国の国内においても金融危機の克服のため、産業構造の再編として大規模のリストラが行われた。そこでリストラされた人々が雇用労働者層に吸収されず、自営業部門に追いやられ、1980年代以降徐々に減少していた自営業人口が一転して急増した[1]。しかし、多数の事業体が利益の出ない不況状態に陥り[2]、長く続けることも困難であるため、経営者は不断に新たな仕事を探し続けなければならない状態である（韓国労働研究所 2005）。青島には、金融危機以降、韓国で起業した事業が経営難に陥った者、韓国で起業するには初期資本が足りない者、青島に進出した家族や友人などに誘われた

者などが数多く流れ込んでいる。

【事例２】金融危機の際、倒産して来青した者：

ＫＢ氏（40代前半、男性、両替事業、妻と娘を同伴）

・韓国での仕事：中古車販売店を経営したが、金融危機を機に倒産した。
・来青の契機：青島にいる友達が多かったため情報を聞き家族連れで来青（2002年）。
・青島での職歴：中古車販売店をする計画であったものの、諸般の事情で諦めＱ大学の構内ホテルで韓国レストランを開店したが、１年で止める(2005年)。現在は両替を代理する仕事で稼いでいる。長く続けられない臨時的な仕事なので、他の仕事を探している。

2.3 青島における「한인회（韓人会）」の不在

　青島の韓国人社会はこうした不安定な自営業者が多数を占めているため、そこで形成されるコミュニティは北京と上海といったその他の都市とは異なった特徴を表している。

　ここでは、「在外コリアン社会」において、重要な役割を果すコミュニティである「韓人会」についてみよう。「韓人会」は韓国と移住先政府との交渉の窓口として、また韓国人の社会・文化的中心として「在外コリアン社会」に組織されるものである。移住歴史の長いアメリカと日本におけるコリアン社会を見ると、彼らは「在日コリアン」や「コリアン・アメリカン」といった「定住者」であり、政治・社会・文化的活動の中心になる「韓人会」は、ホスト社会の法律上からも認められている。一方、中国における韓国人は定住する「移民」ではなく、主に「企業派遣者」や「投資者」のような経済活動を行う一時的滞在者として位置付けられているため、企業家活動のコミュニティである「商工会」は認定されるものの、「韓人会」は中国の政府からは認められてこなかった。しかし、2000年代に入ってから顕著になってきた定住志向の韓国

Ⅰ　北東アジアの越境する移動とエスニシティ、国家

人、なかでも地域社会と密接な関連を持つサービス自営業者の増加で、「韓人会」組織の必要性が提起され始めている。

　北京では、2002年度に大規模な韓国レストランの経営者であるB氏が会長となって「在中国韓人会」を設立した。この組織はまだ中国の法律上認められていないものの、北京の韓国人の間では広く知られている[3]。

　青島においても、北京に比べて韓国人人口が多く、またサービス自営業者も急増したため、早い時期から「韓人会」の必要性に関する意見は出ていた。2002年度北京の創立が刺激となって、青島でも「韓人会」を設立しようとする動きは幾度もあったものの、未だに中心となる「韓人会」は組織されていない。その理由として「青島韓人商工会」の事務局長はこう語っている。

>【事務局長Ｓ氏への聞き取り調査】
>　"北京の場合は、会長のＢ氏が江南（ソウル市の高級住宅地）で高級レストランを経営していた方で、現在も北京で有名なレストランを経営しています。また中国に来てから10年なので、公館、商工会、教会などにも知られているし、この方ならできるという評判もあったから可能でした。上海も同じです。しかし、青島は違います。まず経済的に余裕がある人は駐在員だし、彼らはコミュニティに興味がありません。だから自営業者が中心にならなきゃいけないのに、みんなが認めるほど能力のある人がいません。以前から何回か創ろうとしていましたが、韓国の「海外同胞財団」から支援金ももらえるんですから、一人が創立しようとすると反対の人が出るんです。"

　ここから、青島の自営業者のなかには中心になれるほどの資本を持って、なおかつ人々の信望を集める者がいないこと、それが中心となるコミュニティの不在という状況をもたらしている様子が窺える。

図1　北京と青島における人と者の移動

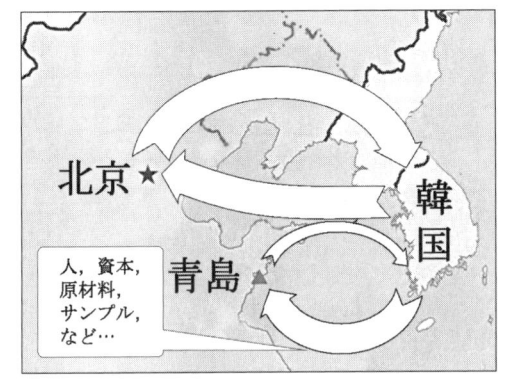

・北京における韓国人の人口は約8万人であり、大企業の駐在員、規模のある会社の経営者、留学生が多数を占めると同時に、サービス自営業者でも経済資本を持つ者が多いため、人、物、経済資本が循環する。
・青島の場合、「中小零細企業」（主に韓国においては斜陽産業）の経営者や小資本の起業家が多数を占めると同時に、韓国に帰る基盤を失った人が多いため、循環できず青島に滞留する。

　また、青島に「韓人会」が、形成されなかった原因は、青島の移住者社会の構造にも求められる。ロサンゼルス、ニューヨーク、シカゴのコリアンタウンを研究した原尻（2000）は、世界都市であるニューヨークと地方都市であるロサンゼルスの比較を通じて、都市の社会的構造によるコミュニティの違いを明らかにした。ニューヨークは、コリアン以外にノンコリアンの移住者も多く、その分競争も激しいため、なんらかの組織や集団を形成し、相互利益を守りながら他集団と競合することが追求される。そのため、コリアンの多くが経営する青果商が中心となって「韓人会」が組織されている。一方で、ロサンゼルスのコリアンは、移住者社会におけるマジョリティであるため、韓国人というアイデンティティは強く保持しながらも、競争の激しいニューヨークより集団化の必要性が少なく、センターになるコミュニティが組織されていない状況であるという。

　青島のコミュニティの在り方は「ロサンゼルス型」に近い。多様な民族が集まる北京と異なり、青島においては外国人のなかで韓国人が圧倒的に多い。そのため彼らは他民族ではなく韓国人内部、あるいは範囲を広げるならば中国朝鮮族を含めたコリアン社会において競争しなければならない。そのため、誰からも信望を集める人物がいないかぎり、中心になるコミュニティを形成することは難しいのである[4]。

Ⅰ　北東アジアの越境する移動とエスニシティ、国家

3　越境する経営戦略

　韓国人サービス自営業者は、韓国金融危機を機に経済の表舞台からこぼれ落ち、青島という新天地に移住して再起を図ろうとしているが、彼らの青島における事業は韓国から不断に人、モノ、資本を持ち込み続けることによって成立している。ここでいくつかの事例を紹介しよう。

3.1「経済的資本」の持ち込み

　青島においては、韓国の諸都市、北京・上海のような中国の大都市に比べて、初期コストが3分の1程度の資金で店を持つことができる[5]。従って、北京と比較すると移住主体には、資本の少ない経済的階層の低い者が含まれることになる。彼らのなかには一度起業して倒産すると再起することが難しい者も多い。しかし、彼らは、来青の際に韓国での生活基盤を手放しており、青島での事業が困難になっても帰国せずに、自身の持つ青島の情報を利用して韓国での人的ネットワークを通して再起する経済資本を引っ張ってくる。韓国労働研究所が行った調査によると、2001～2004年の間起業した自営業者の経済資本の調達方法は、76.4％が本人・家族・親族からであるという[6]。H花園の自営業者も、本人の退職金か親や兄弟の援助によって調達したケースが殆どであった。こうした韓国にいる友人や親戚ネットワークを活用した経済資本の調達は、更なる移民を生じさせ、青島の自営業者層を肥大化させる。

【事例3】友人の呼び寄せで来青した者：
ＫＣ氏（49歳、女性、韓国式刺身屋の経営、夫を同伴、子供はカナダ）
・韓国での仕事：カナダに投資移民として移住した兄弟の誘いで13年前にカナダへ移住。子供の教育をしながら韓国との貿易を行った。
・来青の契機：青島に進出し店を二つ持っていた友人が、経営難に苦しみ、ＫＣ氏に'青島では小資本で沢山のお金が稼げる'と誘っ

た。それで権利金35万元と家賃12万元を送り2004年に来青した。
- 青島での職歴：客がなく2005年から店を売却しようとしたがうまくいかなかったため、夫が韓国から１千万ウォンを持ってきて看板と水族館を直した。2006年になってから漢族の常連客が増えて、経営が多少好転したものの、レストランだけでは生活ができないため、韓国の友人からの依頼を受けて中国の商品を送る小規模の貿易を兼業している。

3.2 商品としての「韓国」の持ち込み

　近年、青島経済が急速に発展して地元の人々の消費レベルが向上したこと、また「韓流」の影響で韓国文化への関心が高まったことから、青島の韓国人サービス自営業者は中国人を商売相手として考え始めている。しかし、彼らの多くは中国語が話せないこと、また中国人より韓国人を相手にした方が商売になることなどから、現在は主に韓国人を相手に商売をしている。

　ところが中国には、朝鮮半島出身で朝鮮文化を維持してきた中国朝鮮族が、韓国企業の進出に伴って中国東北地方から15万人近く移住している。彼らは韓国人と中国人の仲介役になると同時に、韓国文化をブランドと標榜するエスニック・ビジネスに関しては競争者にもなりうる。前節でみたように、韓国人サービス自営業者は、韓国での資本を持たず——あるいは失い——、青島という新天地で再起を試みようとしている。彼らは、このように場の「横断移動」によって、自らの持つ韓国人・韓国文化そのものを「文化資本」として活用している。そのため、中国文化の影響をうけた朝鮮族の文化を自分たちの韓国文化とは異なるものとして日常的に差異化し、自分たちの独自性を不断に開拓する。

【事例４】「韓国伝統居酒屋」の商売戦略：
ＫＡ氏（55歳、男性、韓国式居酒屋の経営、妻を同伴、息子は韓国に滞在）

> - 韓国での仕事：服のチェーン店を経営。ＩＭＦ金融危機の際倒産。
> - 来青の契機：韓国製の服の販売で青島のデパートに出店することを友人に誘われ来青したものの話が流れた。韓国へ戻っても仕事がなかったためそのまま留まる。
> - 青島での職歴：2006年6月からＨ花園で韓国の伝統的な酒の店を開く。店は外見から韓国の伝統的な「チョガジプ（草屋）」であり、メニューは韓国の伝統的な酒である「マッコリ（濁り酒）」である。彼の親が昔から「マッコリ（濁り酒）」を作る仕事に努めていたため、親のノウハウを学んで居酒屋を開店した。彼は「本物の韓国」を強調するために、酒の元になる麹をはじめ、チヂミを作るネギまで韓国から運んでいるという。彼は自分の料理を中国人の口に合わせて現地化をするより、中国人の口を韓国の味に慣れるようにすることが基本的な方策だという。

　一般に移住者社会のエスニック・ビジネスは、ホスト社会の文化に合せ時間と共に「現地化」が進むものとされる。しかし今日の青島においては、競争者である中国朝鮮族が存在すること、船などを用いる運び屋が日常的に韓国から物を運ぶシステムが構築されていることなどから、「純粋な文化」の追求が可能になる。彼らは、「中国におけるサービス業の起業は、韓国より一歩遅れて始めることができる。」(『山東タイムズ』2006.7.10(12)）と考え、「何でも韓国から持ってきたら売れる」という認識を持っている。

3.3 顧客、ビジネス・パートナーの持ち込み

　韓国人のサービス自営業者が増えて競争者が多くなったため、青島にいる韓国人のみを相手することに限界を感じ、韓国にいる人々を青島に呼び寄せる商品を作り始めている。それは、ゴルフ、ホテル、レンタカーなどの観光商品のみならず、語学学校、教育移民者向けのホームステイなどの教育商品、また青島での創業コンサルティング商品など、様々である。それらを人的ネッ

トワークやインターネットサイトを通じて広告し韓国からも客を引っ張ってくる。

> 【事例5】教育移民で来青した後、起業することを試みる者：
> ＮＣ氏（39歳、女性、現在無職、娘を同伴、夫は韓国に滞在）
> ・韓国での仕事：中国語会話の講師
> ・来青の契機：娘の教育のため2004年に来青
> ・仕事の経歴：臨時的に韓国語を教えているが、子供の教育費や生活費は夫からの送金で賄う。しかし、夫の仕事も不安定であり、青島の生活にも慣れてきたため、青島で起業しようと思って、小学校の子供を中心とする教育移民商品を企画し——親が付いて来られない子供のためにホームステイ、学校・個人レッスンの斡旋、生活指導まで行う——、ネット上のコミュニティに載せたが、問い合わせの電話が多いという。

しかしながら、彼らの多くはサービス業に関する専門的ノウハウを持たず、中国人の名義を借りて、小資本で起業しているため、失敗することが少なくない。2000年以降来青した者のなかにもすでに、自分が使える経済資本を使い尽くした者が現れ始めた。彼らは、青島に滞留しながら、既存の人的ネットワークを動員する、あるいは韓国から移住を希望する者との新しいネットワークを形成するなどで、「良い起業のアイディア」を提供し、ビジネスパートナーとなることを勧める。Ｈ花園でも、筆者がフィールドワークを行った際に、新しい人に町を案内しながら起業に関する相談をする姿がよく見られた。

4　越境するコミュニティ

ここまでは青島の韓国人自営業者の越境する経営戦略を紹介した。最後に、

I 北東アジアの越境する移動とエスニシティ、国家

彼ら自営業層を中心に形成されたコミュニティとして「韓人教会」と「ネット上のコミュニティ」の事例を取り上げ、コミュニティ自体も韓国社会との関係性において始めて成り立っている様相を示したい。

4.1「한인교회（韓人教会）」

「在外コリアン社会」の特徴として最も頻繁に取り上げられることは、キリスト教会を中心とするコミュニティ――「韓人教会」――の形成である。青島における「韓人教会」の数は正確に把握できないが、筆者の聞き取り調査によると、青島国際空港から市南区の間に13〜15箇所があるという。教会は、商売のための人的ネットワークを求めるサービス自営業者や青島の韓国人社会の新参者にとって、新たなネットワークを作るルーツになる。また平日に疲れた気持ちを慰労してもらい、利益関係から離れる対話ができると同時に、異国での不安な生活のなか、牧師の説教などを通じて人生の目標を立てることなどから移住者にとっては大事な存在であるという。

教会の運営状況は、どこに位置しているのか、設立主体が牧師中心か信者中心か、そして韓国の教会とどのような関係をもつのかなど、様々な背景によって異なっている。ここではH花園にある二つの教会を挙げて、教会の運営が、韓国との関係において成り立っている様相を紹介する。

2006年7月にH花園に設立した「韓国S教会」は、ソウルのS教会の子教会である。牧師はソウルのS教会で働いていたが、中国で活動することを決心し2002年上海へ進出した。上海で1年間活動してから来青した。最初の3年間は、市政府の許可をもらわず、オフィスビルのなかで運営したが、2006年に韓国の本教会からの支援金や青島信者の間での募金から資本を集め、拡張移転した後青島市政府の許可をもらった。日曜日午前8時からは、ソウルの本教会の礼拝を画像でみながら同時礼拝を行う。「S教会」には、独特な礼拝方式があるため、信者は車で1〜2時間の距離からも訪れるという。2006年現在信者は約300人であり、その人数では年間家賃54万元すら賄えないものの、韓国本教会からの支援によって維持されている。

2001年に設立された「青島R教会」の場合は、牧師そのものを呼び寄せるケースである。この教会は、韓国教会の諸々の派を「連合」するという意図で、特定の韓国教会との関連無しに青島の移住者が中心になって設立された。牧師は韓国や中国全土からインターネットなどを通じて募集し、教会の委員会や信者が投票で選ぶシステムを取った。筆者がフィールドワークを行った2004～2006年の間にも新しい応募者が1週間青島に来て礼拝を主導しその後投票を行った。2005年度の牧師H氏は、アメリカで10年以上活動してきたが、中国への進出を望んで来青した人物であった。しかし、中国語や中国の事情を知らないことなどから、教会の運営メンバーとのトラブルが絶えなかったため、牧師が教会を辞めることにした。この教会は、1年単位で新しい牧師を募集しないといけないほど、牧師の出入りが激しい。

以上の二つの教会からも分かるように、移住先という場において形成されたコミュニティとしての「韓人教会」が、その地域に完結したものではなく、韓国との関係性において成り立っていることが明らかである。

4.2 「중국통칭다오도우미（中国通青島ボランティア）」、ネット上のコミュニティ

ネット上のコミュニティは多数あるが、本稿では「青島韓人商工会」の「僑民会」とも連携している「중국통칭다오도우미（中国通青島ボランティア）」を中心に考察したい。このコミュニティは2003年7月に開設され、2006年現在17,684人の会員がいる。個人が作ったものであるが、徐々に注目を集め、コミュニティ化されたものである。

本コミュニティは広く知られるようになってから、情報交換の場、相談の場として活用されてきたが、2005年20代の集いがオフ会を開催したのを皮切りに、2006年8月から30代、40～50代の集いもオフ会を持ち始めた。その他にも「火曜女性の集い」、「登山会」、「味紀行」などが定期的にオフ会を行っている。特に2006年ワールドカップの際には、このコミュニティの運営者が「僑民会」と共に応援会を企画するなど、青島の韓国人社会の新たな中心として浮上し始めている。また会員同士の交流する場として活用すると同時に、青

Ⅰ　北東アジアの越境する移動とエスニシティ、国家

島で問題に巻き込まれた時の事例を公開し、それに対する解決方法を集め世論化する場として、そして様々なサービス自営業者の広告の場としても機能する。

表1 「중국통칭다오도우미（中国通青島ボランティア）」の項目

1．お知らせ	2．楽しい世の中	3．会員コラム
・入会挨拶 ・お知らせ ・青島僑民消息 ・会員消息 ・企業詳細情報	・一行の落書き ・20、30代集い ・40、50代集い ・人生の悩み（匿名） ・アジュンマ(女性)クラブ	・生活文化コラム ・事業、貿易コラム ・中国生活：
4．手伝ってください	5．専門家相談	6．情報室
・市場 ・生活、文化関連 ・事業、貿易関連 ・旅行、観光関連 ・教育、留学関連	・医療相談 ・歯医者K氏 ・弁護士S氏 ・会計士C氏 ・パソコンドクターL氏	・生活、旅行情報・資料 ・教育、留学情報・資料 ・事業、投資情報・資料 ・中国経済ニュース ・地域別展示会 ・事業紛糾事例
7．集い及び活動	8．文化院	9．写真室
・城陽区の集い ・20代の集い ・30代の集い ・40、50代の集い ・火曜女性の集い ・ボランティアの集い ・趣味の集い： 　登山会、味奇行、バンド	・文化活動： 　QDBS放送局、中国語 ・社会活動： 　ボランティア活動 ・事業交流 ・宗教： 　基督教、佛教、 　カトリック	・青島写真 ・集い、活動写真 ・会員写真 ・その他 ・運営者コーナー： 　運営者掲示板 　運営者特別資料室 　運営者会議室
		●企業、店の詳細情報： 求人・求職、不動産、企業、教育・留学、ホテル、サービス・商品
10．会員企業・店の詳細情報：業種別情報		

※其々の項目をクリックすると情報が見られると同時に、書き込みもできる。
　http://cafe.daum.net/qingdao77のページを転載。

このコミュニティには韓国にいる者の参加も少なくない。「人生の悩み（匿名）」のコーナーの書き込みの半分は、韓国にいる者が中国への移住に関して相談するものである。一例を挙げると、韓国にいる人が事業の倒産や離婚などで挫折し、青島への移住を決心したが、生活情報、中国語の勉強、起業することに関する情報が知りたいという文章を載せている（掲示板、2006年10月9日）。それに対する返事として、民宿経営者、不動産、中国語の学院を経営している人々が、歓迎のメッセージと共に、連絡先などの詳しい情報を載せている。

このようなネット上のコミュニティは、移住者社会の情報ツールとして活用されながら、青島と韓国社会を結び付けている。またこうした掲示板は、ある意味で中国政府の管理の圏外として位置しているため、社会問題に関する情報交換に関しても相対的に自由発言の余地がある。

5 まとめにかえて

以上、2000年以降サービス自営業者層の急速な形成プロセス、彼らの営業戦略、そして彼らの事業や生活などを支える二つのコミュニティに関して考察した。以上の分析を通して、青島の韓国人社会は、本国との関係を射程に入れてから初めて見えてくる社会、つまり「越境する場」であることが明らかになった。このような「越境する場」は、更なる参入者を不断に呼び込み続けている。

青島における韓国人サービス自営業者は、韓国との密接な関係を求め続けながら、また度重る倒産を繰り返しながら、なおも青島を生活の場として定着しようとする。それはなぜか。またそうした状況の青島に新規参入者が跡を断たないのはなぜだろうか。フィールドワークを通じて最もよく聞かされた理由は、韓国社会の産業構造の再編に関するものであった。つまり、青島のサービス自営業層へ流入された人々はその再編のプロセスが進行するなかで、自身が経済の表舞台からこぼれ落ち、子世代での階層移動も望み難くなっ

Ⅰ　北東アジアの越境する移動とエスニシティ、国家

ていることを強調する。そのため、彼らは青島で子供に中国語などの国際教育を与え、国際的競争力を身に付け活躍してくれることを望んでいると言う。

　経済のグローバル化は中産階級の分断をもたらす。中産階級は上昇するか、さもなくば没落するかのいずれかであり、その変化は、過去に経験したよりもずっと急激であるという（Sassen 1998＝2004）。また貧しい人と豊かな人との格差がますます大きくなる一方で、両者の要求を満たすための手段が国家に欠けており、その格差を埋めることは難しくなっている（Beck 1997＝2005）。青島における自営業者の急増の背景には、韓国金融危機の衝撃や人々の不安、経済のグローバル化に伴い産業構造の再編が進む国に対する期待の喪失、そしてこれから発展する中国という場に横断移動することによって階層上昇が図れるという希望などが、重層的に絡み合っている。彼らは、このように経済のグローバルの表舞台からこぼれ落ちたため、「国と国の裂け目」（アパデュライ 1996）で滞留しながら、生活を営み続けている。青島における韓国人移住社会は、その意味で今日のグローバル時代における韓国社会、そのものの有り様を投影しているとも言えよう。

注
（１）2004年韓国の就業人口のうち、自営業者が占める比率は34.9％であり、それらは同じOECD会員国であるアメリカ（7.2％）、イギリス（11.7％）、オーストラリア（13.6％）、日本（16.3％）、台湾（28.4％）に比べると相対的に多いのである（韓国統計庁 2004）。
（２）韓国労働研究所が行った調査によると、都市自営業者の所得レベルを見ると収入が月100万ウォン（約10万円）以下が35.99％、200万〜100万ウォンが28.88％で合わせて50％を超えており、300万ウォン以上は12.8％、さらに所得無し及び個人破産した人も8.37％であるという（韓国労働研究所 2005）。
（３）その後、韓国大使館のホームページには「在中国韓人会」と「在中国韓国商会」を別々に紹介しているものの、「在中国韓人会」のところに'中国側の法律の不備で未登録'と書いてある（在中国韓国大使館ホームページ 2006）。
（４）以上の状況のなかで結局、2003年に「韓国商会」であった企業家コミュニティを「韓人商工会」と名称を変更し、その下に「僑民会」を設置し、韓国人の社会・

文化活動を支援するシステムを取った。
（5）韓国労働研究所の調査によると2004年現在、韓国で起業するための初期コストは平均9,698万ウォン（約1,000万円）である。また筆者が2006年8月に北京のコリアンタウンである＜望井＞で行った聞き取り調査によると、北京の場合、狭いうどん屋が開店できるほどの規模でも権利金だけで最低限30万元（約400万円）、家賃が10～20万元、その後の工事費用などを含むと韓国と変わらない、あるいは韓国よりも高いのである。それに比べて、青島は市中心部であるため高いと言われるH花園の場合でも、北京と同じ規模の店舗が、権利金は約10万元、家賃は年約8～10万元である。
（6）その他には、同業（2.6%）、金融機関からの借金（13.2%）、政府からの援助（0.3%）、個人融資（4.5%）、私債（1.2%）がある（韓国労働研究所 2005）。

参考文献

Arjun Appadurai, 1996, *Modernity at Large: Cultural Dimensions of Globalization*, Minneapolis: University of Minnesota Press.（＝2004、門田健一訳『さまよえる近代——グローバル化の文化研究』平凡社。）

Castles, S. and Miller, M. J., 1998, *The Age of Migration*, New York : The Guilford Press.（＝2000、関根政美・関根薫訳『国際移民の時代』名古屋大学出版会。）

James H.Mittelman, 1996, *Globalization: Critical Reflections*, Lynne Rienner Publishers.

Saskia Sassen, 1998, *Globalization and Discontents*, The New Press.（＝2004、田淵太一・原田太津男・尹春志訳『グローバル空間の政治経済学——都市・移民・情報化』岩波書店。）

Ulrich Beck, 1977, *Was ist Globalisierung? : Irrtümer des Globalismus-Autworten auf Globalisierung*, Frankfurt am Main : Suhrkamp Verlag.（＝2005, 木前利秋・中村健吾訳『グローバル化の社会学——グローバリズムの誤謬 グローバル化への応答』国文社。）

小井戸彰宏、2005、「グローバル化と越境的社会空間の編成——移民研究におけるトランスナショナル視覚の諸問題」『社会学評論』56（2）：381-399。

大橋英夫著、2003、『現代中国経済5　経済の国際化』名古屋大学出版会。

小倉充夫編著、1997、『国際移動論——移民・移動の国際社会学』三嶺書房。

佐々木衛、2005、「東アジアのグローバル化——エスニシティとナショナリズムの交錯」『社会学評論』56（2）：347-361

────、2005、「中国朝鮮族社会に見られる移動と階層分化、エスニシティ」、『階層・移動と社会・文化変容』文化書房博文社、41-58。

関満博著、2003、『北東アジアの産業連携/中国北方と日韓の企業』新評論。

I 北東アジアの越境する移動とエスニシティ、国家

園田茂人、1995、「台頭するアジアの中間層」『世界』12、岩波書店。
原尻英樹、2000、『コリアンタウンの民族誌――ハワイ・LA・生野』、ちくま新書。
広田康生、1997、『エスニシティと都市』有信堂高文社。
グォンテフワン、2005、『中国朝鮮族社会の変化』、ソウル大学出版部（韓国語）。
白権鎬、2004、『中国内韓国系外資企業の経営現地化』、知識マダン（韓国語）。
ユンインジン、2003、「コリアンディアスポラ――在外韓人の移住、適応、アイデンティティ」『韓国社会学会』37（4）：101-142（韓国語）。
韓国労働研究所、2005、『自営業の実態と政策過程』、韓国労働部（韓国語）。

資料
在青島韓国領事館（http://www.qdcon.org.cn）
在中国大韓民国大使館（http://www.koreaemb.org.cn）
中国青島韓人コミュニティ（http://cafe.daum.net/qingdao77）

第3章：国境を越える移動による
　　　　エスニック・アイデンティティの変化
　　　　——韓国ソウル市中国朝鮮族の事例から

金　永　基

1　はじめに

　朝鮮族における韓国入国の第一次的な意義は、短期間で大金を稼ぐことができるという経済的な目的である。彼らは韓国を、自分たちの未来を保障することが可能な経済的な与件を確保するための「機会の地、希望の地」であると思いながら入国する。また母国である韓国へ行けば、言葉も通じるし、食べ物や生活習慣なども似ていることから、韓国での生活はあまり難しくなく、容易に韓国生活に適応できるだろうという文化的な同質性を期待していることも事実である。そしてこの文化的な同質性への期待は、韓国内で韓国人と同等な社会的地位に立てることができるだろうという漠然とした新たな期待を生むのである。つまり、朝鮮族は経済的な理由を主な目的とし、海外への出稼ぎを決意すると同時に、以上のような文化的な要素によって、より容易に受け入れ社会に適応できる韓国を選択する傾向が強いのである。

　しかしこのような彼らの期待とは裏腹に、韓国社会における朝鮮族は、'在外同胞'というイメージより'不法就業している外国人労働者'もしくは'韓国語を話す中国人'というイメージが強い。韓国民は建前としては朝鮮族を独立運動家の子孫としてたたえながらも、経済的・文化的に劣れる存在として見下ろし、朝鮮族を他者化することで、豊かであり純粋な韓国人像を形成しようとするある種の民族内部のオリエンタリズム構造が働いていることも事実である。韓国人と朝鮮族は同民族であるにもかかわらず、朝鮮族は韓国の特殊な政治・経済の脈絡のなかで韓国人とは異なる存在として規定されて

いる。

　このように中国社会でエスニック・マイノリティ集団である朝鮮族は、そのホスト社会が中国から韓国へと変わる過程のなかで、同民族として文化的な同質性を期待していた韓国社会から法的・文化的な面で様々な制約や差別を受けることによって、必然的に複雑なエスニシティ経験をせざるを得ないと思われる。

　本稿では以上の関心に基づき、韓国社会に出稼ぎ者として流入し、実態としては定住者へと変容しつつある朝鮮族を対象として、国境を越える移動・移住を経験することによって彼らのエスニック・アイデンティティはいかに再構成されていくかに対する考察とそのエスニック・アイデンティティ変化を類型化してみる。

2　韓国社会における差異、差別の経験

　朝鮮族は、漢族に対する少数民族としての劣等な地位を打破する手段として韓国行きを選択する傾向が非常に強く、特に経済的な要因が一番大きいと思われる。つまり、朝鮮族は韓国への出稼ぎを、漢族との直接的な対決を避けながら、経済的に漢族を超える絶好の機会として考えている。彼らの話によると、朝鮮族は韓国で生活するうえで十分な資格を持っているが、その資格というのが同民族の一員であるということである。

　実際朝鮮族は、韓国で仕事を選ぶことにおいて、言葉が通じるという点から他の外国人労働者と比べて比較的職業選択の範囲が広い。そして何よりも朝鮮族には親戚訪問という入国方法が存在する。このように朝鮮族にとって、朝鮮族であることは職場選択の有利な手段になり、朝鮮族はこれを、自分たちが朝鮮半島の文化や民族性を守ってきた当然の結果であると思っている。そして朝鮮族は、それを他の外国人労働者と自分たちを区別させる手段として、また韓国人と同民族であることを主張し、同等な地位を要求する手段として積極的に利用するのである。しかしこの文化的な同質性に対する期待は、

実際韓国での生活の中で韓国人との接触によって裏切られ、差異と差別を経験するようになる。

まず、朝鮮族という呼称の使用に関して韓国人と朝鮮族との間で認識の差が確認できる。韓国人にとって朝鮮族という呼称の使用はごく普通の、当然のことである。しかし朝鮮族は、この朝鮮族という用語の一般的・普遍的な使用について非常に敏感な反応をみせており、一部では被害意識に近い極端な反感を持っている人もいる。ではなぜ韓国における朝鮮族という言葉の一般化が問題になるのか。

それは中国における朝鮮族という言葉は少数民族をさす公式的な用語であるが、韓国社会におけるそれは、差別と蔑視という区別の意味を含んでいるからである。朝鮮族は韓国人がいう朝鮮族という言葉には、「貧乏な中国の労働者」もしくは「不法滞留をする中国人」という差別意識が含まれていると受け止めている。つまり彼らは朝鮮族という言葉自体に不満を持っているのではなく、韓国社会におけるその用語の意味が否定的なイメージを含んでおり、従ってその言葉で呼ばれる自分たちも否定的なイメージの存在としてみられるという事実に不満を持っているのである。従って彼らは、朝鮮族ではなく、中国同胞として呼んでくれることを要求する。

朝鮮族が韓国で受けている差別や韓国人との葛藤、そして劣悪な労働環境などについては先行研究でよく言及されてきた（薛東勲 1999：劉明基 1997, 2002）。先行研究で行われてきた以上のような差別内容や葛藤様相を具体的に描くことは次回にゆずり、本稿ではその葛藤の一番大きい要因は何かを考察してみる。

朝鮮族と韓国人の間における様々な葛藤の要因の一つは、民族と国家に対する観点の差である。韓国人にとって民族主義と国家主義は背馳しない。韓国人は韓国を単一民族国家であると思っており、国家内生活領域で他民族と葛藤を起こす余地がないという点から、韓国人は国民と民族を同一概念として受け入れる傾向が強い。たとえ国民という概念が法律に基づいた国家との契約的な側面が強く、民族という概念は血縁的な要素が強調されるという差

があるにもかかわらず、韓国人にとってはその国民と民族という構成員が同一なので、それを区別して考える必要がない。

しかし朝鮮族は、中国という一つの国家のなかで、同じ国籍の多様な少数民族と、また漢族と競争しながら暮さなければならないという現実の問題がある。そのなかでも多数である漢族との間で起こる民族問題は、少数民族として生きていかなければならない彼ら朝鮮民族としての生存とアイデンティティの問題へ直接的な影響を及ぼすので、韓国人の観念的・抽象的なそれと比べると、より一層現実的である。つまり、多民族との共存のなかで、多様性を認めるのが自然な社会である中国とは異なって、韓国の場合はその多様性を認めることは極めて難しい。

多様性を認めるのが決して容易ではない韓国社会では、様々な形態の集団の間で、異なる水準の社会・文化・経済的な資本をいかに所有するかによって、「我々」と「他者」という境界線を引く現象が起こりやすい。その結果、相手または他者集団に対する態度もやはり明確に異なっていくが、このような性格は韓国社会集団間の分裂と排他性という特性として表出されるのである（金明希 2003：190）。劉明基はこれを、「'我々同士の文化'が国家次元に拡大されることによって、我々である韓国人と他人である外国人が対比される認識構造が生じる」という（劉明基 1997：111）。このような脈絡からみると、韓国社会における朝鮮族が経験している差別や蔑視は、民族性をあまり考慮しない韓国社会の区別化のなかで発生する必然的な現象であるかも知れない。

3 エスニック・アイデンティティ再形成の事例分析

韓国に滞留している朝鮮族は、韓国人との葛藤や差別を通じて自分たちのエスニック・アイデンティティをいかに再形成するのか。本節では2004年3月からソウル市九老区一帯に滞留している朝鮮族を対象として行った聞き取り調査から、朝鮮族移住者のエスニック・アイデンティティの変化に関して

第3章：国境を越える移動によるエスニック・アイデンティティの変化

いくつかの事例を挙げて考察してみる(1)。

3.1 【事例一】国籍は中国だが、自分は純粋な朝鮮民族だ

まず、現在の国籍は中国で、法律的には中国人だが、自分は純粋な朝鮮民族だと思っているケースである。Aは50代の男性で、現在不法滞留者である。韓国生活は5年目で、中国では貿易会社の幹部だったが、韓国では工場で働いている。彼は中国でそのまま貿易会社で働いたら、絶対今よりは良い生活をしているはずだと韓国へ来たことを後悔している。また韓国では、朝鮮族がいかに優秀な能力や才能があってもそれを発揮することはできない。そして自分が朝鮮族で、不法滞留者だから韓国人から無視されていると思い込んでいる。また韓国政府が朝鮮族のための同胞法を制定してくれれば、今のように同胞が苦労する理由も、同民族である韓国人から無視されながら不法滞留する理由もないと主張する。

しかし彼は韓国人・韓国社会から無視や差別を受けながらも、「我々朝鮮族は他の外国人労働者とは違う。彼らは外国人だが、我々は同じ民族だ。もちろん現在の国籍は中国で、確かに法律的には中国人だ。しかし私たちが中国人になりたくてなったわけではない。国籍は中国かも知れないが、私は純粋な韓民族・朝鮮民族だ。今私が韓国人から差別を受けているからといって、民族を捨てることはできない」と何度も自分は純粋な朝鮮民族であることを強調する。また祖国の辞典的な意味を言及しながら(2)自分の韓国滞留を正当化しており、漢族に対しても「漢族は何をやっても適当だ。大ざっぱで、気性も荒い。もし漢族の半分くらいが朝鮮族だったら、多分朝鮮族が中国を主導するかも知れない」と批判しながら朝鮮民族が漢族より優秀だと強調する。

このようにAは、韓国人から無視や差別を受けているにもかかわらず、そして自分を受け入れてくれない祖国を冷たいと感じてはいるが、でも自分は純粋な朝鮮民族であることには変わりがないという。「でも私は祖国を捨てられない。今は中国という壁があるから仕方がないかも知れない。しかし私

Ⅰ 北東アジアの越境する移動とエスニシティ、国家

たち朝鮮族と韓国人がお互い努力すれば、きっと朝鮮民族が世界一になる日が来るはずだ。その日までは、韓国人も我々朝鮮族もお互い我慢して、配慮する点は配慮しながら、助け合うべきだ」。

しかしAのように韓国人からの差別を受けながらも、朝鮮民族としての民族意識が強化されていくからといって、必ずしも韓国への定着を希望するわけではない。聞き取り調査のなかで、殆どの朝鮮族は、中国と韓国との自由往来を可能にしてくれること、もしくは韓国籍、あるいは韓国で気楽に暮らしながら働けるようにしてくれることを希望する。しかしその人たちも、中国と韓国を自由に往来することができるなら、わざわざ韓国へ住む必要性は感じないという。このように純粋な朝鮮民族としての意識が強化される人たちの裏面には、ある程度経済的な要因が作用していることも無視できない。換言すれば、朝鮮族は民族を経済的な生計のための手段としてある程度利用しているのかも知れない。

3.2 【事例二】中国では朝鮮族（韓国人）として、韓国では中国人として扱われる

次は、中国では朝鮮族（韓国人）として、韓国では中国人として扱われているので、自分の居場所は何処かと悩んでいるケースである。

Bは50代の男性で、現在韓国籍回復を申し込んでいる。彼は「私は朝鮮民族だ。民族というのは国籍とは関係ない。世界どこの国で住んでいても、朝鮮民族は朝鮮民族だ。たとえ、仕方がなくその国に帰化したとしても、家族代々、朝鮮民族としての自覚を持っていれば、それで十分だ。しかし母国である韓国はそれを分かってくれない。だから韓国籍を回復しようとしている。でも今の韓国政府の政策はおかしい。私たち朝鮮族は、中国では朝鮮族として漢族とは異なる存在として扱われており、韓国では同じ民族だと思っていた韓国人から異邦人、外国人として扱われている。今は混乱している。韓国からも中国からも捨てられたような気がする。このままだったら私たち朝鮮族の居場所はなくなくかも知れない」と完全な中国人でも、韓国人でもない自分の境界的なアイデンティティに対して言及している。

第3章：国境を越える移動によるエスニック・アイデンティティの変化

　Bは中国政府が民族平等政策を行っているとは言え、実際の生活では差別が存在するという。中国社会は漢族でない限りトップになることは極めて難しい。なぜなら中国は漢族社会で、漢族がその主流であり、朝鮮族はただの周辺民族だからだという。しかし先祖の国だと思っていた韓国も、昔からの民族伝統や朝鮮語を守ってきた自分を受け入れてくれないと不満を表明する。

　Bは中国では漢族主流社会から除外された朝鮮族であると思っており、また先祖の国だと思っていた韓国からも徹底的な差別を経験する。同じ民族として待遇されると期待していた韓国生活だが、結局自分たちはただ朝鮮語が話せる外国人に過ぎないという事実を自覚する。しかし彼の場合は、同民族だと思っていた韓国人から差別を受けたからといって、中国人としての国民意識が強化されていくわけでもない。彼はただ韓国からも中国からも受け入れられない、周辺的・境界的な存在に過ぎないという現実を自覚するのである。つまり、彼は韓国と中国という二つの曖昧な民族的・文化的な範疇の間で、どの範疇においても明確な自分の所属的な定義を下すことができず、またそれによって曖昧なアイデンティティを持たざるを得ない境界的な存在の人である。

3.3【事例三】自分は中国人だ。中国を捨てることはできない

　次は韓国人からの差別を受けて、自分は結局中国を捨てることができない中国人であると主張するケースである。

　Cは30代後半の男性で、現在不法滞留者である。彼は知り合いが韓国人から受けた差別を話しながら、韓国での生活で感じたこととして、絶対韓国人を信じてはいけないことをあげている。もちろん韓国でお金を稼ぐためには、韓国人や韓国生活に適応しなければならない。しかし彼は韓国や韓国人に適応することより、自分を忘れないとこが重要だと主張する。「私たち朝鮮族は独特な特質を持っている集団だ。我々は中国人でありながら、朝鮮民族であるという事実を忘れてはいけない。でも朝鮮族が生涯生きていく場所は中国である。韓国ではない。今はただ我々朝鮮族の未来のために出稼ぎに来て

43

いるだけだ。我々が中国以外で困難に直面したり、問題を起こしたりしたら、我々の利益を代弁し、守ってくれるのは中国政府であって韓国ではない。中国という国家の利益と我々朝鮮族個人の利益とのなかでどっちが重要かというと、それはもちろん国家の利益だ」。

　また1985年生まれの留学生Dは、韓国へ来る前までは、自分の体には朝鮮人民の血が流れており、韓国人と同民族で、差別を受けるとは考えもしなかったという。たとえ現在の国籍は中国だが、民族を思う心だけはほかの誰よりも強いと自負している。しかし韓国人からの差別を経験して、「韓国人が言っているように、私たち朝鮮族は中国人だ。中国を無視したり、中国を裏切ったりすることはできない。なぜなら現実的に朝鮮族は、中国の朝鮮族だからだ。中国がないと私たちも朝鮮族ではなくなる。しかし韓国人は、私たちに同じ民族として待遇されたければ、中国を裏切ることを要求する。お祖父さんの国、先祖の国だと思っていた韓国、そんな韓国へ住んでいる韓国人なら、私と同じだと思っていた。しかし私たち朝鮮族をみる韓国人の視線は、それは言わなくても分かるだろう。もう、私は韓国を先祖の国だとは思っていない」と自分が中国の朝鮮族であることを強調するようになったという。

　CとDのように朝鮮族の多くは、韓国に来て自分が中国人であるということを再確認するようになったという。当初韓国生活に有利に作用するだろうと思っていた同民族として持っている文化的な同質性が何の役にも立たず、むしろ韓国人は自分たちを'不法滞留者''外国人労働者'として扱う現実を経験する。従って彼らは、朝鮮族である正体を隠すことや、同じ朝鮮族同士の紐帯関係を強化しながら、自分たちは韓国人とは異なる「中国の朝鮮族」であるということを認識し、彼ら朝鮮族だけの区別されたエスニック・アイデンティティを形成するのである。

3.4 【事例四】他者ではない朝鮮族自身によるエスニック・アイデンティティの再形成

　しかし以上のような漢族や韓国人という他者による朝鮮族のエスニック・アイデンティティの再形成以外にも、韓国での出稼ぎを経験した朝鮮族のな

第3章：国境を越える移動によるエスニック・アイデンティティの変化

かには、彼ら自身の内部で生じる他者性による新しいエスニック・アイデンティティが形成される場合もある。

1980年代後半から部分的な親戚訪問という形で韓国へ進出した朝鮮族は、本人の調査によると、平均では6〜7年、長い人は10年以上韓国に滞留している人もいる。このように長期滞留しながら生活基盤を徐々に韓国に築いている朝鮮族が増えており、まだ20年余りという朝鮮族移住の歴史において韓国訪問が二回目である人もいる。

Eは50代男性で、再入国者である。彼は韓国政府の方針に従って一回中国へ帰って、再び韓国へ来たという。彼は聞き取り調査の殆どの時間を、自由に職業選択や職場移動ができない現在の政策について不満を表した。そして朝鮮族は日本植民地時代に独立運動をするために満州へ行った抗日闘士の子孫であるにもかかわらず、韓国政府は自分たちを受け入れてくれず、また犯罪者扱いや北朝鮮のスパイとして見られることに対して、非人道的・非民主的・非道徳的だと猛烈な不満を言う。

しかし聞き取り調査の後半になると、その態度が変わり、もう二度と中国には帰りたくないし、また帰っても中国では生きていく自信がないという。「正直に言って、一回中国へ帰る前までは、母国だと思っていた韓国から、同胞だと思っていた韓国人から差別を受けて、それを悔やんだり、韓国人に対して恨みを持っていた。しかし不思議なことだが、中国へ帰ったら、そんなに差別を受けていやだった韓国と、私が生まれ50年近く生活してきた中国を比べている自分を発見した。そして何をやっても、何をされても、韓国と比較をした。韓国人はそんな行動はしない。韓国ではこんなこと絶対あり得ないなどなど、ついには韓国で住みたがっている自分を発見した」。

そして彼は以前韓国人から聞かれる話のなかで一番いやだった話が、「朝鮮族の水準は韓国の1960、70年代ぐらいだ」という。しかし前回中国へ帰った時、それほど嫌っていた韓国人の話と同じことを感じている自分を発見してびっくりしたという。つまり、中国の食堂や店でお客さんに対する態度は、韓国でのそれとは異なって、とても不親切で気分が悪くなったとか、また車

も人も交通信号を全く守らないし、公共秩序も守らないという。このように
すべての面において中国は韓国より20年以上は後れていると感じ、一日でも
韓国へ行きたがっている自分を発見したという。このように韓国生活を経験
した朝鮮族のなかには、中国に対する視角が、韓国人のそれと同様、経済的
に遅れた下位社会であるという偏見や固定観念と同じようなものを持ってい
る人も増えている。

　Eのケースは、朝鮮族のエスニック・アイデンティティの再形成において、
漢族と韓国人という外部からの他者のみではなく、自分のなかに起こってい
る心理的な変化によっても再形成が見られる例である。このような外部と内
部の他者性が交じり合って再形成されるエスニック・アイデンティティの例
は、韓国社会における朝鮮族の滞留期間が長くなるにつれ、その数も増える
だろう。

4　韓国社会における朝鮮族のエスニック・アイデンティティ類型

　本節においては、朝鮮族の韓国社会居住志向性と中国社会居住志向性とい
う二つの志向性を軸として二次元の図式を構成して、韓国社会における朝鮮
族のエスニック・アイデンティティの類型化を試みる。それを通じて、前節
で取り上げたいろいろな事例のように、韓国社会における朝鮮族の多様なエ
スニック・アイデンティティを把握することができ、なおかつ全体的な見取
り図を描くことができると思われる。

　図1からわかるように、この図式の縦軸の変数としては「韓国社会居住志
向」の度合いを、横軸の変数としては「中国社会居住志向」の度合いを取っ
ている。しかし、本稿で横軸の変数としてとっている「中国社会居住志向」は、
縦軸の「マジョリティ集団としての韓国社会居住志向」に対立するエスニッ
ク・マイノリティ集団、つまり中国の朝鮮族社会居住志向ではなく、同民族
としての待遇を期待していた韓国社会や韓国民から差別を受け、「中国の朝
鮮族」としてのアイデンティティが強まっていくようなもう一つのマジョリ

第3章：国境を越える移動によるエスニック・アイデンティティの変化

ティ集団としての中国社会という概念である。

この四つのタイプは、聞き取り調査から得た、韓国社会生活を経験した朝鮮族の事例に基づいて、各タイプの特徴を単純化するために、相違点を特に取り上げて構成している。そのため、現実には多様に存在するはずの朝鮮族が、この四タイプのいずれかに厳密に収まるわけではなく、あくまでも朝鮮族の韓国社会との接触を通じた共生への過程を分析するための抽象的な類型であることをはじめに断っておく（寺田 2003）。

第Ⅰ象限「両社会居住志向型」とは、新中国の建国とともに「中国の少数民族としての中国国民」という新たなカテゴリー化を抵抗なく受け入れると同時に、朝鮮民族としての言語や習慣などを保とうとする新たなエスニック・アイデンティティを作り上げて重層的なアイデンティティを持っている朝鮮族を指す。特に、韓国を先祖の国として思いながら自分たちの経済的な目的を達成するための機会の地として出稼ぎにきた初期の朝鮮族労働者を第Ⅰ象限であると名づけておきたい。

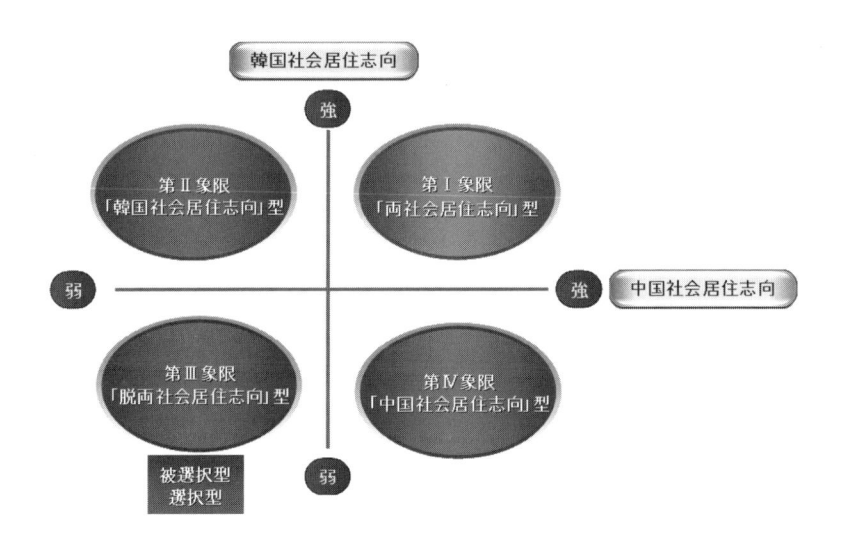

図1　朝鮮族のエスニック・アイデンティティ類型

Ⅰ　北東アジアの越境する移動とエスニシティ、国家

　繰り返して言うが、朝鮮族は韓国社会で少なからぬ韓国人との葛藤を経験するようになる。当初韓国生活に有利に作用するだろうと思っていた同民族としての文化的な同質性が何の役にも立たず、むしろ韓国人から外国人労働者として扱われる現実を経験し、'中国の朝鮮族'としてのエスニック・アイデンティティが強まっていくタイプが第Ⅳ象限の「中国社会居住志向型」である。

　故郷・母国の念に胸膨らませながら韓国に向かった多くの朝鮮族は、韓国社会の過酷な労働と差別による冷遇から、自らが'中国人'であることの再認識を余儀なくされる。「故郷＝韓国」という終着駅はどこにも見当たらず、その旅先で見つかったのは、かつて彼らが後にした始発駅の別名「故郷＝中国」への帰属意識であった。この帰属意識は、「韓国人が雇う側で朝鮮族が雇われる側だということから生じてしまう問題」（仁科健一・舘野晳 1996：137）の帰結である。前述した朝鮮族事例三のC・Dがその典型的な例である。

　韓国社会において朝鮮族という言葉は、韓国人によって外国人労働者、もしくは貧乏、差別と蔑視などの否定的なイメージとして理解されている。一方、朝鮮族は韓国社会で自分たちが同胞もしくは韓国系少数民族など民族的な事実とかかわって定義されることを希望している。繰り返して言うが、中国内で彼らが使用する朝鮮族ということばの意味は、中国内で数多い少数民族のなかで自治区を形成して自分たちの文化を維持してきた誇らしい称号であり[3]、一度も自分が朝鮮族であるという事実を恥ずかしいと思ったり、もしくは蔑視の対象にもならなかった呼称であった。しかし韓国社会で朝鮮族という称号は、朝鮮族であるという事実だけで「私と他人」、「我々と彼ら」などの区別化の対象になっており、その区別化の意味には差別と蔑視もしくは同情が内包されている。

　しかし他者である韓国人との接触を経験して、つまり差別や蔑視を受けたからといって必ずしも'中国の朝鮮族'というエスニック・アイデンティティのみが強化されていくわけではない。朝鮮族事例一のAのように、韓国人からの差別を受けながらも、韓民族・朝鮮民族としての民族意識が強化されて

第3章：国境を越える移動によるエスニック・アイデンティティの変化

いくケースもある。もちろん彼らの裏面には、民族を経済的な生計のための手段としてある程度利用していることも無視できないが、現在自分たちの国籍より韓民族・朝鮮民族としての要因を重視するタイプが第Ⅱ象限「韓国社会居住志向型」である。

ただし、ここで興味深く考察しなければならないのが第Ⅲ象限の「脱両社会居住志向型」である。第Ⅲ象限には、韓国人からの差別を経験して選択的に韓国居住を志向しない場合と、被選択的に孤立せざるを得ない場合がある。まず、「被選択型」は、前節の朝鮮族事例二のBのケースを指す。彼らは、中国では漢族の主流社会から除外された少数民族としての被害意識を持っており、また先祖の国・母国だと思っていた韓国からも徹底的な差別を経験し、自分たちは単に朝鮮語が話せる外国人に過ぎないという事実を自覚する。繰り返して言うことになるが、このケースの朝鮮族は、韓国と中国という二つの曖昧な民族的・文化的な範疇の間で、どの範疇においても明確な自分の所属的な定義を下すことができず、またそれによって曖昧なエスニック・アイデンティティを持たざるを得ない境界的な存在である。

そして「選択型」は、朝鮮族事例四のEのケースをいう。彼は当初、韓国での出稼ぎ経験から、抗日闘争者の子孫である自分たちを韓国政府や韓国社会は快く受け入れてくれず、むしろ犯罪者扱いする現実に対して猛烈な不満や反感を持ち、第Ⅳ象限「中国社会居住志向型」なる。しかし、時間が経つにつれ彼らの帰属意識は変化する。つまり、自分の帰属先であると思っている中国と韓国を常に比較する人々も現れ、中国に対する視角が、韓国人のそれと同様、経済的に遅れた下位社会であるという偏見や固定観念を持つようになる。

図2は、時間の経過に伴い現れる朝鮮族のエスニック・アイデンティティの変容パターンを図式化したものである。ただし、前述したように現実には多様な当事者が、この四タイプのいずれかに、厳密に収まるわけではない。エスニック・アイデンティティを分析するための抽象的な類型であることを強調したい。すなわちこの図は基本モデルであり、これをそのまま、他の対象にも適用できるというわけではない。

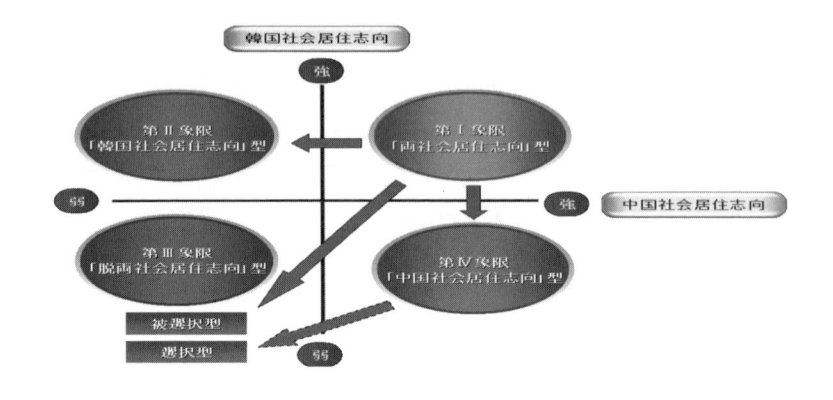

図2　時間の経過に伴い現れる変容パターン

5　おわりに

　本稿では、韓国社会に出稼ぎ者として流入し、実態としては定住者へと変容しつつある朝鮮族を対象として、国境を越える移動・移住を経験することによって彼らのエスニック・アイデンティティはいかに再構成されていくか、その再構成過程をいくつかの事例を挙げて考察してみた後、そのエスニック・アイデンティティ変化を類型化してみた。

　上述したように韓国における朝鮮族のエスニック・アイデンティティは、韓国人という他者によって再形成される。この韓国人という他者との接触によって朝鮮族のエスニック・アイデンティティは、確かに'中国の朝鮮族'としてのアイデンティティが強化されていく傾向が多い。しかし必ずしもこのような傾向のみが現れるわけではない。

　取り上げた事例からも分かるように、韓国で長期滞留する朝鮮族が増えるにつれ、韓国人という外部からの他者以外にも、彼ら内部に起こり始めている他者性によっても新たなエスニック・アイデンティティは形成されている。また韓国や中国という二つの曖昧な民族的・文化的な範疇の間で、どの範疇においても明確な自分の所属的な定義を下すことができず、またそれによっ

第3章：国境を越える移動によるエスニック・アイデンティティの変化

て曖昧なアイデンティティを持たざるを得ない境界的な存在の人も現れている。ただし本稿で強調したいことは、このような朝鮮族のエスニック・アイデンティティの再形成に関する事例を考察することによって、エスニシティは他者との相互作用を通じて発生する関係的な側面を持っており、またそれは状況によって変化する流動的な特性を持っているという点である。事例の数が一番多かった'中国の朝鮮族'としてのアイデンティティが強化されていく傾向以外にも、その数が比較的に少なかった事例を取上げ、なおかつ分類化した理由は、エスニシティが持っているこのような関係の側面や状況的・流動的という特性を説明するためである。

　朝鮮族は中国で少数民族として生きていくために、言語や風習などのような文化的な特性を用いて漢族との区別を図る。しかし韓国人との関係においてはその文化的な特性は全くといっていいほど機能しない。むしろ韓国社会では、韓国人との関係において資本－賃金労働という関係からも分かるように、経済的な階級・階層と国籍がその区別の役割を果たしているともいえる。このように朝鮮族自身が誰と区別し、また区別されるか、そしてその時、適用される条件や基準も変わるという点は、エスニシティが持っている流動的な特性を現すのである。このような朝鮮族の事例から分かるように、エスニック・アイデンティティは、決して国籍や政府の政策などのような、マクロな社会構造のみによって形成されるのではなく、それと共に日常生活のなかで、絶えずその境界が流動的かつ状況的に再形成されるのである。

　そして聞き取り調査事例から、韓国社会における朝鮮族のエスニック・アイデンティティの類型を四つに分類してみた。縦軸の変数としては「韓国社会居住志向」の度合いを取り、横軸の変数としては「中国社会居住志向」の度合いを取っている。第Ⅰ象限は「両社会居住志向型」、第Ⅱ象限は「韓国社会居住志向型」、第Ⅲ象限は「脱両社会居住志向型」、第Ⅳ象限は「中国社会居住志向型」として名づけた。

　本稿でいう第Ⅰ象限は、1980年代後半、中国で朝鮮民族としての言語や習慣を保とうとするエスニック・アイデンティティと中国の少数民族として

I 北東アジアの越境する移動とエスニシティ、国家

の中国国民としての新たなカテゴリーを同時に持ちながら、先祖の国である韓国へ出稼ぎに来た初期の朝鮮族を指す。そして韓国生活において、前述したようなさまざまな経験を得て彼らのエスニック・アイデンティティは第Ⅱ・第Ⅲ・第Ⅳ象限へと変わっていく。また、朝鮮族の韓国への出稼ぎ歴史がまだ20年も経っていない状況なので、今回の調査では、彼らのエスニック・アイデンティティの変化が図2のようなパターンしか現れなかった。しかし、時間が経つにつれ、その変化パターンも多様化するはずなので、今後注意深く調査を続ける必要があると思われる。

注
(1) 劉明基は、韓国社会で経験する差別を通じて朝鮮族のエスニック・ナショナルアイデンティティがいかに再認識されていくかを考察している。彼はその類型を①韓国社会定着型、②個人主義型、③中国人国民意識の強化型と分類している（劉明基 2002）。
(2) 中国の辞典をみると、祖国を「祖籍所在的国家」そして「自己的国家」とも定義している。また韓国の辞典では、「先祖代々生きてきている国」「自分が生まれた国」「母国」となっている。これをみても韓国は我々朝鮮族を認めるべきだと思う。
(3) イムチェワン・キムギョンハク（2002）は、500人の中国延辺朝鮮族を対象として「朝鮮族血統に対する矜持」を調査した結果、応答者の89.4％（447人）が矜持をもっていると答えており、朝鮮族を一つにまとめる一番大きい特徴としては民族意識（340人）と答えた。

参考文献
奥田道大編著、1997、『都市エスニシティの社会学——民族／文化／共生の意味を問う』、ミネルヴァ書房。
梶田孝道、1996、「民族・国家・エスニシティ論の現状と課題」井上俊ほか編『民族・国家・エスニシティ』、岩波書店。
————、1988、『エスニシティと社会変動』、有信堂高文社。
青柳まちこ編・監訳、1996、『エスニックとはなにか』、新泉社。
佐々木衞・方鎮珠編、2001、『中国朝鮮族の移住・家族・エスニシティ』、東方書店。
関根政美、1994、『エスニシティの政治社会学』、名古屋大学出版会。
初瀬龍平編著、1996、『エスニシティと多文化主義』、同文舘。

第 3 章：国境を越える移動によるエスニック・アイデンティティの変化

寺田貴美代、2003、『共生社会とマイノリティへの支援』、東信堂。
Banks, M. 1996, *Ethnicity : anthropological constructions*, New York : Routledge
Barth, F. 1969, *Introduction, Ethnic Groups and Boundaries*, Boston : Little Brown, 9-38
Jenkins, Richard, 1997,*Rethinking Ethnicity : Arguments and Explorations*, London: Sage
Nathan Glazer and Daniel P. Moynihan, eds., 1975,*Ethnicity : Theory and Experience*, Cambridge, Mass. : Harvard University Press
韓相福・權泰煥、1993、『中国延辺の朝鮮族』、ソウル大学出版部（韓国語）。
金洪周、2003、「中国の少数民族政策と在中同胞の正体性」、西江大学修士論文（韓国語）。
金永基、2005、「韓国社会における朝鮮族労働者と地域住民との社会的適応様相に関する研究」『ぽぷるす』神戸大学社会人類学研究会、4：37-71。
金明希、2003、「韓国内朝鮮族正体性と韓国観」『思想』社会科学院、15(3)：183-201（韓国語）。
高志咏、2003、「中国朝鮮族正体性変化分析」、全南大学修士論文（韓国語）。
薛東勳、1999、『外国人労働者と韓国社会』、ソウル大学出版部（韓国語）。
李光奎、1997、『民族と国家』、一潮閣（韓国語）。
―――、2002、『激動期の中国朝鮮族』、白山書堂（韓国語）。
劉明基、1997、『外国人労働者の現実と未来』、未来人力研究センター（韓国語）。
―――、2000、「朝鮮族の海外就業と社会文化的変化」『韓国文化人類学の理論と実践』小花、521-541（韓国語）。
―――、2002、「民族と国民の間で」『韓国文化人類学』韓国文化人類学会、35：73-100（韓国語）。
劉京宰、2001、「中国朝鮮族のエスニック・アイデンティティに関する研究」『国際開発研究フォーラム』17、155-181（韓国語）。
イヒョンジョン、2000、「韓国就業と中国朝鮮族の社会文化的変化」ソウル大学修士論文（韓国語）。
イムチェワン・キムギョンハク、2002、「中国延辺朝鮮族の民族正体性調査研究」『大韓政治学会報』大韓政治学会、10：247-273（韓国語）。

第4章:韓国における初等学生の早期留学
―― 教育のための国際人口移動

小林　和美

1　はじめに

　韓国では、子どもの教育の問題が、人口移動に少なからぬ影響をおよぼしてきた。農村では、より良い条件のもとで子どもに教育を受けさせるため、世帯ごと都市に移住したり、子どもを世話役の祖母とともに都市に住まわせたり、子どもを都市に住む親戚の家に預けるなどして、より教育条件が良いと認識されている都市へ子どもを移住させ、都市の学校に通わせようとする現象がみられた（小林 2000など）。また、都市では、より良い教育条件を求める人々が、より「良い」と認識されている学区へ移住する現象がみられる。
　より良い教育条件を求めての人の移動は、海外にも及んでいる。グローバル化が進むなかで、初等学生（日本の小学生にあたる）・中学生・高校生が外国に留学する「早期留学」と呼ばれる現象が拡大した。親の海外勤務などに子どもを同行するかたちでの留学だけでなく、子どもの留学のために母親が同行したり、子どもを外国に住む親戚の家に預けたり、知人や留学専門エージェントが紹介した家庭にホームステイさせたり、寮に入れたりして、子どもを外国に住まわせ、外国の学校に通わせることを目的とした留学が、おもに中産層でみられるようになった。早期留学の増加は、家族別居、階層間格差の固定化、学校教育のあり方、外貨の流出などとの関連で、社会問題にもなっている。
　本稿では、韓国における「早期留学」[1]をとりあげ、教育を目的とした国際人口移動現象について考察する。なかでも、近年増加の著しい初等学生

Ⅰ　北東アジアの越境する移動とエスニシティ、国家

の留学に注目し、子どもを留学させた経験のある親たちにたいするインタビュー調査[(2)]の結果から、親たちが幼い子どもを留学させる理由について検討していきたい。

2　早期留学の増加とその特徴

　韓国で早期留学が社会問題として現れるようになったのは、1990年代半ば頃のことである。1993年にキム・ヨンサム政権が発足し、「世界化」と初等学校での英語教育が国家政策となるのと前後して、子どもを外国で学ばせるために母親と子どもが外国で生活し、父親が韓国に残って働き生計を支える家族が現れ始めたとされる。1995年頃からマスコミがこうした家族に関心を持ち始め、韓国に残された父親は、子どものために懸命に働き、海を越えて家族に会いに行く姿が渡り鳥の雁と重なることから「キロギ・アッパ（雁のお父さん）」と呼ばれるようになり、家族解体への憂慮や教育問題と関連して社会問題となった（ジョ・ウン　2004：150）。1997年3月から全国の初等学校3年生から6年生に英語教育が導入された（馬越徹　2001a）。そして、1997年末の通貨危機を経て、経済のグローバル化による大競争時代を生き抜くための国際競争力強化が叫ばれるなか、早期留学熱は急激に高まっていった。「キロギ・アッパ」の孤独死・自殺に象徴される家族別居にたいする社会的批判が高まると、母親が同行せず、子どもをホームステイさせたり寮に入れたりしてひとりで留学させる「ナ・ホルロ留学（私ひとりで留学）」が新しい早期留学の類型として現れるようになり、親の同行なしに留学する初・中学生のための寄宿舎や放課後教育プログラムを提供する留学専門エージェントが現れるようになった（『国民日報』2006.2.15）。2005年4月に実施された早期留学についての全国規模の国民意識調査によると、幼稚園から高校生までの子どもを持つ親の30.9％が「子どもの早期留学を真剣にかんがえたことがある」、34.4％が「条件さえ整えば、子どもを早期留学させたい」と回答しており、早期留学を現実問題としてかんがえた経験のある親、早期留学を希望

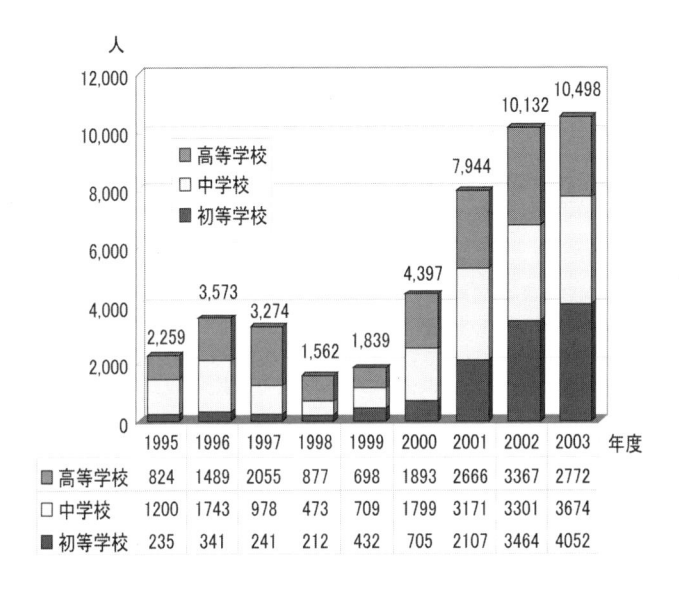

	1995	1996	1997	1998	1999	2000	2001	2002	2003
高等学校	824	1489	2055	877	698	1893	2666	3367	2772
中学校	1200	1743	978	473	709	1799	3171	3301	3674
初等学校	235	341	241	212	432	705	2107	3464	4052

図1 「留学」を事由とした海外出国生数の推移

注：海外出国生は事由別に、「留学」、「派遣同行」、「海外移住」に区分されている。「派遣同行」は親の海外勤務に子が同行する場合であり、「海外移住」は移民のための出国である。
韓国教育開発院、2004、『2004 韓国の教育・人的資源指標』、108頁より作成。

する親ともに3割を超えている（キム・フンウォン他 2005：27）。

　早期留学者数の推移を統計によってみてみよう。早期留学者の数を正確に知ることは容易ではないが、韓国教育開発院が公開しているデータから「留学」を事由として海外へ出国した初等学校・中学校・高等学校の学生数の推移をみると（図1）、1995年度2,259人、1996年度3,573人と増加傾向にあったが、通貨危機にみまわれた1997年度には3,274人、翌1998年度には1,562人と大きく減少した。しかし、2000年度以降は急激に増加し、2003年度には10,498人となっている。「派遣同行」および「海外移住」を事由として出国した学生のなかに、実際は「留学」を目的とする者が含まれていた可能性をかんがえると、留学を目的とした出国学生の数はもっと多くなると思われる[3]。

Ⅰ　北東アジアの越境する移動とエスニシティ、国家

　近年の動向で注目したいのは、初等学生の留学の急増である。2000年度には705人に過ぎなかった初等学生の留学は、2001年度には2,107人、2003年度には4,052人にまで増加した。学生1万人当たりの「留学」を事由として出国した学生数（2003年度）は、初等学校9.7人、中学校19.8人、高等学校15.7人であり、中学校段階での留学が多くなっている（韓国教育開発院、2004：109）。

　留学先（2003年度）についてみると、初等学生の留学先は、アメリカ25.2％、ニュージーランド20.4％、カナダ20.1％、ついで中国9.4％となっており、英語圏の国が上位を占めている。中学生では、アメリカ32.6％、カナダ17.1％、中国12.9％、ニュージーランド9.0％と、初等学生に比べてアメリカと中国の占める割合が大きい。高校生では、アメリカ42.4％、中国17.8％、カナダ12.0％と、アメリカの占める割合が一層大きくなり、中国もアメリカに続いて2番目に多い留学先となっている（韓国教育開発院 2004：110）。

　早期留学に行く子どもたちは、ソウル特別市と京畿道（キョンギ）（首都圏）に集中している。2003年度に「留学」を事由として出国した初等学校・中学校・高等学校の学生10,498人のうち、4,403人（41.9％）がソウル特別市、2,674人（25.5％）が京畿道の学生であった。学生1万人当たりの人数でみると、全国平均13.5人を超えるのは、ソウル特別市の29.6人、大田広域市（テジョン）の21.6人、京畿道の15.5人であり、首都圏以外では大田広域市で高い数値となっている。

　ソウル特別市と京畿道地域に住む早期留学経験者（初・中・高校生）の親を対象に実施された調査票調査[4]（2005年4月実施）の結果から、子どもを早期留学させる家庭の状況についてみると（キム・フンウォン他 2005：51-52）、父親の97.3％、母親の90.3％が4年生大学卒業以上の学歴を備えており、父親の最終学歴は大学院博士課程25.2％、修士課程29.1％ときわめて高学歴である。父親の職業は、一般会社高位行政管理職（大企業の部長級以上）34.0％、一般専門職（医者、弁護士、技術者、会計士など）18.6％、研究専門職（教授、

研究員など）16.0％、一般会社行政管理職11.0％、高位公務員（政府部署課長級以上）9.4％と、管理職や専門職が多く、母親については69.9％が専業主婦である。家庭の所得は、月500万ウォン以上が64.1％を占めている。子どもの年間留学費用は、1万ドル以下はなく、1～2万ドル49.2％、2～3万ドル23.1％、3～4万ドル10.8％、4～5万ドル13.8％、5万ドル以上3.1％であり、子どもの留学費用が家計に占める割合は21～30％という回答が26.2％でもっとも多かった。子どもを留学させられるだけの経済力を持ち、高学歴で管理職または専門職の父親、専業主婦の母親という家庭像が浮かんでくる。

3 初等学生の留学──親たちへのインタビュー調査から

前節で示したように、近年、初等学生の外国留学が著しく増加している。初等学生段階での外国留学は、どのように行われているのであろうか。子どもを幼いうちに外国留学させるのは、なぜだろうか。具体的な事例をみていくことにしよう。

今回、調査することのできた早期留学の事例のうち、初等学生による外国留学の事例は10例あった（表1）。インフォーマントは、事例2と5が留学生の父親、それ以外は留学生の母親である。調査地は、ソウル特別市5事例（木洞4、江南1）、京畿道5事例（城南市盆唐4、光明市1）で、教育熱が高いことで知られている地域である。父親の職業は、医師5事例、会社経営・事業者2事例、公社職員・会社員4事例、母親の職業は、専業主婦7事例、医師、看護師、塾講師が各1事例であった。

まず、留学を開始した学年、留学期間、留学先、留学先での居住形態をみてみよう。留学開始学年については、きょうだいがいる場合には上の子の学年を見ることにすると、もっとも小さい場合で、初等学校2年生の例がある（1例）。そして3年生が2例、4年生が1例、5年生が4例ともっとも多く、6年生が2例ある。

事例番号	留学開始学年	留学開始年月	経過期間／留学予定期間	留学先	留学先での居住形態	居住地	親の職業 父親	親の職業 母親
1	初2（長女）	2005年8月	1年（帰国）／1年	フィリピン・マニラ	母親・母親の姉と子ども2人が同行	京畿道城南市盆唐	公社職員	看護師
2	初3（長男）初1（次男）	2005年12月	3カ月／2年	カナダ・バンクーバー	母親が同行	京畿道光明市	医師	専業主婦
3	初3（長男）	2004年9月	2年／3年	南アフリカ・ケープタウン	父親の兄の家に居住	ソウル市木洞	外資系銀行勤務	専業主婦
4	初4（長男）	2005年12月	9カ月／1年9カ月	カナダ・バンクーバー	母親の友人の紹介の家にホームステイ	ソウル市木洞	医師	専業主婦
5	初5（長女）初4（長男）	2002年2月	4年／1年	アメリカ・カリフォルニア→バージニア	母親が同行	ソウル市木洞	飲食店経営	専業主婦
6	初5（長女）	2005年1月	1年（帰国）／1年	ニュージーランド	祖母の家に居住	京畿道城南市盆唐	会社員	専業主婦
7	初5（次男）	2006年7月	1カ月／1年6カ月	アメリカ・ペンシルバニア	同級生の母親の紹介の家にホームステイ	京畿道城南市盆唐	会社員	塾講師
8	初5（長男）	2005年8月	1年（帰国）／1年	フランス・パリ	母親の友人の妹の家にホームステイ	ソウル市木洞	会社経営	専業主婦
9	初6（長男）初2（長女）	2000年	1年（帰国）／1年	アメリカ・ニュージャージー	父親の海外研修終了後、母子のみ残留	京畿道城南市盆唐	医師	医師
10	初6（長女）	2006年8月	0カ月／6カ月	カナダ・バンクーバー	母親の友人の紹介の家にホームステイ	ソウル市江南	医師	専業主婦

表1　インタビュー対象家族における早期留学の概要

留学開始当初の留学予定期間は、1年が5例、その他は、6カ月、1年6カ月、1年9カ月、2年、3年が1例ずつである。中高生の外国留学と比較すると、初等学生による外国留学は、比較的短い留学期間をあらかじめ定めたうえで留学が開始されるところに特徴がある。中高生の場合は、いったん留学したら、少なくとも大学を卒業するまでは外国の学校に通うことを想定して留学を開始する場合が多いが、初等学生の場合には、とりあえず1年などと期間を定めて、いったん帰国ないし留学について再検討することを前提に留学が開始されていた。ただし、1年だけのつもりで留学を開始しても、事例5のように、大幅に延長されることもある。

留学先は、北アメリカの英語圏が多く（アメリカ3事例、カナダ3事例）、その他には、ニュージーランド、フィリピン、南アフリカ、フランスが1事例ずつあった。アメリカ、カナダ、ニュージーランドの事例では、子どもたちを現地の子どもたちが通う学校に通わせていたが、フィリピン、南アフリカ、フランスの事例では、インターナショナル・スクールに通わせていた。

幼い子どもを留学させるので、留学先で子どもの面倒をみる人が必要になるが、父親を韓国に残して母親が子どもの留学に同行する、いわゆる「キロギ家族（雁の家族）」の形態をとったものが4事例（事例1、2、5、9）、外国に移民した親戚の家に子どもを送り込んだものが2事例（事例3、6）、知人のつてを頼ってホームステイ先を探したものが4事例（事例4、7、8、10）あった。親戚の家や知人から紹介された家で生活するとはいえ、初等学校3、4年生の子どもがひとりで外国留学する事例がみられるのである。

それでは、インタビューで親たちが語った内容から、幼い子どもを外国留学させる理由をみていこう。初等学生の子どもを外国留学させた親たちにおいては、これから子どもたちはグローバル化時代を生きていくことになるのであり、そのためには英語の修得が必要だという点で認識が一致していた[5]。しかし、だからといって、みなが子どもの留学に積極的な態度をとっているわけではない。次に示す事例1と9は、両親ともにグローバル化時代を見据え、子どもの留学に積極的な態度を示すものであり、事例10は、グローバル化時

代に対応するため留学させざるを得ないという消極的ないし批判的な意見を述べたものである。

【事例1：初等学校2年生のひとり娘に母親が同行し、フィリピンのインターナショナル・スクールに留学】　初等学校1年生になって英語塾に行かせるようになったが、なぜ英語の勉強をするのかが子ども自身にわからない。留学させたら、英語が必要だということがわかる。これからはグローバル化社会になる。留学することで、英語の必要性を子ども自身が感じる。外国生活を一度してみたということで自信にもなる。韓国で英語を勉強したら、時間がかかる。短期間で英語を習得できて、満足だ。娘は英語に拒否感がなく、外国人に自然に話しかけられるようになったことが良かった。経済的に余裕があれば、子どもをフィリピンに残してくるつもりだったが、ホームステイの滞在費がかかるので戻ってきた。英語を外国で3カ月勉強すれば、韓国で1年勉強したくらいのレベルになるので、夫も留学に積極的だ。働いてお金を貯めて、12月からまたフィリピンに行く予定である。子どもはフィリピンにもう1年いたいと言っている。余裕があれば、カナダなどにも留学させたい。韓国への再適応は、低学年だから大丈夫。理想の進路は、国際中学、外国語高校、大学でアメリカに留学。国際中学に行かなくてもいいが、それをめざして勉強すれば力がつくので、目標にしている。（母親談）

【事例9：父親の海外研修終了後、初等学校6年生と2年生の子どもとともに母親がアメリカに残留】　夫の海外研修のさい家族でアメリカに行ったが、1年では英語の勉強をするには短すぎた。子どもたちがアメリカの生活に適応するのに6カ月くらいかかり、残りは6カ月しかない。すごく慌しい感じがした。あと1年いたら、英語も良くなるのではないか、と思った。夫は、先に帰国して韓国でひとりで生活することを、別に嫌がらなかった。帰国後、息子は中学校2、3学年を韓国で過ごし、中学校3年生のと

きから中国に留学している。中国の大学を卒業して、アメリカの大学院に行けば良い。グローバル時代になるので、未来を見て、国際的な人にするために留学させた。「私たちみたいにならないためには、会話もいっぱいさせて、国際的に育てないといけない。私は大学院まで卒業したのに、アメリカに行ったらぜんぜん話せなかった」。夫は「国際学会とかで、英語でペラペラ話す先生がうらやましいんだって」。(母親談)

【事例10：初等学校6年生の娘がカナダでホームステイ】 江南や汝矣島(ヨイド)では、外国に研修に行かないと疎外感を感じる程度にまでなっている。英語に関係する先生たちは、みな「外国に送れ」と言う。外国に行かせるのは嫌だけど、行かせなければならない状態にある。6カ月行った人は1年いたほうが良いと言うし、1年行った人は2年行ったほうが良いと言う。子どもが大きくなったころには、飛行機に乗って行ったり来たりしながらでないと仕事が出来ない時代になっているのは確実だと思う。英語は、今(子どもが小さいうち)でなければ、機会がないと思う。でも、入試の英語と本場で使われている英語は違うから、帰ってきたらもう一度、韓国式の英語を学び直さなければならない。教育熱のため、母親が主導して子どもを外国に送るが、喜んで行く母親はいない。「私が嫌でも、現世代の間で比較されるじゃない。私も辛い」。韓国の学校に通って、集団生活をすることで学ぶことは多い。「みんななぜあんなに簡単に外国に行かせるの？大学を出てから行くならいいけど」。(母親談)

今回、調査した事例では、両親ともに子どもの留学に積極的な態度を取ったのが、事例1、3、4、6、9と多数だったのにたいし、はっきりと批判的な意見を述べたのは事例10のみであった。しかし、事例10の母親が語っているようなプレッシャーは、留学に積極的な態度を取っている親たちも感じていることだろう。また、母親が積極的であるのにたいし、父親は反対ないし特に反対はしないが積極的でもないという、両親の間で子どもの留学にた

いする態度に大きな違いがみられる事例もあった（事例２、５、８）。

【事例２：初等学校３年生と１年生の息子に母親が同行し、カナダに留学】
早期留学をさせた理由としては、英語が大きい。ここ（韓国）で英語をやろうとしたら、学院（塾）に通って、たくさん宿題をしなくてはならないので、負担になるから。英語について基礎的なことを、背景にある文化的なことも一緒に学んでくるのが目的。だから、２年たったら帰ってくることになっている。子どもが幼いうちのほうが早くなじむと考えて、幼いうちに留学させることにした。子どもに可能性をたくさんあげたい。韓国の大学に行きたいのなら行けばいいし、外国の大学に行きたいのなら行けるようにしておいてあげたい。外国で暮らせる条件を揃えてあげたい。今は若いから大丈夫だが、もっと年を取ったら家族と別れて住むのは辛いから、早く行かせた。子どもの留学には、妻が積極的だった。「私は嫌だけど、どうしようもないでしょ。教育問題は、みな女の人が……」。（父親談）

事例１では「理想の進路は、国際中学[6]、外国語高校、大学でアメリカに留学」、事例９では中学３年生から中国に留学し「中国の大学を卒業して、アメリカの大学院」へ、事例２では「外国の大学に行きたいのなら行けるように」と語られているように、初等学生の外国留学は、幼いうちに英語を習得することだけにとどまらず、将来的には国内の特殊目的高校（外国語高校・科学高校・芸術高校・体育高校。専門領域にかんする高水準の教育をおこなう）などのいわゆるエリート校、外国（とくにアメリカ）の大学・大学院への進学を視野に入れてなされている。今回の調査地のひとつであるソウル特別市木洞の母親たちの話によると、初等学生の子どもを外国留学に行かせる人のうち、７割くらいは韓国で特殊目的高校などに入れることをめざしており、３割くらいは大きくなってから外国に行くと言葉が壁になるので、早めに外国に行かせて外国で大学まで出そうとするものではないか、ということだった。今回の調査事例からも、初等学生を留学させる親たちには、とりあえず韓国国

内での競争を意識している者（事例1、6、7、8、10）と、韓国での競争には参与せず、外国の中・高等学校を経て大学進学をめざそうとする者（事例3、4、9）がいることは確かである。

　韓国の特殊目的高校をめざす場合には、中学校での成績が重要になる[7]。そこで、最近では初等学校4年生の夏休みに留学させ、5年生の終わりか夏休みに戻ってくるというやり方が多くとられているという。これは、初等学校のうちに英語を習得しておき、中学校に入ってから英語の勉強に割く時間を減らして、その分を他の科目の勉強に当てようという作戦であり、中学の準備のための勉強が忙しくなる6年生になる前に行って来ようというものである[8]。ただし、留学時期の低年齢化が進んでおり、事例10の母親は「他の人より早く行かせなくてはという切迫感がある」と語った。留学というかたちをとらなくても、夏休みの「英語キャンプ」や「短期英語研修」などで海外に行く子どもは多く、初等学校6年生の彼女の娘のクラスでは、半分くらいの子が外国での英語研修を経験しているという。事例1の母親も語っているように、韓国の特殊目的高校などをめざす親たちのなかには、特殊目的高校への進学をアメリカの大学に入学するためのステップと位置づけているものも多い。「初等学校高学年で1、2年英語圏に留学→国内の中学校を卒業後、外国語高校・民族史観高校[9]・国際高校などに進学→アメリカの名門大学に留学」というコースが、ソウルの教育熱の高い地域の親たちがもっとも好む留学パターンになっているとの報道もある（『朝鮮日報』2004.8.3）。

　いっぽう、韓国の受験競争には参与せず、早い段階で子どもを外国に行かせて外国の大学に入学させるという展望を持つ親たちも存在する。彼らは、子どもを幼いうちから外国で教育する理由について、どのように語るのだろうか。

【事例3：初等学校3年生の息子が、南アフリカの伯父の家に居住し、インターナショナル・スクールに通学】　息子は、ネイティブ・スピーカーのいる英語幼稚園に通った。英語の家庭教師もつけた。英語のためにお金

I　北東アジアの越境する移動とエスニシティ、国家

と時間があまりにかかる。母親である自分にとってもすごく負担になる。だから、初等学生のときに行ってきたほうがいいと思った。息子は来年帰ってくるが、機会があればアメリカへ行かせたい。中学もアメリカへ行かせて、アメリカの大学に入学させたい。「競争力のある子ども」に育てなければならない。就職はこっち（韓国）でしなくても、シンガポールでも、どこでもいい。英語圏の人は、アジアでもどこでも関係なく就職できる。世界中どこでも生きていける競争力をつけるためには、英語が絶対必要だし、アメリカ式の教育の方が競争力がある。（母親談）

【事例4：初等学校4年生の息子がカナダでホームステイ】　カナダに行かせたことは、良かったと思っている。それは、人間の生き方の問題。小さい頃から競争が激しい社会で育った子は、心が幸せではない。子どもが韓国でよくできる子になれるのなら、韓国で教育したい。でも、勉強ができなくても、広いところで、広い視野で生きさせたい。広い世界を見て育ったほうが良い。息子には、自分の望むことをしなさいと言っている。選択の幅を広げてあげたい。来年から、子どもをアメリカに行かせる。大学までアメリカで行かせるつもりである。大学院は日本の早稲田か慶応が良い。（母親談）

　事例3の母親は、「世界中どこでも生きていける競争力」を、事例4の母親は「広い視野」を強調しており、外国での教育に求めるものに違いがあることがわかる。

　今回調査した事例のなかで、経済力や子どもの能力などの条件が満たされればアメリカの大学に行ったほうが良いと語ったのは事例1、6、7、もっと早い段階でアメリカに行かせてアメリカの大学に入学させるかんがえを語ったのは事例3、4であった。事例9の息子は中学3年生のときから中国に留学しており、中国の大学を卒業後、アメリカの大学院に進むという展望が語られている。将来的には、アメリカで高等教育を受けることを望んでいる事例が多い。

4 おわりに

　以上、韓国において近年増加が著しい初等学生の早期留学をとりあげ、幼い子どもを外国留学させる理由について、子どもを留学させた経験のある首都圏在住の親たちにたいするインタビュー調査をとおして検討した。その結果、明らかになった韓国における初等学生の早期留学の特徴について、まとめておこう。

　韓国における早期留学は、中高生段階で行く者が多いが、近年、初等学生の留学が顕著に増えている。留学生の親たちは、子どもたちがグローバル化時代を生き抜いていくためには英語の習得が必要だとかんがえており、幼いうちに英語を習得させようと、子どもをアメリカ・カナダ・ニュージーランドなどの現地校や、その他の地域のインターナショナル・スクールに留学させている。とりあえずは英語の習得が目的とされるので、1年などと期間を定めて、いったん帰国ないし再検討することを前提に留学が開始される。比較的短期間の留学であることを前提として、父親が韓国に残って働き母親が子どもの留学に同行したり、外国に住んでいる親戚に子どもを預けたり、知人の紹介を受けた家に子どもをホームステイさせたりする。特殊目的高校の受験をめざすなど、韓国での競争に参与することを前提とする場合には、中学校での成績を意識して、初等学校4、5年生の間に1年か1年半程度、留学に行ってくる方法が多くとられているが、留学時期の低年齢化も進んでいる。韓国での競争に参与せず外国の中・高等学校を経て大学まで行かせることを想定して留学させる親たちもおり、外国での教育に、世界に通用する競争力、広い視野などを求めている。

　子どもを初等学生の段階で留学させる親たちの多くが、外国、とくにアメリカで高等教育を受けることを望んでいる。韓国の特殊目的高校などへの進学を、アメリカの大学に入学するためのステップとかんがえている親も少なくない。グローバル化が進むなか、子どもが将来、より「良い」教育条件を選択できるようにするための準備が、初等学校の段階から始められているのである。

Ⅰ　北東アジアの越境する移動とエスニシティ、国家

注

（1）「早期留学」について、早期留学の実態と国民意識について調査研究をおこなった韓国教育開発院の報告書では、「早期留学にかんする法的定義はないが、一般的に早期留学とは、「初・中・高等学校段階の学生たちが国内学校に入学あるいは在学せず外国へ出て現地外国の教育機関で6カ月以上の期間にわたって修学する行為」を意味するとみることができる」（キム・フンウォン他 2005：1）としている。本稿では基本的にこれにしたがって「早期留学」の語を用いるが、検討の対象とするのは子どもが外国で教育を受けることを目的とした留学に限り、親の海外勤務に同行したものなどは含めないことにする。

（2）早期留学についてのインタビュー調査は、2006年3月と8月に、ソウル特別市、京畿道（キョンギ）、大田広域市（テジョン）において、子どもを早期留学させた親や留学生本人など、早期留学に直接かかわった経験のある人を対象におこない、計25家族（32名）の事例について、留学の理由や経緯、留学先での生活、韓国にいる家族との関係、教育観、将来展望などについてお話をうかがうことができた。本稿では、このうち首都圏であるソウル特別市と京畿道における初等学生の早期留学にかかわるデータ（10事例）を検討の対象とした。首都圏での調査には、筆者と奥井亜紗子（神戸大学非常勤講師）が参加し、ソ・ジヨン氏（韓国学中央研究院研究教授）、イ・ガジン氏（京畿道城南市（ソンナム）在住）の協力を得て調査をおこなった。

（3）たとえば、子どもを留学させるため、母親が外国の語学学校に登録して学生ビザを取得し、子どもを同行するかたちをとる場合など。2003年度に「派遣同行」を事由として出国した学生数は8,823人、「海外移住」は9,025人であった（キム・フンウォン他 2005：15）。

（4）すでに帰国した早期留学生の親313人が回答（キム・フンウォン他 2005：7-8）。

（5）もちろん、留学には個別の事情も存在している。事例5は、両親が仕事で忙しく、子どもの教育に手がまわらない状態であったため、事例7は、子どもがしだいに周囲となじめなくなっていったため、教育環境を変える必要を感じていたことが直接の理由として語られた。

（6）英語で授業をおこなう中学校。2006年現在、全国に2カ所ある。

（7）中学校での成績が上位5％以内でなければ、特殊目的高校に出願することができない。

（8）母親たちからは、留学がこれより遅くなると英語の発音が悪くなるという意見も聞かれた。

（9）江原道（カンウォン）にある全寮制の私立高校で、エリート養成校として知られる。国語と歴史以外の授業は、すべて英語でおこなわれる。

参考文献

小林和美、2000、「韓国農村における教育問題と人口移動——大邱広域市近郊農村の事例」『大阪教育大学紀要　第Ⅱ部門』48(2)：75-88。

小林和美、2001、「韓国大都市近郊農村における若年層の就学流出——大邱広域市S集落の事例」『村落社会研究』8(1)：12-23。

馬越徹、2001a、「初等学校に英語、裁量時間を導入——教育改革で成果上げる韓国」『内外教育』5225：10-12。

馬越徹、2001b、「先を行く韓国の高等教育改革」『カレッジマネジメント』107：4-17。

キム・フンウォン他、2005、『早期留学に関する国民意識および実態調査研究』、韓国教育開発院（韓国語）。

ジョ・ウン、2004、「世界化の最先端に立つ韓国の家族——新グローバル母子家族の事例研究」『経済と社会』64：148-171（韓国語）。

韓国教育開発院、2004、『2004 韓国の教育・人的資源指標』、韓国教育開発院（韓国語）。

［謝辞］

本稿執筆のためのインタビュー調査に応じていただいた方々、調査に同行し貴重な助言の数々をいただいた韓国学中央研究院研究教授のソ・ジヨン氏、京畿道城南市在住のイ・ガジン氏に、記して感謝申し上げます。

第5章：阪神地域における「北幫」の
歴史社会学的考察

過　放

1　はじめに

　近現代の歴史をさかのぼってみると、中国の東北・華北地域は、日中両国の政治史、経済史および社会史において極めて複雑で重要な位置づけをもつ地域であることが分かる。これらの分野における研究調査の蓄積も比較的厚い。また、この地域は近代において日中両国移民史が空間的、時間的に長く深くかかわった「唯一」の「共通」地域でもあるといえよう。しかし明治時代から今日までこれらの地域から来日した在日中国人に関する研究は何故か、きわめて少ない。早期に来ていた「北幫(ほつぽう)」華僑、戦時中、日本に強制連行されてきた中国人労働者、また今日、中国東北・華北地域から日本に戻った日本人残留婦人・孤児とその中国人家族・親族に関する研究、かれらの歴史的変遷と今日の実態の究明は、近現代の日中関係史、また越境する移動と地域社会の再構築という視点からみても共通かつ重要な課題ではないかと思われる。本文の目的は、このようなスタンスに立って日本阪神地域における「北幫」華僑を取り上げ、彼らに関するこれまでの先行研究の成果を整理するとともに、彼らの越境および異郷でのビジネス活動と暮らしを社会ネットワークという側面から歴史社会学的に考察することにある。

2　「北幫」華僑および「川口華商」

　「北幫」華僑とは中国東北・華北出身者の在日中国人を指す。在日華僑の

I 北東アジアの越境する移動とエスニシティ、国家

場合、故郷中国の出身地によって区分する呼び方は、通常「広東」や「福建」のように省別に分かれているが、「北幇」という呼称は省を越え、いくつかの省の出身者を統括して指す言葉である。この呼称は主に中国東北・華北出身者のなかの「老華僑」を指しており、現在でも「老華僑」の「世界」で生きている言葉である。

　本文で論じる「北幇」華僑は、老華僑そしてそのなかの代表的存在である山東華僑、なかでも「川口華商」を主たる対象とする。「川口」とは旧大阪川口居留地及び雑居地（現大阪市西区川口・本田周辺）を指す。「川口華商」とは「戦前、旧大阪川口居留地及び雑居地に居住し、主に貿易関係を中心とする業務に携わった在阪中国人のことをいう」（西口 1995：101）。かれらは幕末の大阪開港から大正期を経て日中全面戦争が勃発する1937年まで、大阪川口で活発な対中国貿易活動を行っていた。

　これまで「北幇」華僑を対象とした先行研究の特徴は、以下の４点にまとめることができる。①主として日中両国の官庁部門が調査研究を担当、②研究の量は少ない、③商取引事情に関する考察は詳細、④実証的研究が主だが理論的研究の試みもあり優れた成果もある（文末文献を参照）。本文ではこ

写真１　「外国人雑居地の跡」看板（大阪市西区川口）、2006年筆者撮影

れらの先行研究を参考に、とくに日本の官庁調査、内田直作氏、許淑真氏、西口忠氏や王郁良氏らの研究を踏まえて、「行桟(こうさん)」に焦点をあてて異国日本の大阪における「北帮」華僑のネットワーク構築の実態を明らかにしたい。

3 「北帮」華僑の貿易活動と人口推移

中国人が大阪にやってきたのは1868年1月大阪の開市直後にさかのぼるといわれている。長崎から移住してきた者もいれば、欧米人の賄い人としてやってきた者もいる。また密航により入ってきた者もいた。2年後の1870年から雑居地内での中国人の居住が正式に認められた。表1は明治期における来阪中国人の出身地別を示し「北帮」華僑が多く来阪したのは日清戦争以降からだと分かる（第3期の華北出身者）。

表1　明治期における来阪中国人の出身地別推移

時期	年代	主な出身地
第1期	1867年〜1881年	華南出身者（広東・福建）
第2期	1882年〜1894年	華中出身者（上海、浙江、江蘇、安徽）
第3期	1895年〜	華北出身者（山東、直隷）

（資料：西口忠（1995：105）より筆者作成）

「北帮」華僑が来日した時期と経緯は、「1894年日清戦争後、日本の華北・東北進出、軽工業の発達、日本郵船（1889年）と大阪商船（1899年）による華北航路開設などによって、黄河以北の北帮商人が多数来日、川口にある同郷経営の行桟に止宿して川口華商と称された」（許 2002：76）。行桟は、貸事務所兼宿泊所兼仲介業という総合商社のような性格をもつ会社である。北帮出身者がその経営者の大半を占めていた。

川口華商の形成には大阪の紡績業の発展が密接に関わっており彼らの取り

Ⅰ 北東アジアの越境する移動とエスニシティ、国家

扱った商品は主に綿布、綿糸などの製品であった。川口華商は輸出を主とし、輸入はきわめて少額である。輸入品の主たるものは綿花、麻、皮革、薬種、畳表、製紙原料、刷子材料などで、その中で重要なものは綿花と麻である。しかし「川口貿易の本体は輸出で、その主要なるものは綿糸布、諸雑貨、海産物、砂糖、薬品、銅鉄、機械などで、その中綿糸布、諸雑貨が最も重要の地位を占めている」(大阪市役所 1928：17)。

川口華商は「同郷の経営する行桟に止宿し、行桟経営者の銀行保証と通訳などの援助を得て、綿糸布、雑貨を仕入れ、本国各地の本支店に発送した」(許 2002：162)。その商活動はしだいに輸入が綿花、鋼鉄、石炭など工業用原料へと変化し、輸出は綿布、絹織物、雑貨（石鹸、人絹、毛織、鉄製品、売薬、マッチ、タバコ）などの完成品となった。北幇商人は綿糸、綿布、雑貨など華北・東北に向けて大宗輸出し、さらに1895年同郷同業のギルド大清北幇商業会議所（1916年大阪中華北幇公所と改称）を創立し、日本側の生産、運輸、保険各方面との交渉を有利に運び、経費、商況、需給、流通各方面で優位に立ち日本商社を圧倒した。日中戦争前年の1936年、川口華商人口1446人、綿製品の貿易額は大阪港対華輸出の95.7％、全国の72.2％を占めた。商売の巧手大阪商人の手本になったといわれる（西口 1995：162）。しかし1937年日中全面開戦後、川口華商は撤退を余儀なくされた。さらに1939年日本政府による華僑は一地方一組織の方針により公所は解散、雑業者も含めて総商会に統合された（許 2002：76）。

このように「北幇」華僑の中心である川口華商が明治期に来阪し、大正期を経て1930年代に最も活発な対中国貿易を展開してきた。そして戦前の最盛期を経た川口華商は、日中戦争によって中国国内に撤退し、その役割は日本人がとってかわった。それ以降もともと華商の商活動の周辺にいた中華料理店などの雑業にたずさわっていた華北出身の華僑がしだいに「北幇」華僑の主たる構成メンバーとなって今日に到ってきたと考えられる。

表2は、明治期から大正期における在阪中国人数を示している。1868年中国人がたった21人を数えるだけだったが14年後の1882年244人となり10倍増え、1904年には524人、1911年には761人に増加した。その後さらに増え続け1925年

には2241人に達した。表3は戦前の川口中国人の人数と戸数の推移を表している。この表から「満州事変」前後の1931年と32年、「盧溝橋事件」前後の1937年と38年、日中両国の政治的関係の影響を受け在阪中国人数が激減していた様子がうかがえよう。

　以上大阪における「北幇」華僑の活躍と盛衰および在阪中国人数の推移を追ってみた。「在阪中国人たちは明治維新以降、日本と中国の国際関係また東アジアを取り巻く国際政治の変動に翻弄されながらも、その時代において逞しい活動を展開していた。大阪の経済、文化の発展に少なからず寄与した川口華商の形成の歴史は大阪近現代史一側面でもある」と西口忠氏は述べている（西口　1995：101）。

表2　明治期～大正期大阪中国人数の推移

年　次	在阪中国人	そのうち在川口中国人
1868年	21	
1872年	55	
1876年	114	114
1882年	244	137
1883年	127	300
1893年	238	330
1894年	63	
1895年	198	
1896年	420	420
1897年	357	
1902年	414	
1904年	524	
1908年	600	
1910年	633	
1911年	761	
1925年	2,241	1,343

（資料：西口忠（1995：106）より筆者作成）

表3　戦前大阪川口中国人数および戸数の推移

年　次	戸　数	人　数
1925年	96	1,343
1930年	145	1,737
1931年	140	1,451
1932年	52	306
1933年	64	887
1934年	72	1,113
1935年	117	1,264
1936年	361	1,312
1937年	375	1,453
同年10月	―	851
1938年3月	―	1,040
同年10月	―	1,129

(資料：内田直作ほか（1950：93）より筆者作成)

4　行桟制度と「北幇」華僑の商取引ネットワーク

　川口華商の貿易活動の拠点は行桟である。彼らの商取引は、主に行桟を拠点とし中国人の仲立商人と中国人の客商および日本人の売込商との間で行う。行桟は「客桟を兼ねた牙行、すなわち客商宿泊設備を有する仲立商人ともいうべき制度であった」(内田　1949：34)。

　行桟の役割は来阪した華商のために、日本人商人との取引においてあらゆる便宜をはかるものであった。例えば日本人の取引慣習を紹介したり、通訳をしたり、「運搬や保険などの交渉、トラブルが発生したときの解決、銀行での資金の貸出を必要とする場合の保証などである。当然のことながら行桟の経営者は永年日本に居住し商取引の慣習などに詳しく、また銀行にも信用があった。また、店員の華商も日本語も充分使いこなすことができる者を配属させていた。行桟の建物は2階建てのアパート風のものが多く、中廊下で両側に部屋が並んでいた。室内には事務所と寝室があり、共同の食堂などの

第5章:阪神地域における「北幇」の歴史社会学的考察

設備があった」(西口 1995:116)。

川口にある行桟の数は1909年すでに27軒もあった。1927年16軒に減り、1937年13軒など年度によって不定であった。表4は川口華商行桟一覧であるが、今では想像しがたい行桟の最盛期の状況を表すものである。行桟業主の出身地は天津と山東省東部地域に集中し、かれらが名づけた商号からは出身の地名をうかがえないが、日本式のものでもない。みな吉祥繁盛の意味をもつ中国語を使っている。1937年6月現在、すなわち日中全面戦争勃発の直前、行桟は13軒があり店員296名と客商365名計600人余となる。つまりたった13軒の行桟では約300人もの店員を雇用し平均して1軒あたり20人余の店員が働いており行桟規模の大きさが読み取れる。一方、1軒あたり平均して30人近くの客商を収容していることから、当時大阪川口の行桟において商取引活動が盛んに行われていたことがうかがえる。

表4　大阪川口華商行桟一覧(1937年6月)

番館	商号	設立年	業主名	出身地	店員数	客数
63	乾生桟	1895	張瑞卿	天津	35	45
7	徳順和	1906	王博九	山東省牟平県	38	50
39	徳盛泰	1906	王樹東	山東省牟平県	20	20
30	恒昌号	1915	林発茂	山東省福山県	35	40
57	振祥永	1916	王錫臣	山東省牟平県	20	30
14	泰東洋行	1916	王岐山	山東省牟平県	20	20
95	徳昌裕	1916	馬敏卿	山東省黄県	20	25
64	公順桟	1918	劉漢卿	山東省福山県	30	40
6	同和桟	1928	鄭峻山	天津	8	15
34	東順茂	1928	孫佐臣	山東省栄城県	20	25
115	永信桟	1932	杜耀先	天津	15	20
66	天盛桟	1932	李尭臣	山東省蓬莱県	20	10
45	福慶天	1932	官則久	天津	15	25
計13軒					296	365

(資料:内田直作(1949:30-31、1950:144-145)より筆者作成)

Ⅰ　北東アジアの越境する移動とエスニシティ、国家

　行桟内部では血縁・地縁・業縁によって結ばれている。商取引もこの伝統的縁故関係を頼りに展開していた。行桟の業主ないし店員たちは日本側売込商との取引事情と日本語に精通する古参華商であって、その大半は山東省、その余は河北省出身、みな北幇華商である。山東省出身の新来の客商たちは同郷の縁故関係を辿って行桟に宿泊し、取引の仲介、通訳、金融、保険、運送等の諸手続きの斡旋を依頼し、これに対し、取引高の一定割合を支払うことになっていた。行桟にはこのほかに帰国中の客商の代理買付に際して加工綿布は一歩、雑貨は二歩の買付け手数料を売込商側からうけることがある。通常客商一軒（出張員1～3名）に対し、特定店員一名を附して前述の諸事項を担当させる。「したがって、客商店数と店員数はほぼ比例し、大桟にあっては宛然一個の同郷団体の観を呈する」と、内田氏は北幇貿易の地縁と業縁の関連性を指摘している（内田 1949：30-31）。

　商取引における川口華商の信頼は日本人関係者のなかで極めて厚かった。行桟は客商の信用を保証し、日本側売込商は行桟業主を信頼して客商と取引関係に入る。「本国における政治不安定と法律的保証の欠除にもかかわらず、華商間の商業秩序は整然と維持され、無為替輸出、無担保貸付、無保証貸付、引受渡荷為替手形等が無難に行使されていた。華商の商業道徳は著名であって、大阪方面の雑貨商問屋、綿布問屋たちもこれを排除して直接輸出するよりも、歩引をしても華商の仲介を経由することを利便としていた」（内田、1949：35）。その信頼関係の裏に実は、行桟業主は仲立商として売込商の日本人に対する責任を果たすために、行桟業主は2、3年目毎に帰国して在本国の出資者との清算をなす外、客商本店の営業信用状態の調査をし、誤りなきを期するという地道な努力があった（内田 1949：31）。

　行桟制度を維持する資本に関しては、その企業形態は中国固有の商事組合である「合股」組織が普遍的であった（内田 1949：34）。すなわち川口華商が内部の「合股」という運営システムでたがいに支え合いながら長年にわたって消長を繰り返してきた。筆者近年の聞き取り調査によればいわゆる「合股」は実際、株をもたない中国式の「乾股」であり、年末に股東は株主と同様に

第5章:阪神地域における「北幇」の歴史社会学的考察

配当を受ける[1]。またこのような経営システムは中華料理店などの間でなんらかの形で最近まで維持されてきたという。

　他方、川口華商の資本金について内田直作氏は1936年の例を挙げて次のように指摘している。「行桟を中心とする川口華商212家の資本金額合計は701万円、その平均額はわずかに3万3千円（昭和11年末現在）であって、近代資本主義的企業とみなすことはできなかった。そこには資本的関係よりも人的関係、ことに地縁的結合関係が優越し、北幇の行桟と客商たちは合同して大阪中華北幇公所を組織していた。昭和2年末のその員数は282家を算した」（内田 1949：31）。さらに「華僑の結合関係は具体的な家族愛、郷土愛、朋友愛の人間主義の上に築かれ、近代的に組織された国家権力のもとに普遍化された個々人が直接的それに統合されるまでには充分成熟するにいたらなかった」。だが、こういう本質的な深い人間愛により華僑の個々人が結び合わされながら、各個の生活圏を形成し、何れの場合にも同業的な仲間的結合原則以外に、家父長制原則が支配するのがその特徴であった。この「家父長制的なギルド的社会構造の基礎の上に、行桟、買弁制度などの特異的な商人形態を成立せ

写真2　「川口居留地跡」石碑（大阪市西区川口）、2006年筆者撮影

I 北東アジアの越境する移動とエスニシティ、国家

しめ、かつギルド的団結による抵抗は対外的な共同防衛に際しても常に効果的に作用し、その資本的脆弱性を補った」のであった（内田 1949：366, 369）。

すなわち行桟制度を維持したものは少ない資本ではなかった。実質上、資本よりむしろ「北幇」華僑の血縁・地縁によって結ばれた親密な人間関係、さらに組織された同郷団体の北幇公所によってより強化された地縁関係であった。行桟主および公所の私的保証によって、初めて日華両商間の円滑な取引関係が成立しえたのである。ここでは大阪中華北幇公所の果たす役割は大きかった。

以上先行研究の考察を通して、川口華商は北幇公所を核とした各行桟を拠点とする同郷人のネットワークをもとに地道な商活動を通して人的信頼関係を築き上げ行桟制度を維持してきた。さらに彼らは新しく構築したネットワークを活かして日本と中国の間に商ビジネスを広げてきたということが明らかになった。行桟という独特な社会的空間はまさに「北幇」華僑の生きる場、生産活動の場また日本人との触れ合いの場、再生産の場でもあった。

写真3 大阪中華北幇公所（大阪市西区）、2007年筆者撮影

5　行桟の組織運営からみた「北幇」華僑

　ここでは、川口華商当時の暮らしと商活動を生き生きと描写している王郁良氏の回想録「川口華商」および筆者の王氏に対する聞き取り調査（2004年、中国北京で調査実施）に基づいて行桟の日常的運営を追いながらそのネットワークがいかなる形で構築されてきたかについて考察する。

　王郁良氏は前述の表4に出ている川口華商の末裔である。氏は1927年山東省に生まれ、大阪川口で育った。後年長い時期編集出版活動に携わってきただけに、その回想録は信憑性が高く、貴重な歴史の記録といえる[2]。

　王氏によると、内田直作氏の調査の通り、行桟に勤めている人は、ほとんど縁故関係で来ており、互いに親戚または近隣関係などとなっている。1926年（大正15年）ころ、中国人の渡日手続きはいたって簡単であった。大連で乗船する前に、船に100円の担保金を渡して乗船する。下関につくと、警察官が搭乗してきて検査をするが、扱いは親切だった。船賃18円を差し引いて残りを客に返す。大阪に着くと、北幇公所で住民登録を代行してもらって手続きが終わった。1939年頃は、大連で渡日者はまずパスポートを申請し、パスポート、受け付け先の会社の保証書と渡日申請を出先機関に申請し、許可されて、乗船券を買って渡日した。

図1　行桟の人事構成と上下関係一覧

```
                        /「帳房先生」会計
                        /「文書」書記
「老板」→「二老板」→「三老板」→「老店員」→「上街店員」→「学徒店員」
 社長     専務      常務      店員の統括者  外回り店員  見習い店員
                        \「厨師」コック
               「大師傅」コック長→「二師傅」板前→「小徒弟」見習い
```

（資料：王郁良（2004）より筆者作成）

Ⅰ　北東アジアの越境する移動とエスニシティ、国家

　行桟の店員は経理（「老板」）、店員、学徒、店司などと称し、人数は1、2名から5、6名など店舗の規模によって異なる。経理とは支配人のことで、大きな店舗では別に副経理をおいている。見習いの学徒の年齢は13歳から18歳だった。この行桟を一つの会社組織としてとらえた場合、王氏の記述に基づきその人事構成と上下関係について前頁のように示すことができる（図1参照）。

　行桟の人間関係と日常業務を具体的にみてみると、行桟の業主は「老板」といって、社長にあたる。次席の専務は「二老板」で、常務は「三老板」という配列となる。その下に「老店員」は1人で、店員を統括する責任者である。「老店員」の下に、「上街店員」つまり外回りの店員が数人、駐在員の通訳、仕入れ、案内などをする。「学徒店員」つまり見習い店員が数人、かれらは郵便局、銀行などの走り使い、店の清掃などの作業をする。一方会計帳簿をつける「帳房先生」つまり会計は中国式の記帳方法ができる人で、会計事務に精通し、算盤もでき毛筆も上手である。また「文書」つまり書記が数人で、かれらは商用書簡の執筆や商品の相場を複写して中国国内の商社に通報する。そして裏の厨房に「厨師」つまりコックが数人いて、コック長の「大師傅」の下に板前の「二師傅」、そして「小徒弟」の見習いが雑務をやっていた。

　行桟の業主、すなわち「老板」はほとんど店員からたたき上げの人々だという。かれらは日本語がもちろん、業務に精通し、会計にも詳しい、それに人的関係がよく、とくに中国国内の大手商店、卸商店との関係も深い。反面、内向の性格と付き合いが下手、その上客商との関係も上手にこなせない老板はやはり業績がさがるというケースもあったという。

　行桟で働く店員は全部中国人で、行桟の事務室に不適な日当たりの悪い部屋などに寝泊りし、古い店員は一人一部屋、その他の店員は二人一部屋だという。一番地位が低い見習い店員は朝7時起床の後、事務室を清掃する。7時半朝食、8時に出勤。仕事は郵便局への電報の発信、手紙の発送、小荷物の発送、税関手続き、銀行の走り使いなどの雑多な仕事をする。外回り店員は客商と日本商社へ商談に行く。その間、コック見習いが客商の事務室を清掃する。

　ここでもう一度表4をみてみよう。王郁良氏の話によると、13軒の行桟の

第5章：阪神地域における「北幇」の歴史社会学的考察

うち、業主のなかに4人もいる「王」氏は、実は同じ故郷の親族同士である。一番先にやってきたのは7番館徳順和の王博九である。39番館徳盛泰の王樹東は彼の弟であり、14番館泰東洋行の王岐山は血筋の序列からすると彼らの叔父にあたり、57番館振祥永の王錫臣は彼らの息子世代にあたる。前述のように川口華商がほとんど縁故関係を頼って来日したにもかかわらずこの王氏一族のようにそれぞれ行桟の開店と営業までこぎつけることができたのはきわめて稀であったという。

さて行桟で働く者の「成功」例をあげてみよう。表4にある営業規模が一番大きい(客商50人、店員約40人)行桟「徳順和」の業主王博九を例にとってみる。王博九は家が貧しかったため同郷人の紹介によって来日したという。かれが最初入ったのは「同和桟」であった。そのときから「よく働き、よく勉強した。朝一番に早起き、掃除、雑巾がけ、商品の整理、他の店員が起きる頃にはやることが無いくらい働いた。……偶然に日本語会話の本をもらって、中国漢字の音で仮名付けし、それを読んで勉強した。一生懸命に働いた結果、1890年「徳順和」を創設することに成功した。さらにのちに大阪の「徳順和」を拠点に、中国大連で同じ商号の行桟を開設したほど、王博九は経営が上手で決断力があって、押しも強い経営者となる。業主になったかれはよく働くだけでなく毎朝恵比寿顔で客商の事務室に朝のあいさつ回りして、店員や食事などの意見を伺っていた…。この実例は、行桟のような働き場において「店員」から「老板」に成長する者にとっては、よく働きよく学ぶだけでは物足りない。同時に外国語とコミュニケーションの能力やネットワーク作りの能力もたいへん重要であるということを如実に表しているといえよう。

一方、客商たちは商活動、宿泊と食事はみな同じ行桟で行う。少数の独立経営者を除き、川口華商は大部分本国に本店を有し、本店の商号を称するのが常である。こういう意味で店舗を有する者は本店の支店または出張所、行桟に寄宿する者は本店の出張員とみなすこともできる。表5は、1925～1927年間北幇公所会員の年齢層を示すものである。20代が最も多く40％余りを占めておりその次は30代で40％弱である。両者を併せると80％を超えてい

I 北東アジアの越境する移動とエスニシティ、国家

て、そのあとは40代、50代、19歳未満の順となる。客商の若者の割合がいかに高いかということは一目瞭然である。

表5 北幇公所会員の年齢層（1925～1927）

年　　齢	1925		1927	
	人　数	%	人　数	%
19歳未満	6	2.3	1	0.3
20～29歳	116	43.8	132	46.8
30～39歳	103	38.9	105	37.3
40～49歳	33	12.4	37	13.1
50歳以上	7	2.6	7	2.5
計	265	100.0	282	100.0

（資料：大阪市役所産業部（1928：15）より筆者作成）

表6 北幇公所会員の在留年数（1925～1927）

在留年数	1925		1927	
	人　数	%	人　数	%
5年以内	218	82.2	228	80.8
6～10年	24	9.1	25	8.9
11～15年	8	3.0	9	3.2
16～20年	5	1.9	5	1.8
21年以上	10	3.8	15	5.3
計	265	100.0	282	100.0

（資料：大阪市役所産業部（1928：15-16）より筆者作成）

表6は同じ時期（1925～1927）の大阪北幇公所会員の在留年数である。5年以内が最も多く全体の80％を占めている。そのうち滞在1年の者が3割ないし5割以上占めていた（大阪市役所 1928：15-16）。つまり客商の多くは買付のために出張しにきた若者であり滞在年数も少ない。これらの客商の特徴と反対に、行桟関係者は年齢および滞在年数の多い者が多かった。「言語も知らず、

日本の諸事情にも通ぜざる年少の出張者が突然渡来しても取引に毫も差支え無きは全く行桟の存在するためである」(大阪市役所 1928：16)。

行桟に泊まる客商同士の間で行桟について評価を下すので行桟の間に競争があったという。しかし興味深いことに、王氏によると「人的関係を重視するので、駐在員は引越しないが、苦情を出して、サービスの改善をさせる」のである。また客商が不都合な事をした場合、日本の警察署が事件を北幇公所に持ち込んで解決してもらっていた。ただ1931年以後はこのような事件が起こると警察署自身で処理し、北幇公所に持ち込まないようになった。

老板と店員および行桟と客商の相互関係はけっして上下、客と主だけのような一方通行のものではない。同郷組織を核にし行桟という凝縮された空間で広がった彼らのネットワークは、その内外において柔軟で強靭かつ密度の高いものであり、多方向性で発信しつつダイナミックに展開していた。

6　地域社会における華僑コミュニティ

上述の考察において触れたように「北幇」華僑の貿易活動はけっして個々の店舗の力だけに頼って展開できたわけではなく、そのかげで北幇公所など華僑団体の果たした役割が実に大きかったのである。

図2は川口華商商号所在地の見取図（1938年）でそれらはかつての大阪市西区本田町にあった。王郁良氏が幼少年期の記憶に基づいて描いたものであり、今ではきわめて貴重な地図といえよう。筆者は、その書かれた内容についてさらに川口出身の年配華僑に対する聞き取り調査のなかで、それぞれの商号の位置関係などを確認した。この見取り図から当時「北幇」華僑関連の諸施設（行桟のほか中国銀行、北幇公所および小学校など）もみられる。「北幇公所は堅固な同郷同業結束の紐帯となり、公所内には大阪商務総会、神戸中華民国領事館大阪分館が同居」していた（許 2002：76）。このように川口華商の自治団体と金融および子弟教育という中核的な施設は川口華商の活動範囲の中心位置に置かれていることをみてとることができよう。

図2 川口華商商号所在地見取図（王郁良作成）

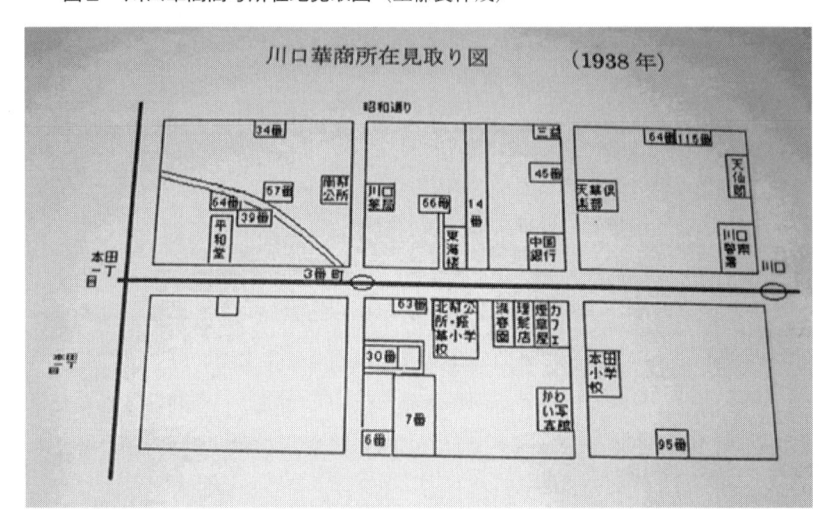

川口華商所在見取り図　　（1938年）

　北幇公所の正式名称は「大阪中華北幇公所」といい親睦互助をはかる「北幇」華僑の同郷者団体である。前身は1895年に設立された大清北幇商業会議所であり、所在地は大阪市西区本田2番町11番地であった。1916年12月会館が落成したのを機に大阪中華北幇公所と改め、貿易の発展と災害の救済を目的とする社団法人の資格をとっていた。北幇公所の会館内には関帝と天后聖母の二神を祀っている。公所の会員数は1931年「満州事変」直前には280名もいたが事変後180名に激減した（許 2002：76）。

　海外の華僑社会における公所の役割、つまりその主な職能は、①公議、②祭祀と宴集、③葬礼、④社会公共事宜、⑤出捐、⑥集団的保証、⑦共同防衛、⑧制裁、⑨仲裁調停である（内田 1949：185）。在日華僑社会の特徴は経済的色彩がとくに濃いものであった。保険契約を例にとってみると、北幇公所は古くから所属会員を代表して東京海上火災など6社の保険会社と特約し、会員はその特約に基づいて保険を契約する。もし会員が特約に違反して特定会社以外に保険をかけるときは、公所は賠償の責任を引き受ける場合があるという（大阪市役所 1928：33-34）。

第5章：阪神地域における「北幇」の歴史社会学的考察

　「北幇」華僑を含む大阪華僑の特徴について「東南アジアにほとんど存在しない北幇の行桟制度に支えられた活躍は大阪華僑・華人の特色をなすものである。コック、洋服商、理髪業者、行商人など雑業者の同職団体は、師父と学徒、親方と行商人に血縁・地縁関係が存在し、同職団体即同郷団体であった」と許淑真氏も行桟の果たした役割を述べている（許 2002：76）。

　さらにその北幇華僑のネットワークの特徴について内田直作氏は次のように分析している。「本国における交通機関の未発達、商品市場の地方的局限化、そのほか言語、取引慣習の地方的相違にもよるが、基本的には中国固有の血縁、地縁による自然的な人的結合関係が有力に作用していた。…本国、ないしは南洋方面の取引地における本支店との間には同族的結合関係が支配した。さらに、各地の商人社会の相互の信用関係はまず熟識の同郷者間に打ち立てられた。たとえば、大阪に出張した北幇華商は同郷の縁故ある行桟に止宿して取引関係の仲介斡旋を依頼した」（内田 1950：32-33）。他方商取引などの貿易活動においては日本人の取引商の間に「華商には品を貸しても邦商には貸せない」（大阪市 1939：35）というほど川口華商の信用は高かった。その背景として日本側は「華商の信用状態を厳しく監視する」（西口、1995：120）ことにあるが、華僑社会内部においては北幇公所の会員はもし不正行為があったら北幇公所から除名されるなど制裁をおこなうことにもよるであろう。こうして北幇公所のような強力なバックアップの下で「北幇」華僑は自主的に商業秩序を維持してきた。

　大阪の華僑社会では北幇公所のほか、大阪中華総商会や大阪中華南幇商業公所がある。その下に服東華商公会など出身地による業種団体もある。これらの団体関係は図3のようである。内田直作氏の指摘のようにこうして「中華会館を尖端とし、その両翼に中華総商会、その下位に各幇公所、さらにその下位に各雑業者団体があって、尖塔状な構成を示していた。その場合、経済的には貿易商たちは総商会を中心として、社会的には、個別的に各団体のみならず総商会と中華会館を中心としてその機能が発揮され、政治的には最上位団体としての神阪中華会館を中心として輿論が統一された。すなわち

諸般の機能が下位団体から上位団体に尖塔状的に纏め上げられてゆき、総合的に家父長制的原則と仲間的原則の交錯した商人支配の協同体社会を構成していた」(内田 1949：355-356)。

図3　戦前大阪華僑社会の構成

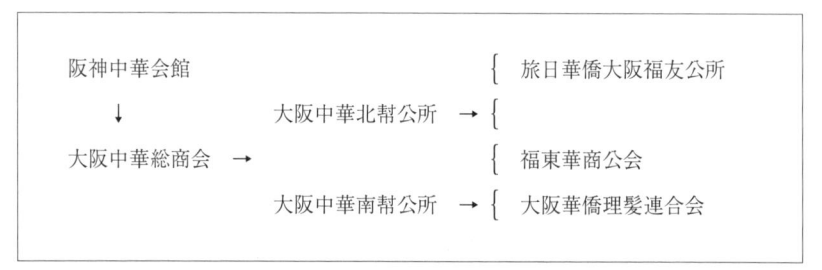

```
阪神中華会館                        ┌ 旅日華僑大阪福友公所
    ↓             大阪中華北幇公所 → ┤
大阪中華総商会 →                     ┤ 福東華商公会
              大阪中華南幇公所 → ┤ 大阪華僑理髪連合会
```

(資料：内田直作 (1949：353) より筆者作成)

　他方、日本人側の大阪貿易同盟会などの団体は、華商との貿易取引をスムーズに行うために日中商人の親睦機関を設立した。1928年結成した中日重親会は毎年春秋2回の総会を開き、温泉や神社、琵琶湖などの旅行を通じて「北幇」華僑との親睦交流を維持してきた。また往年行桟64番館が火災の被害を受けた際、同行桟に滞在中の出張華商数十名に対し中日重親会の日本人会員は慰問品を募集し贈呈した。「北幇」華僑も大阪の大風水害の際には進んで義捐金千数百円を拠出していた (商工省 1937：48-50)。ここから「北幇」華僑は長年地元日本人との交流を深めるとともに商取引を展開してきたことがうかがえよう。

　前述したように大阪の「北幇」華僑は家族連れの神戸華僑と違い、若くて独身で来阪した者が多い。また単身赴任の者も少なくなかった。行桟の経営者らは大阪滞在中に日本人女性と結婚したり同居したりするケースも多いという。「彼らは一応の経済力もあって、社会地位も低くない。当時中国人は見下げられているが、大正デモクラシーの影響で、あるいは自己の現状を改善しようとする日本人女性もあった」(王 2003：6-7)。生まれる子どもはみな中国籍に入っている。王郁良氏の話によると「北幇」華僑子弟の多くは北

写真4　大阪関帝廟（大阪市天王寺区）、2007年筆者撮影

幇公所付設の振華小学校で学び中学校から日本の中学校、高校、さらに大学に進むパターンだったという。

　図2にみえる大阪振華小学校は1930年設立され、在阪華僑が創った最初の子弟教育機関である。最多のときには生徒数は90数名にも達したが日中戦争による減員のため1945年閉校した[3]。「北幇」華僑子弟はこうして中国と日本の歴史文化をともに学び卒業した後、親の店舗を継いだり中国にもどって活躍したりしていった（王 2003：6-10）。

　上述のように「北幇」華僑は、北幇公所などの同郷団体を核とし、行桟を拠点として地元社会に溶け込んでいくと同時に、血縁・地縁・業縁という縁故資本を最大限に生かしながらその商活動や生活を展開し、日中国家間をつなぐネットワークを多次元で広げていた。

7　おわりに

　以上の考察を通して「北幇」華僑の社会ネットワーク構築の実態を浮き彫りにしてきた。20世紀30年代までの短い期間において「北幇」華僑の中心である川口華商が異国大阪の地で商取引活動をこれだけ活発に行うことができ

Ⅰ　北東アジアの越境する移動とエスニシティ、国家

たのはなぜなのか。その「秘訣」が次のような特徴にあると思われる。

①「行桟」を拠点として結ばれ、広がった血縁・地縁・業縁関係である。つまり伝統的絆によって形成された信頼関係が存在した。②行桟及び北幇公所など互助組織は、助け合うだけでなく内部の統括力と懲罰などの制約により、互いの信頼関係を維持、発展させた。③地元大阪社会に溶け込んでいく積極的な姿勢と異文化適応能力に優れていた。④公所の会館建設や華僑学校の設立にも示されたように、個々の商談や行桟の発展だけではなく華僑コミュニティ全体の発展、地域社会の発展をはかる公益心、公共精神があった。以上の4点は、程度の差はあるものの神戸華僑社会や海外のほかの華僑コミュニティにも見られることである。しかし、⑤「北幇」華僑の場合、以上の4点はみな「行桟」という特殊な社会的空間を基盤にしていて、そこからさまざまな関係群を作り出しより強固かつダイナミックなネットワークができ貿易活動を活発に展開できたのであろう。

内田直作氏はかつて在日華僑社会の特徴について民間の自由結合としての歴史的連続性、ギルド的結合関係の普遍的存在、公共的観念の実在、異質的経済構造とその発展法則、動態的発展傾向とまとめている。さらに氏はその内部において「近代化への動態的発展が徐々に進行成熟しつつあることは無視しえない」とも指摘している（内田 1949：362-377）。「北幇」華僑はまさにその典型的事例だったといえよう。

今日、「北幇」華僑の主な故郷である中国山東省は日本向けの輸出野菜の産地としてよく知られてはいるが、山東省の域内総生産（GDP）は2004年に江蘇省を抜き広東省に次ぐ中国第2位に浮上した、ということは日本ではあまり知られていない。2005年10月に関西企業約100社が「関西経済界中国山東省訪問団」に参加し、山東省への投資環境を視察する、と報じられていた（『日本経済新聞』2005.10.13）。「北幇」華僑は人数的に少ないだけにこれまで在日華僑社会においてあまり注目されてこなかった。しかし、こうして歴史と現状およびその存在の意味と役割などについてこれから改めて考えるべきではないだろうか。

注

（1）「股東」とは株主を指す。「乾股」とは出資をせずに配当を受け取る名目上の株主のことをいうが、一般的には友誼や義理などによって分与する株のことを指す。いわゆる「合股」には、実際に出資しない中国式の「乾股」が含まれることがあり、年末に乾股股東も株主と同様に配当を受ける。

（2）男、1940年大阪北幫公所付設振華小学校卒業、1944年大阪市立住吉商業学校卒業、1950年京都大学卒業。卒業後帰国し、天津人民政府、商務印書館などに勤務。筆者は特に王氏から貴重なご教示と資料を提供していただいた。重ねて御礼を申し上げておきたい。

（3）1946年、現在の大阪中華学校が創立され、今日に至っている（大阪市浪速区敷津東に所在）。

参考文献

内田直作、1949、『日本華僑社会の研究』同文館。

内田直作・塩脇幸四郎、1950、『留日華僑経済分析』河出書房。

王郁良、2003、「川口華商」（初稿）、非公開。

大阪市役所産業部調査課、1928、『大阪在留支那貿易商及び其の取引事情』。

大阪市産業部貿易課、1939、『事変下の川口華商』。

大阪中華北幫公所、1989、『会員名簿』。

過牧、2003、「北幫」安井三吉編『科学研究費補助金基盤研究（A）（1）「阪神華僑の国際ネットワークに関する研究」調査研究報告書Ⅰ』2-3。

過牧、2005、「北幫華僑の歴史と社会ネットワーク」王柯編『科学研究費補助金基盤研究（A）（1）「阪神華僑の国際ネットワークに関する研究」調査研究報告書Ⅰ』79-93。

外交史料館所蔵、1931、『在本邦諸団体調査関係雑件① K.3.7.0.14』。

外交史料館所蔵、1939、『在本邦外国人ニ関スル統計調査雑件① K.3.7.0.15』。

許淑真、1994、「川口華商について1889-1936」平野健一郎編『近代日本とアジア』東京大学出版会、103-124。

許淑真、2002、「大阪の華僑華人」、「川口華商」等、可児弘明ほか『華僑・華人事典』弘文堂。

許淑真、2004、「大阪の華僑」神戸華僑華人研究会『神戸と華僑』神戸新聞総合出版センター、163-190。

金輦、2004、「華僑運動と私」『通訊』47、神戸華僑華人研究会。

神戸華僑華人研究会、2004、『神戸と華僑　この150年の歩み』神戸新聞総合出版センター。

鴻山俊雄、1979、『神戸大阪の華僑――在日華僑百年史』華僑問題研究所。

Ⅰ　北東アジアの越境する移動とエスニシティ、国家

山東省地方史編纂委員会、1998、『山東省志・僑務志』山東人民出版社（中国語）。
斯波義信、1985、「関西華商の源流」大阪大学・大阪における産業都市文化の発達に関する総合的研究班編『大阪の都市文化とその産業基盤：共同研究論集』。
実業部工商訪問局、1932、『大阪神戸華僑貿易調査』（原著者：朱義農、中華民国20年、中国語）。
商工省貿易局、1937、『阪神在留ノ華商ト其ノ貿易事情』商工省。
中華会館編、2000、『落地生根――神戸華僑と神阪中華会館の百年』研文出版。
陳来幸、2002、「大阪中華北幇公所」等、可児弘明ほか『華僑・華人事典』弘文堂。
西口忠、1995、「川口華商の形成」堀田暁生ほか『大阪川口居留地の研究』思文閣出版、101-134。
二宮一郎、2002、「大阪関帝廟」「大阪中華学校」等、可児弘明ほか『華僑・華人事典』弘文堂。
兵庫県山東省同郷会、1984、『兵庫県山東省同郷会創立紀念刊』。
兵庫県山東省同郷会、2003、『兵庫県山東省同郷会20周年紀念刊』。
副島昭一、1996、「冷戦体制下の日中関係」池田誠ほか『20世紀中国と日本――世界のなかの日中関係　上巻』法律文化社、162-179。
古田和子、1997、「大阪財界の中国貿易論」中村隆英ほか『過渡期としての1950年代』東京大学出版会、125-153。
安井三吉、1998、「中華会館の新たな出発に寄せて」中華会館落成式典での講演（11月18日）。
安井三吉編、2003、『科学研究費補助金基盤研究（A）（1）「阪神華僑の国際ネットワークに関する研究」調査研究資料２　神戸華僑華人研究会『通訊』』。
安井三吉編、2005、『科学研究費補助金基盤研究（A）（1）「阪神華僑の国際ネットワークに関する研究」調査研究資料６　大阪華僑聯合会『華聯報』』。
安井三吉、2005、『帝国日本と華僑――日本・台湾・朝鮮』青木書店。

［付記］
　この原稿を執筆するにあたっては、多くの華僑の方々から貴重なご教示とご協力をいただいた。以下に名前を記して感謝の意を表したい。大阪の金輦氏、蔡宗傑氏、潘士義氏、京都の陳正雄氏、神戸の黄耀庭氏、石嘉成氏、黄仁群氏、金翼氏、李安邦氏、任希文氏、楊錦華氏など。また本稿は、平成14年度～16年度科学研究費補助金による研究報告の一部を加筆訂正したものである。

第6章：資料 東北アジアの越境する外国人労働者の人口

——日本編

黄　嘉　琪（整理）

1　外国人労働者政策の変遷

1.1 戦前

—1870年、東京在留外国人遊歩規定（七三五太政官布告）

—1876年、「日朝修好条規」以降、外国人労働者として、朝鮮人を日本に入国させた。

—1894年、帝国内居住ノ清国臣民ニ関スル件（勅令一三七）

—1899年、条約若ハ慣行ニ依リ居住ノ自由ヲ有セサル外国人ノ居住及営業等ニ関スル件（勅令三五二、勅令一三七廃止—清国臣民に対する規則を全外国人に拡大する）

—1910年、台湾の日本への併合と日韓併合以降、強制連行として朝鮮人、中国人（清国）、台湾人が日本に入国させられた。

—1918年、外国人入国ニ関スル件（内務省令一）

—1939年、外国人ノ入国、滞在及退去ニ関スル件（内務省令六、内務省令一廃止）

1.2 戦後

—1947年、外国人登録令（勅令二〇七号）により、戦時中大日本帝国の皇民とされていた朝鮮人・台湾人を外国人と扱う。

—1951年に出入国管理令施行、1953年に外国人登録法（指紋押捺制度導入）が策定された。

—1981年、難民条約の批准に伴い、出入国管理及難民認定法が制定された。

Ⅰ 北東アジアの越境する移動とエスニシティ、国家

開発途上国の経済発展を目的として外国人研修制度を制定された。

—1990年まで、「専門的・技術的分野の外国人は受け入れ、単純労働者は制限する」という方針だったが、非熟練労働者の受け入れを完全に禁止できなかった。

—1990年、入管法が改正されるとともに、在留資格の整備が進んだ。商工会議所などによる外国人労働者の団体管理型が導入された。日系人は職種に制限なく国内で自由就労が認められた。

—1993年、技能実習制度が開始され、一定の技術水準に到達したと判断された外国人研修生に対して、最大1年（後に2年も可能）の就労ビザの延長が認められた。

—1997年、密入国の組織的犯罪に対応するため、法律が改正された。

—1990年代末、少子高齢化やグローバリゼーションがもたらした経済構造の変化などの原因で、産業界から日本政府に外国人労働力導入の開放が要請されている。

2 統計数字にみる日本にいる外国人労働者

2.1 外国人登録者数

—平成17年末、日本にいる外国人登録者数は過去最高の201万1,555となり、総人口（1億2,775万6,815）の1.57％を占めている。

—外国人登録者の国籍の数は、186カ国（無国籍を除く）となっており、韓国・朝鮮が最も多く598,687人（29.76％）を占めており、次は中国519,561人（25.83％）、ブラジル302,080人（15.02％）、フィリピン187,261人（9.31％）、ペルー57,728人（2.87％）、アメリカ49,390人（2.46％）、その他296,848人（14.76％）と続いている。

2.2 在留資格別外国人登録数の推移(各年末現在)

在留資格	2001年	2002年	2003年	2004年	2005年	構成比(%) (2005年)
総　　　数	1,778,462	1,851,758	1,915,030	1,973,747	2,011,555	100
永　住　者	684,853	713,775	742,963	778,583	801,713	39.9
うち一般永住者	184,071	223,875	267,011	312,964	349,804	17.4
特別永住者	500,782	489,900	475,952	465,619	451,909	22.5
非　永　住　者	1,093,609	1,137,983	1,172,067	1,195,164	1,209,842	60.1
うち定住者	244,460	243,451	245,147	250,734	265,639	13.2
日本人の配偶者等	280,436	271,719	262,778	257,292	259,656	12.9
留　　学	93,614	110,415	125,597	129,873	129,568	6.4
家族滞在	78,847	83,075	81,535	81,919	86,055	4.3
人文知識・国際業務	40,861	44,496	44,943	47,682	55,276	2.7
研　　修	38,169	39,067	44,464	54,317	54,107	2.7
興　　行	55,461	58,359	64,642	64,742	36,376	1.8
技　　術	19,439	20,717	20,807	23,210	29,044	1.4
就　　学	41,766	47,198	50,473	43,208	28,147	1.4
技　　能	11,927	12,522	12,583	13,373	15,112	0.8
企業内転勤	9,913	10,923	10,605	10,993	11,977	0.6
永住者の配偶者等	7,047	7,576	8,519	9,417	11,066	0.6
教　　育	9,068	9,715	9,390	9,393	9,449	0.5
教　　授	7,196	7,751	8,037	8,153	8,406	0.4
そ　の　他	155,405	170,999	182,547	190,858	209,964	10.4

(資料:法務部入国管理局)

2.3 2005年における日本企業等への就職を目的とした「技術」又は「人文知識・国際業務」に係る在留資格認定証明書交付状況について

―国籍・出身地別(単位:人)

国籍	中国	米国	韓国	インド	英国	カナダ	オーストラリア	フィリピン
交付件数	2,692	2,511	2,134	1,252	1,203	1,157	853	563
構成比	18.1%	16.9%	14.3%	8.4%	8.1%	7.8%	5.7%	3.8%

国籍	フランス	ニュージーランド	その他	合計
交付件数	301	226	1,992	14,884
構成比	2.0%	1.5%	13.4%	100.0%

(資料:法務部入国管理局)

―年齢・性別別:20歳代(8,839人,前年比546人6.6%増)と30歳代(4,757人,前年比904人23.5%増)が中心で,全体の9割であり、平成17年は特に30歳代で増加の傾向にあった。性別では,男性が10,646人,女性が4,238人で,男性が女性の約2.5倍となっている。

参考文献

法務部入国管理局、2006.5、「平成17年末現在における外国人登録者統計」(http://www.immi-moj.go.jp/toukei/index.html)。

村下博、1999、『外国人労働者問題の政策と法』、大阪経済法科大学出版部。

第6章：資料 東北アジアの越境する外国人労働者の人口

――台湾編

黄　嘉　琪（整理）

1　外国人労働者政策の変遷

―1989年10月、「14項目の公共施設建設のための特別方案」（14項重要建設工程人力需給因應措施方案）建築土木分野を皮切りに外国人労働者の導入を公式に決定。

―1991年末まで、台湾の外国人労働者の導入の範囲はただ政府主導の公共施設建設に限定。

―1991年10月、「6業種、15職種」に限定されている民間企業にも外国人労働者の導入が可能という法案が公布された。

―1992年5月、外国人労働者の導入を合法とする法律根拠「就業服務法」が公布され、台湾国内の外国人労働者が一挙に増加する。

―1992年7月、「外国人招聘許可及び管理法」が公布され、労働需要側である雇用主に外国人雇用のプロセスと責任に関する管理の法律が整備された。

―1993年までに外国人労働者の導入は73業種に拡大されるようになった。

―1993年以降、ほぼ毎年、外国人労働者の導入可能な業種の方案が更新され、2000年までにハイテク分野、サービス分野などが次第に範囲が拡大している。

―2006年、農業部門で外国人労働者受け入れが検討されている。

2　二国間協定の締結

―滞在期間は3年。滞在期間終了後、1回出国が必要（最長6年間まで滞在可能）。

―協定による送り出し国をタイ・フィリピン・インドネシア・マレーシア・ベ

Ⅰ 北東アジアの越境する移動とエスニシティ、国家

トナム・モンゴルに限定する（ただし、インドネシア籍の労働者の逃走率が高い理由で、2002年8月1日から当該国の労働者の受け入れを全面凍結し、2004年12月20日より再開）。

3 外国人労働者の業種別

①重大公共施設建設業（私立学校・社会福祉施設・病院などの建設）、②製造業の大型投資、③家事労働者、④看護・介護、⑤漁船乗組員

外国人を労働者として雇用するためには、審査が必要である。たとえば①については最低限の投資資本金が条件であり、④については病院査定証明書が必要である。

4 統計数字にみる台湾における外国人労働者

4.1 外国人登録者数

―台湾人口は2,277万383人

―2005年末現在、外国人登録者数は429,703人で女性は全体の3分の2を占めている。その中でベトナム125,344人（29％）、タイ国101,750人（24％）、フィリピン93,209人（23％）、インドネシア57,338人（14％）、日本11,001人（3％）、アメリカ10,486人（2％）、マレーシア7,368人、カナダ3,259人、韓国2,868人、イギリス1,502人が上位10カ国である。ベトナム、タイ国、フィリピン、インドネシア、マレーシアは二国間協定の締結国である。

4.2 在留資格別

職業（外国人配偶者を除く）においては、最も多いのが労働者（行政院労働委員会に許可）297,287人（69.18％）で7割を占める。次いでは教師6,630人、ビジネスマン3,878人、エンジニア3,117人、伝教師1,800人である。労働者の出身国はタイ国の31.13％が最も多く、次いではフィリピン29.81％、ベトナム23.68％、インドネシア15.35％、その他0.03％である。外国人配偶者（中国籍を除く）は84,580人であり（在台外国人の19.68％、男7,674人＋女76,906人）、そ

の中で、ベトナム人が最も多く63.96％を占め、次いではインドネシア人10.68％、タイ国人9.67％、フィリピン人3.90％である。

4.3 2005年台湾にいる外国人の国別と職業の内訳（単位：人）

職業別	すべての合計		インドネシア		フィリピン		タイ		ベトナム	
	男	女	男	女	男	女	男	女	男	女
統計	156,370	273,333	7,424	49,914	28,023	65,186	79,503	22,247	10,286	115,058
公務員	3	6	0	0	0	1	1	1	0	2
ビジネスマン	3,519	359	25	8	38	26	17	11	1	13
エンジニア	2,952	165	105	22	292	39	39	5	3	10
会計・経理	3	5	0	1	0	1	0	0	0	0
弁護士	16	2	0	0	0	1	0	0	0	0
記者	39	8	0	0	0	1	0	0	0	0
教師	4,537	2,093	9	3	15	44	4	6	1	6
医者	212	76	6	1	0	2	2	1	1	1
看護・介護	4	15	0	0	0	0	1	1	0	1
伝教師	1,170	630	16	7	54	112	19	12	27	47
技術工	288	136	9	13	22	12	101	19	3	78
外国人労働者	118,739	178,548	5,760	39,870	26,995	61,614	76,161	16,394	9,797	60,600
船員	292	3	133	0	14	0	0	0	0	2
其他	8,942	6,907	350	863	300	344	1,614	815	132	3,021
失業	2,848	1,109	95	157	128	92	1,281	144	30	378
家務	0	73,039	0	7,886	0	2,784	0	4,449	0	50,652
就学	7,114	6,598	794	968	50	45	230	345	273	199
その他	120	29	5	7	1	0	0	0	1	0
15歳未満	5,572	3,605	117	108	114	68	33	44	17	48
労働力統計	143,564	190,062	6,508	40,945	27,858	62,289	79,240	17,409	9,995	64,159
非労働力統計	7,234	79,666	799	8,861	51	2,829	230	4,794	274	50,851

（資料：行政院内政部統計拠に基づき、筆者作成）

参考文献

行政院労働委員会（http://www.cla.gov.tw/）

行政院内政部統計拠（http://www.moi.gov.tw/stat/）

Ⅰ 北東アジアの越境する移動とエスニシティ、国家

――韓国編

金 泰 賢（整理）

1 外国人労働者政策の変遷

―1991年11月、海外投資企業研修生制度：海外投資企業が現地の法人を通じて外国人産業研修生を受入れる制度（研修期間：最大1年）。

―1993年11月、外国人産業研修生制度：300人以下の中小製造企業が中小企業協同組合中央会、大韓建設協会、水協中央会、農協中央会の推薦を通じて外国人研修生を受入れる制度（研修期間：最大2年）。

―1998年4月、研修就業制度：2年の研修期間が終わった研修生に、所定の手続きを経て1年の就業ビザを与える（2002年4月から'1年研修後2年就業'に変更）。

―2004年8月、雇用許可制：最大3年間製造業、建設業、サービス産業、農畜産業、近海漁業などの業種に就業可能。

―2007年1月1日から雇用許可制に一元化。

2 在外韓国系外国人の雇用政策

―2002年12月、就業管理制：在外韓国系外国人（韓国の国籍を持っていない外国国籍同胞）にサービス業（飲食店、掃除、看病、家事など）に限って2年間の就業活動を許可。

―2004年8月、雇用許可制による雇用特例：3年間サービス業と建設業での就労が可能になる（2006年1月10日からは製造業、農畜産業、沿近海漁業での就労も可能）。

―2007年からは最大5年間滞留できる訪問就業制を実施予定。

3 統計数字にみる韓国における外国人労働者

韓国国内における外国人労働者の数

年度	総計	合法滞留者							未登録労働者(不法滞留者)
		計	就業ビザ				研修ビザ(産業研修生)		
			専門技術人力	非専門就業	研修就業	来航船員	業種団体推薦	海外投資企業推薦	
1987	6,409	2,192	2,192						4,217
1988	7,410	2,403	2,403						5,007
1989	14,610	2,474	2,474						12,136
1990	21,235	2,833	2,833						18,402
1991	45,449	3,572	2,973					599	41,877
1992	43,664	12,765	3,395				3,932	5,438	30,899
1993	68,500	13,992	3,767				3,759	6,466	54,508
1994	81,824	33,593	5,265				18,816	9,512	48,231
1995	128,906	47,040	8,228				23,574	15,238	81,866
1996	210,494	81,440	13,420				38,296	29,724	129,054
1997	245,399	97,351	15,900				48,795	32,656	148,048
1998	157,689	58,125	11,143				31,073	15,936	99,537
1999	217,384	82,046	12,592				49,437	20,017	135,338
2000	285,506	96,511	17,000		2,063		58,944	18,504	188,995
2001	329,555	74,349	19,549		8,065		33,230	13,505	255,206
2002	362,597	73,358	21,506		12,191		25,626	14,035	289,239
2003	388,816	250,760	20,089	159,706	20,244		38,895	11,826	138,056
2004	420,702	232,219	20,272	126,421	48,937	34	28,125	8,430	188,483
2005	345,911	165,119	23,609	52,305	50,703	212	32,148	6,142	180,792

(資料:Dong-Hoon Seol・Hae-Chun Rhee、2005、『外国国籍同胞雇用が国内労働市場に及ぼす社会・経済的効果分析』労働部。)

出身国別外国人労働者の数（2005年12月）

	総計	合法滞留者							未登録労働者
		計	就業ビザ				研修ビザ（産業研修生）		
			専門技術人力	非専門就業	研修就業	来航船員	業種団体推薦	海外投資企業推薦	
総 計	345,911	165,119	23,609	52,305	50,703	212	32,148	6,142	180,792
中国	62,420	19,742	1,426	11	7,636	0	6,178	4,491	42,678
韓国系中国人	59,101	22,402	570	18,756	2,214	0	683	179	36,699
ベトナム	31,805	20,967	1,758	9,118	6,153	0	3,507	431	10,838
フィリピン	30,092	16,843	2,414	5,933	4,180	0	4,207	109	13,249
タイ国	27,488	16,342	138	6,203	4,720	0	5,237	44	11,146
インドネシア	23,495	17,974	57	4,567	8,214	0	4,724	412	5,521
モンゴル	18,318	7,964	115	4,647	2,155	0	1,047	0	10,354
バングラデシュ	13,781	176	0	3	19	0	147	7	13,605
ウズベキスタン	12,312	5,991	415	15	3,477	0	1,982	102	6,321
スリランカ	9,686	7,062	3	3,032	2,361	0	1,666	0	2,624
パキスタン	9,464	4,473	42	0	2,577	0	1,854	0	4,991
ネパール	4,880	2,649	7	0	2,382	0	260	0	2,231
ロシア	3,790	821	820	1	0	0	0	0	2,969
韓国系ロシア人	185	26	20	6	0	0	0	0	159
インド	3,315	422	387	0	0	0	0	35	2,893
ミャンマー	3,057	1,296	4	0	863	212	154	63	1,761
カザフスタン	2,629	1,488	10	1	1,389	0	85	3	1,141
カンボジア	1,783	1,676	0	0	1,273	0	398	5	107
イラン	1,404	126	5	7	105	0	9	0	1,278
キルギス	944	23	0	1	8	0	10	4	921
ウクライナ	447	243	243	0	0	0	0	0	204
その他	25,515	16,413	15,175	4	977	0	0	257	9,102

（資料：Dong-Hoon Seol・Hae-Chun Rhee、2005、『外国国籍同胞雇用が国内労働市場に及ぼす社会・経済的効果分析』労働部。）

II

東南アジアの越境する人と
コミュニティ

漁船に乗り込む外国人労働者（タイ・チョンブリ市）

漁業加工場で働くミャンマー人（タイ・チョンブリ市）

外国人建設労働者の飯場（タイ）

外国人労働者の集住地域サメサーンのカラオケ店（タイ）

タイ・ラオス国境のノーンカーイ市場（ラオスからフランスパンを売りに来ている女性）

第7章：タイにおける外国人労働者の流入と
その制度的条件

北原　淳

1　はじめに――過酷な現実と研究の無力さ

　一部の国内労働者の労働や生活の状況も厳しいが、全般に外国人労働者の労働や生活はもっともっと過酷で厳しい。このことを痛感させられたのは、この越境移動のプロジェクトに参加して、タイの外国人労働者（法律上は「不法外国人労働者」）を調査したときだった。とくに、2004年12月にタイ湾東岸部のチョンブリー県、2005年7～8月に同県およびバンコク近辺を訪問し、現場労働者から聞き取り調査をしたときだった。その内容は、筆者が通っている農村のタイ人定住民の生活とは全く異なり、まさしく想像を絶する世界であった。筆者が1980年代にチョンブリーや近県で、国内の東北タイからの出稼ぎ労働者の聞き取り調査をしたときの経験と比べても[1]、きわめて厳しい生活環境であり、正直言ってショックの連続であった。しかし、きわめて厳しい苛酷な現実のなかで、彼ら外国人労働者がしぶとく、たくましく生きているのに救われる気がした。

　近代日本初期の労働者、都市庶民の生活も、現代では想像できないほど厳しかったかも知れない。たとえば、今は文庫本で読める古典類でみても、明治時代には、横山源之助『日本の下層社会』（1899）、大正時代には、河上肇『貧乏物語』（1917）、細井和喜蔵『女工哀史』（1925）、などがある。また第二次大戦後にも、山本茂美『ああ野麦峠』（1968）、山崎朋子『サンダカン八番娼館』（1972）、等のすぐれた歴史ルポルタージュがある。東南アジアの日系工場についても、塩沢美代子『メイドイン東南アジア：現代の「女工哀史」』

(1983) が、過去の日本の「女工哀史」の途上国への「輸出」を報告している。

もちろん、周知のように、欧米の近代初期の都市の労働者、庶民の生活もまたきわめて過酷で悲惨で、この類の報告書やルポに溢れている。これら労働者、庶民を救うために、マルクスの共産主義思想に共鳴したエンゲルスの『イギリスにおける労働者階級の状態』(1845)、フェビアン主義（フェビアン社会主義）の立場から労働者救済事業に献身したS・ウェッブ＆B・ウェッブ夫妻の『労働組合運動の歴史』(1894)、『産業民主制論』(1897)、等々、の著名な報告書がある。ある意味では、現在の外国人労働者もまた、彼らと同じ運命を繰り返しているのかもしれない。しかも、もっと厳しいのは、アジアではその大半が外国で働く「不法外国人労働者」だ、という点である。

筆者のタイの外国人調査で、とくに印象に残り、記憶が鮮明な代表例は、たとえば、ミャンマーから来た次の2人である。ただし、筆者はミャンマー語を解さないので、聞き取り作業は、相手に信頼（ラポール）のある某ミャンマー人研究者の通訳付きである。1人は男性（30歳代前半）労働者である。タイへの出稼ぎ労働が、実は知識層の政治的亡命でもある例だった。最初にチョンブリーの建設労働者飯場で会いライフ・ヒストリーの聞き取りに応じてくれたが、2回目に会い別れるとき、彼は、はじめて本心を語った。

大学時代に出身州の分権化・自治を求める政治運動をした罰として軍事政権から強制的に兵役義務に出され、大学を卒業できなかった。学生時代、出身州の分権的自治を要求した運動集団は政治活動だけでなく、学問的な州史研究をも熱心に行う研究集団であった。その後北部タイへ農業労働の出稼ぎにきて小金を貯め、帰国後バングラデッシュへの越境的な米輸出の商売をし、経済的には良くなった。しかし再びタイへ出稼ぎに来た。理由は政治的亡命に近い。北部タイの出稼ぎから帰り、米商売の裏で、民主化運動の某組織に加わったが、その組織リーダーの外国行き（亡命）により組織が内部分裂したため、国外で亡命したリーダーと連絡をとろうとして、タイへ「不法労働者」としてやってきた。

「毎日の生活はつらいが、ミャンマーの民主化が生きがいだから耐えられ

る。あなた方には分かってほしい」というのが別れの言葉だった。彼は、この部分だけは、飯場仲間やタイの官憲には情報が漏れないよう、流暢な英語に切り替えて、熱をこめて語ってくれた。

　もう1人はバンコク近郊であったミャンマーの女性（40歳代前半）労働者である。聡明で能力があり、面倒見の良い人でも、外国での労働で生活の向上がはかれなかった例である。

　学歴は中1卒であり、同年齢のミャンマー人としては中以上である。まず国内で出稼ぎ労働をし、小金を貯めて商売をやり成功しかけたところで、夫が団地の投資に誘われて破産し、夫婦でタイへ出稼ぎに来た。ミャンマーへ戻り土地を買った直後に夫が急病死した。その後また子供を連れてタイへ出稼ぎに来た。当初ガソリンスタンドで働いたが、不法就労でタイ警察に捕まり、賄賂を送ろうとして仲介者に騙された。バンコクでミャンマー国籍の新しい夫と出会い結婚し、最初、掃除、ジーンズ作りなどをやったが、自分がバンコク郊外のモーン族市長宅の女中となったのを機に夫もその門番・庭師となった。しかし、市長家族ともめごとがあって、バンコクへ戻り、今は夫婦でジーンズの完成工程のアイロンかけ作業を行う。前夫の長男はかつてカンチャンブリーで自動車事故を起こし、警察にみつぎ罪を負けてもらった。そしてバンコクでは、友人の代理で気軽に引き受けたテニスコート整備の仕事中に感電して事故死した。しかし彼女は「不法労働者」なので、母親として長男の遺体にも立ち会えなかった。

　以上は、数時間にわたる聞き取り記録の一部の要約である。彼女は、結局、外国人労働者に許される3K的な職を転々として這い上がれず、祖国との間を往復し、この間に大切な家族を失った事実を、ときには涙ぐみながら、しかし表面的には淡々と語ってくれた。

　昔の記録にも記された諸事実が、以上のような生々しい形で、現実に目の前で再現されているのは実に衝撃的だった。そして、多くの現場労働者が「グローバリゼーションと越境的移動」を、実に過酷な労働・生活条件によって体験していることを思い知らされた。過去の記録と変わらないことを繰り

Ⅱ 東南アジアの越境する人とコミュニティ

返す人類の浅はかさも痛感した。しかし、何よりもまず、1人の人間として何も貢献できない無力さを感じた。上述のようなジャーナリスト、作家たちなら事実を情報として流して公衆に訴えたし、運動家や活動家たちなら信念に燃えて労働者救済のために奔走した。ＮＧＯ活動などこれが現在進行形の人々もまた多い。彼らと比べ、研究者は事実関係を厳密に検討するしかない点で、何とも無力かもしれない。しかし、とりあえず、「不法外国人労働者」の労働や生活の実情を直視し、その因果関係をさぐり、これを通じて現実の問題解決にも寄与することが自らの課題だと考えることとしたい。無力な調査研究作業上の救いといえば、外国人労働者は、そういう過酷な状況にめげずにしぶとく生きている、という現実であろう。

さて以下では、第2節で、東南アジア域内の労働力移動を概観し、第3節ではタイ国家の外国人労働者規制策を概観し、第4節では労働者の労働と生活にふれる。ただし、第4節では、労働者の募集・リクルートの制度・移動ルート、雇用主による雇用条件に焦点をあてて、労働者の労働と生活がなぜ過酷となるのか、その因果関係を考えてみた[2]。そのため、第1節でもその一端にもふれたが、調査ではもっとも詳しく聞き取り記録を整理した労働現場の労働と生活の実態については、紹介するスペースが残されていない。この部分の公表は他日を期したいと思う。なお、本書の8章（藤井）はチョンブリーの労働者コミュニティの生活実態を紹介し、この点を補っていることを付記したい。

2 東南アジア域内の労働力移動の概況

外国人労働者は、単純化すれば、「後進国から先進国へ」という流れがある。東南アジア地域内では、ＮＩＥＳの代表格の都市国家であるシンガポールへは、すでに1970年代からマレーシア、フィリピン、タイ等の周辺諸国からの労働力の流入があった。そして1980年代以降は、中進国化をとげたマレーシア、ついでタイに対して、周辺諸国からの労働力の流入が続いている。

第7章：タイにおける外国人労働者の流入とその制度的条件

　リッグのあげるデータは古いが、1997年ころの東南アジア域内の労働移動の流れが理解できる（Rigg 2003:163）。図は省略するが、受入国として、マレーシア、ブルネイ、シンガポール、タイ、香港等があり、送出国として、インドネシア、ミャンマー、フィリピン、ラオス、雲南国境、等がある。マレーシア、タイは一方で受入れ、他方で送り出す。

　2002年（または2003年）の東アジア全体の流れは、図1が参考になる（朝日新聞2005年12月1日）。まず、東アジアの中でも、とくに東南アジアの送出、受入数が多い。ただし中国の送出人数は不明である。受入数では、マレーシア（116.3万人）、タイ（100.7万人）、日本（79万人）、シンガポール（59万人）の順であり、マレーシア、タイは日本より多い。なお2004年のタイの受入数は、タイ国内の新聞記事類では、最低130万人であり、200万人という推計もある。送出人数はフィリピン（494万人）、インドネシア（200万人）、タイ（55万人）、

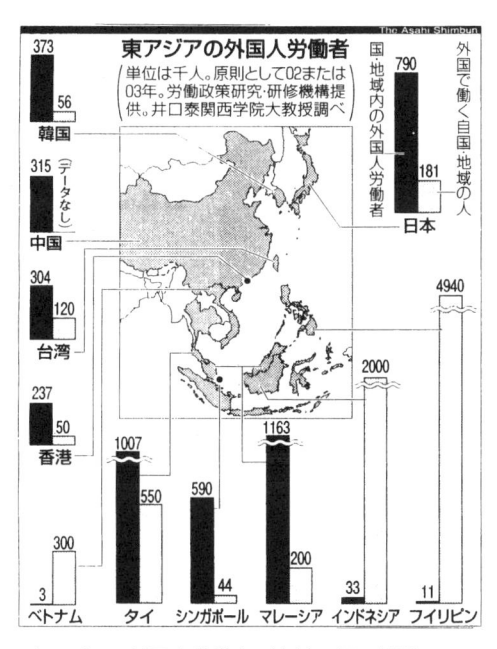

図1　東アジアの外国人労働者（資料：朝日新聞、2005.12.1）

Ⅱ 東南アジアの越境する人とコミュニティ

ベトナム（30万人）、マレーシア（20万人）の順である。フィリピン、インドネシア、ベトナムは一方的送出国であるのに対して、シンガポールは一方的受入国に近い。マレーシア、タイは送出人数よりも受入人数の方が多く、経済発展と労働力不足という点で、シンガポールに次いで中進国化をたどっていることがうかがえる。

　タイ周辺国では、ミャンマー、ラオス、カンボジアの順に、タイに向かって労働力の流入がある。この労働者の流入ルートの詳しい地図が、タイの英

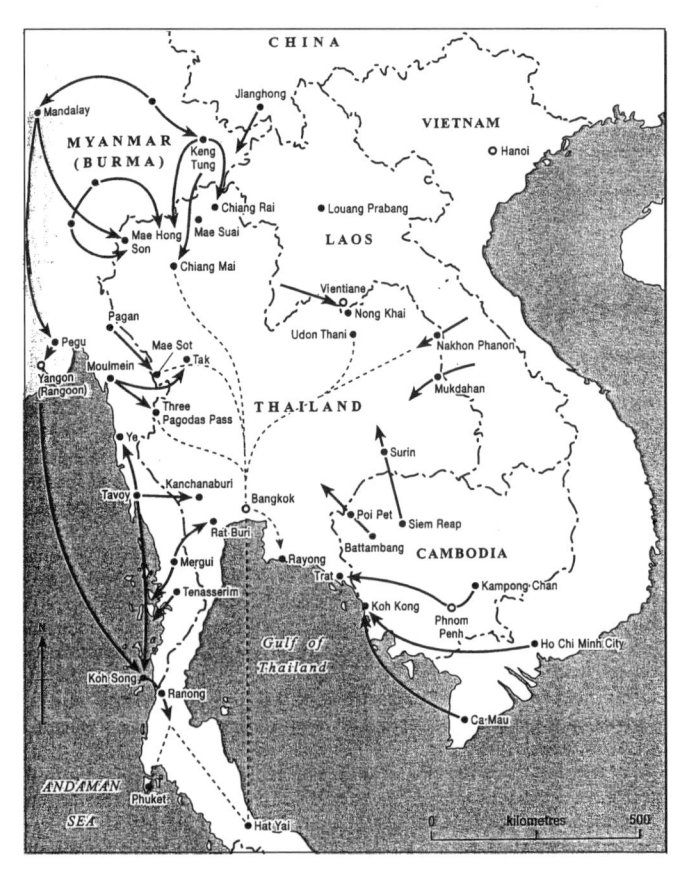

図2　タイへの外国人労働者の流れ（資料：Rigg 2003：165；*The Nation* 1997.6.2）

字新聞、The Nation紙（1997年6月2日）に掲載された（Rigg 2003：165）（図2参照）。このルートは我々がチョンブリー県で聞き取ったルートとほぼ重なるが、ベトナムをも含む「ＣＬＭＶ」（カンボジア、ラオス、ミャンマー、ベトナム）がタイに労働者を送り出している。もちろん、タイ自身も不法労働者を外国に送り出す。中東、台湾、韓国、日本などへの送出が通貨＝経済危機直後に増えた（野崎 1998；Chantavanich 2000）。しかし、最近はやや頭打ちの傾向があるようだ。

3 タイ政府の外国人労働者の規制、制約政策

3.1 国家政策の背景

　政府の外国人労働者への政策の根拠は少なくとも、安全保障・治安対策的な配慮、および、企業の労働需要への対応である。この政治的配慮と経済的対応とは矛盾することが多い。

　第1に、ナショナリズム的なイデオロギーと利益にもとづく安全保障・治安維持対策としてのリスクへの配慮があり、これは労働者を含む外国人流入の制限政策を導く。この伝統は1930年代以来の移民法規定に残る（Kwinphant 2005）。とくに国の関係機関は、外国人労働者が増加し、これが犯罪、社会摩擦、社会問題等を発生させると考えて、取締りを強化している。国の関係機関は長期的な定着と社会的な再生産を防ぐため、家族同伴を制限し、単身者に限定する、等の制約を課す（浅見 2003）。なお、これらの外国人労働者によって社会リスクが発生するという関係機関の政策的な言説と、実際にリスク、コストが生ずるかどうかという事実関係とは別問題である。

　第2に国家が考慮するのは、許可の結果として生ずるリスクや各種のコストである。上述のような社会的摩擦、犯罪等の社会的コスト以外にも、許可申請制度、同伴子弟教育等の行政負担コスト、労働上の安全、福祉等の企業＝行政負担コスト、等が必要となろう。また、最近は、国際的な配慮から、外国人の福祉権や政治参加権も議論されている。

第3に、国家関係機関は企業の需要に応じて限定的な許可政策を採用する必要がある。国家の安全・治安的観点による流入制限策は産業・企業の労働力枯渇と需要増とのギャップを生ずる。妥協策として、入国管理上は不法入国者の外国人を、労働登録許可制によって限定的に合法化する政策を採用してきた。しかし、関係機関は、外国人労働者に対し1年間の労働権・滞在権を認めるだけであり、違法滞在者の国籍取得はもちろん、アムネスティ（恩赦）も認めない、等、労働権、市民権の制限を行う。

3.2 労働許可政策の推移

1980年ころから3K（3D）部門に労働力不足が始まった。1986年に、政府は、近隣諸国の不法外国人労働者に対して、暫定的行政措置を適用した。労働省に労働登録許可を申請し、許可された労働者には労働権、滞在権を認める行政措置だった。以後、1992年の成文法の制定に至るまでに、政府は不法外国人労働者の登録申請・許可政策を続け、適用県をも広げた。1988年には、ミャンマーで政変が起き、政治亡命者が移住労働者と錯綜して大量に流入した。このころ、企業家集団は、3K（3D）部門の労働力不足を理由に、外国人労働者の取締の緩和を訴え始めた。

1992年には、政府は入国法11条を一部改正したあと、不法外国人労働者に対して、チェンライ他4県に限定して労働登録申請・許可の実施を行った。この直後の1994年の不法外国人労働者数は約40万人だった。1995年に、政府は、1992年法を改定し、許可数を増やし、適用県も43県に広げた。1996年には37万人が労働登録を申請した。1997年の通貨＝経済危機の際には、労働組合の労働登録中止要求も圧力となった。危機直後の1998年、1999年、2000年の3年間、政府は、登録の枠を減らす閣議決定をし、不法労働者の本国送還をも行い、登録数を10万人規模に抑えた。その結果、1998年、2000年には登録許可数が1986年以来で最低となった。2001年に景気が回復すると、再び登録数枠の制限は緩和された。2004年8月には登録数を566,723人と閣議決定した。こうした政策的経緯の結果である1996〜2002年登録実績は、表1の通りである。

表1　外国人労働者労働登録証交付数

年	件数
1996年	219,755件
1998年	298,654
1999年	90,911
2000年	99,974
2001年	568,249
2002年	430,249

（資料：Kwinphant、2005等）

ただし許可を受けない不法外国人労働者も多く、2004年の合法・不法の外国人労働者総数は130万人から200万人の範囲といわれる。タイ国内の労働力可能人口を約3500万人とすれば、外国人労働者総数はその3.7～5.7％であり、おそらく実働人口の5～10％前後に達するだろう。

4　外国人労働者の労働・生活の条件

4.1 チョンブリーの労働市場の概況

調査地のチョンブリー県では、外国人労働力需要は漁業、建設、家事労働等の底辺3K（3D）業種・部門に集中する。単純にいうと、チョンブリー県の労働市場は、底辺の不安的な雇用労働市場＝外国人労働者、中位以上の安定した工場団地・企業の定雇用労働＝（東北タイを含む）タイ人労働者、という二重構造である。ただし、後者の場合でも、労働集約的業種の場合、首都圏の工場団地から地方へと工場の拡散・進出が進み、残る首都圏の工場内では労働力不足が生じ、部分的には外国人労働者が雇用され始めた。

チョンブリー県では、外国人労働登録許可数は、2003年は少なかったが、2004年に増加した。チョンブリー県における2001～2004年の許可数は、それぞれ、18,206人、11,138人、7,411人、35,276人である。なお、2005年7月の労働局出先での聞き取りによれば、不法労働者を含む全外国人労働者数は

200,000～300,000人である。従って、2004年の合法的な登録者は、不法・合法労働者総数の10～15％程度にすぎない。

4.2 労働・生活条件の過酷さの悪循環の論理

チョンブリー県の労働者の聞き取り調査データを分析した限りでは、市場的、政治的、社会的な制度や構造の面で、外国人労働者の制約・制限、不自由などの諸条件があり、これが労働者の労働と生活を過酷にし、その向上や改善を阻む、という悪循環を生んでいる。この悪循環の構造は他地域にも一般化できるかもしれない。

第1に、受入国政府の受入政策が、一定限度に限って労働許可登録を認めるという限定的、制限的な内容である。第2に、母国の出身地から労働現場までの地理的なルートが国境によって限定され、制限されている。第3に、募集リクルート制度が少数の募集人によって独占され、受入国での輸送体制も不法のため秘密的、閉鎖的である。第4に、受入国の労働現場では労働者は受入国の官憲に監視されて、隔離的、閉鎖的となる。第5に、労働者は居住空間の飯場では雇用主に管理、監視されて、外出の自由が少なく、周辺タイ人社会から隔離されている。第6に、こういう労働と生活の面での隔離性、閉鎖性、分散性が労働者の集団的結合・ネットワークを弱めて孤立を招きがちである。第7に、出身地の集団的出稼ぎ経験、あるいは、個人的出稼ぎ経験が短く、浅いことも、交渉能力を弱め、待遇改善を妨げている。以上のような諸条件は、受入国タイ政府の制限政策とも関連しあって悪循環を繰り返し、構造的変化を困難にしている。従って、第8に、労働者個人は、狭い身近な人間関係、ネットワーク、コミュニティの中で、偶然的理由によってやや恵まれる場合を除き、不利な状況の中で、「しぶとく生きる」しかない。

結果的に、外国人労働者は、家族同伴よりも単身が多く、労働・滞在期間も短く、同一地域の同一職場で働くことは少なく、短期間の受入国での労働、滞在のあと、母国へ戻り、また異なる場所へやって来て、職も変える。そして、一生の労働年齢の間に、一定地域に定着して、持続的な生活的基盤をもつこ

とができず、各地を転々と流れ歩く。こうした流動的な労働と生活は、その向上には繋がらず、むしろ不利な条件の悪循環を引き起こす。こうした悪循環の無制度的・無秩序的な環境の中では、労働者は個人として、小集団として、「しぶとく、たくましく」生きるしかない[3]。

　良い労働や生活の機会に恵まれるのは全く偶然である。面倒見の良い労働者リーダーに会った、性格の良い雇用主に当たった、等である。外国人出稼ぎ労働の条件が、一般的な枠組みや理論だけでは説明できず、'context specific' だとされるのはたしかに正しい（De Haan 2002）。厳しい悪循環的な構造の中で、労働者は自力に頼るしかない場合も多い。誰も頼りにならない絶望的な環境のなかで、労働者は個人の生存を維持するために個人の能力を発揮し、あとは運に任せるしかない。

　ただし、労働条件が相対的に良いのは、特定出身地からの持続的な出稼ぎ経験の蓄積によって同一地域出身者の「溜まり場」が集団的に形成されるか、あるいは、個人が長期間、特定地域の労働に通って、個人的な経験とネットワークをもつ場合である。そのような場合、労働の技術、規律、組織等に慣れ、幅広い人脈もあり、多くの情報も手にはいり、雇用主との信頼関係もある、といった有利な条件が生まれやすい。集団的な「溜まり場」は、労働者の移動ルートの国境に位置する結節的中継地点都市、あるいは、タイ国内の集積地都市にできることが多い。「そこへ行けば仕事が探しやすい」という「溜まり場都市」である。失業し、逃亡した労働者が個人的にまず行くのは、こういう結節的リクルート機能集積地である（図2参照）。

4.3 労働条件の決定者：国家、ブローカー、雇用主

　労働者個人の労働の制度的な環境や構造を決定する主要アクターは、受入国家、リクルーター・ブローカー、そして雇用主であろう。

　まず、受入国家は移動制限的政策を取ることが多く、人権主義の立場からは厳しく批判される。国家以外では、リクルーター・ブローカーと雇用主の役割が大きい。労働者の就労・移動の手配をするリクルーター・ブローカー、

Ⅱ　東南アジアの越境する人とコミュニティ

そして、労働者を最終地点で雇用する雇用主が主要アクターである。

　まず、図2で周辺からのリクルート経路を確認したい。これらの国境に近い通過ルート上にある中継地点都市には、リクルーター・ブローカー（紹介人・手配師・運び屋）、労働者、商売人、各種サービス業者・従業員、ＮＧＯ活動家、等が流動的に集中、集積し、リクルート機能が営まれる。ここまで来る前に、送出国の中にもルートの出発地点、中継地点、最終集結地点がある。最終集結地点はミャンマーのケントゥン、モールメイン、ソン島、ラオスのウィエンチャン、カンボジアのバッタンバン等である。受入のタイ国内では、国境の結節的中継地点で短期滞在し、中間にある中継地点に移動したあと、労働現場や雇用主に向かう最終集結地点の「溜まり場」がある。我々の調査地サメーサーン、マハーチャイ等の漁港都市はその例である。この最終集結地点には移動労働者コミュニティがある。

　労働者の募集、手配、リクルートの主たる特徴は以下である。一般的には、送出国と受入国の政策的制限に加えて、労働者リクルート・手配のシステムを小数の関係者が独占しており、こうした労働市場の限定性と独占性とが厳しい労働環境を生む。

　労働者はブローカーに対して仲介手数料としての前金を支払う。しかし、現金で払える者はなく、ブローカー自身に後払いするか、金貸業者、親戚、村人等から前借りしてブローカーに前払いする。この借金・利息やリベート額は、最初の労働現場の賃金から、金貸し、親戚、ブローカー、雇用主等に返却する。ブローカーや雇用主に支払う場合は、月の賃金の全額を4〜6カ月分、自動的に差し引かれる。つまり、この期間は無給であり、他所に移ることも禁じられる。飯場に半ば強制的に閉じ込められ、監視が付く。「この借金の支払い、只働き、閉じ込めの間に勝手に逃げると追手に殺されることもある」という。

　労働者を引率し乗車させる人物は、大別すれば、ブローカー自身（その仲間）と専門的運び屋キャリアー（その仲間）である。両者は錯綜し、ブローカーが兼ねることもある[4]。

第7章：タイにおける外国人労働者の流入とその制度的条件

タイ国内の主要中継地点の間ではリレーとバトンタッチが何回かある。国境不法通過システムが制度化されている、労働者がリピーターで慣れている、通常の交通手段（乗り合いバス類）が利用できる、等の場合、特定区間は労働者自らが単独あるいは集団で移動できる。すでに「国境不法通過」が制度化されて、アクセスしやすいラオス、カンボジアからは、全区間を労働者自身で移動する場合も多い。この場合はブローカー、キャリアーも存在せず、手数料は不要であり、交通費を自己負担するだけで済み、通常の市場原理による出稼ぎとなる。また故郷や出身地からタイの特定地域への移動・往復の経験が長く、そのシステムが慣習化し、制度化した地域では、コミュニティの知人、友人や移動集団が無料のブローカー、キャリアー役となってくれる。信頼関係があれば、手数料天引き期間が過ぎたあと、知人、友人に賃金の祖国への送金を依頼することも可能である。しかし、「身売り」に近い極端に拘束的なケースもありうる。あるケースでは、タイ国境の結節的中継地点から「専門的キャリー」が「タイガー・カー」（著名ブランドのワゴン車。普通名詞）の3、4列の座席にミャンマー人労働者20人以上を押し込んで、銃をもった見張りが付き、最低限の用足し駐車だけを人家のない中継地点で行いながら、食事抜きの2日がかりで目的地まで連れてきた、というものだった。

5　結びにかえて——方法論の課題

以上で、タイのチョンブリー県における漁業関係労働者および建設労働者への聞き取り調査でえた質的データを整理して、とくに、その一般的な傾向や法則の部分を紹介した。

この作業過程で2つのことを感じた。第1は、研究史上の労働移動論とタイ外国人労働者の現実とのギャップである。第2は、労働者の過酷な人生とそれを超えて生き抜くたくましさである。第3は、これらの複雑な諸要因を見据える複眼的な視野と方法論の必要性である。

まず、理論的、実証的な研究の双方で、欧米先進国、とくにアメリカの外

国労働者をモデルとした議論が多い。しかし、アジアの外国人労働者の研究では、アジア的文脈をふまえた「中進国」的なモデル、そして地域的なモデルの検討が必要である。多様なアジア的モデルを検討し、欧米先進国の理論的モデルとのギャップを埋め、中間的媒介項となるような諸要因を探り出し、国際的労働力移動の研究に貢献する必要性である。

　第2は、外国人労働者には、過酷な労働と生活を経験しながらも、それに耐える「したたかさ、たくましさ」がある。タイ人コミュニティから隔離され閉鎖された環境の中での彼らの労働と生活は、筆者の親しい農村部のタイ人定着農民との場合とは全く異なる世界である。こういう生活世界の現実を説明するために、彼らの生活に密着した視野や方法論を模索する課題も残されよう。ただし、不法滞在の外国人という点を除くと、彼らの労働と生活は、国内の地方出身出稼ぎ者、広域的行商等と大差ない場合もあり、両者のギャップは縮まるかもしれない。移動者や不利益者の一般的モデルの模索も必要かもしれない。

　第3に、以上のような複眼的な視野と方法論を総合し、外国人労働者をとりまく制度的条件と労働者自身の生活世界とをカバーするような中範囲的な理論的仮説や命題を導き出す課題があろう。こうした作業を通じて、ささやかな研究が現実問題の解決に少しでも貢献できればと思う。

注
（1）我々は1986～87年、1991～92年と、チョンブリー県を中心に、タイ東北部から農林漁業・建設等への出稼ぎ、都市部のスラム、等の調査を行った（北原・赤木 1995）。
（2）研究史の紹介は紙数の関係で省略せざるをえない。そのテーマとしては、国際的な構造的要因、受入国の制約・制限の政策、リクルーター・雇用主による暴力・搾取、労働者の集団・ネットワーク、等がある。また、その視野としては、市民運動論、労働市場論、都市社会論、等がありうる。まず、国際的な構造要因としては、資本と労働の国際化、および、それにともなう先進国大都市の生産労働市場の空洞化を問題提起したサスキア・サッセンの議論が出発点であろう（Sassen 1988＝1992, 1991）。森田、伊豫谷らが初期の紹介者である（森田 1987；伊豫谷 2001）。

第7章：タイにおける外国人労働者の流入とその制度的条件

　市民運動論と労働市場論の視野からは、とくに受入先進国側の企業・市場の需要増、流入移民労働者の増加、国家政府の制限政策という3要因、および、受入国側の企業、流入労働者、国家という関係3主体とが浮かび上がる。国家の規制政策や企業の市場的労務戦略に対して労働者の労働・生活の論理を対置して、前者を批判する立場である。日本の研究者では、たとえば、田巻は国家の規制策と労働者の権利とを対置し、小井戸は企業の労働再編戦略と労働者の権利とを対置して、それぞれ前者を批判的にみる（田巻 2005a、2005b；小井戸 2002、2005）。

　また、小井戸と大畑は、サッセンによる先進国大都市の労働市場論を、都市社会論として組みなおし、カステル、ポルテス等の見解を参照しながら、グローバル・エリートに対して労働者・民衆・コミュニティを対置し、前者を批判的にみる。小井戸は、移民労働者が母国との政治的・経済的な交流を発展させ、越境的な国民国家やナショナリズムを形成する現象にも注目する（小井戸 1998；2005）。大畑は、グローバル・エリート・ネットワークに対する移民労働者コミュニティの対抗説（Castells 1996、1997）、国際ＮＧＯ的な「グローバル市民社会論」等に疑問を呈し、市民が国家に要求し、国家と市民の相互関係を再構築する東アジア的な市民社会を構想する（大畑 2005）。

　以上のような多国籍企業による労働市場編成戦略と越境的国家＝社会関係の形成という説は、端的にいえば、アメリカの事例の中範囲的な理論化であり、送出国と受入国移民社会との関係もアジア、ヨーロッパ等とは異なるといえるかもしれない。東アジアの国家＝社会関係はマードック学派の東南アジア論を参照する必要があろう（Hewison & Robison 2006；北原 2005：17-19）。

（3）人道主義的な立場による聞き取り記録の中には、記録の質が高く、母国を含むアクターの暴政、暴力、搾取、不正等の告発と批判のメッセージとして優れたものもある（Wai 2004）。しかし、研究者にはアクターの非人道的行為の構造的要因をも分析する義務があろう（cf. Chantavanich 2001）。

（4）まず送出国では、出身地からリクルート・ルートや通常交通ルートをたどり複数の中継点を通過して国境に至る。そして国境を不法通過してタイ国内に入り、国境の中継地点都市に短期滞在し、そのあとタイ国内のルートをたどり、最後の結節・集積点に着き、ブローカー・キャリアーから雇用主に引き渡される。送出国から受入国の最終的就業地までのルートと労働紹介のプロセスは多様で複雑である。母国の国内の移動では、ミャンマーはルートとプロセスが複雑で困難であり、カンボジア、ラオスはそれが単純で容易である。ミャンマー労働者の場合、その制度的な制限要因は、国内の情報・人・物の流れを統制する自国政府の政策、大量移動を規制するタイ政府の政策、それらが重なった国境の監視・警備体制の厳しさ、等だろう。メーホンソーン、メーサーイ、メーソート等タイ領土内の中継地点に至るミャンマー国内の主要幹線道路は一車線の部分が多いというが、これは軍事・安全上の交通運

119

Ⅱ 東南アジアの越境する人とコミュニティ

輸の制限措置だろう。労働者の移動も制限され、移動日数がかかる。また、国境の出入国管理局の通過には、正規通過料金を超える相当額を支払うが、これが、ブローカーと関係官との間で暗黙の「手数料」となれば、市場的な相場ができる。正規入管ルートを避けて密入国する場合は、案内人への手数料、国境警備官への賄賂、等の別の金銭負担、体力の消耗、熱病の危険、辻強盗の対策、等、そのコストが大変だという。

参考文献（タイ語文献省略）

Castells, Manuel, 1996, *The Rise of the Network Society*, Blackwell.
―――, 1997, *The Power of Identity*, Blackwell.
Chantavanich, Supang, Andreas Germershausen and Allan Beesey, 2000, *Thai Migrant Worker in East and Southeast Asia*, 1996-1997, ARCM, Institute of Asian Studies, Chulalongkorn University.
Chantavanich, Supang, et al, 2001, *Female Labour Migration in South-East Asia: Change and Continuity*, Chulalongkorn Univ.: ARCM
De Haan Arjan Ben Rogaly, 2002, "Introduction (to Labor Mobility and Rural Society)," *Journal of Development Studies*, 58 (3).
Hewison, Kevin and Richard Robison (eds), 2006, *East Asia and the Trials of Neo-Liberalism*, Routledge.
Kuwinpant, Preecha, 2005, "Cross-Border Migration to Thailand: Government Policy and Practices towards Labor Migrants from Burma, Laos and Cambodia"（＝2005、田村訳「タイへの国境を超える移動」『社会学雑誌』神戸大学、22。）
Rigg, Jonathan, 2003, *Southeast Asia, Second Edition: Human Landscape of Modernization and Development*, Routledge.
Sassen, Saskia, 1988, *The Mobility of Labor and Capital: A Study of International Investment and Labor Flow*, Cambridge Univ.（＝1992、森田桐郎他訳『労働と資本の国際移動』岩波書店。）
―――, 1991, *The Global City: New York, London, Tokyo*, Princeton Univ..
Wai, Myint, Subhatra Bhumiprabhas and Adison Kerdmongkol, 2004, *A Memoir of Burmese Workers: From Slave Labour to Illegal Migrant Workers*, Bangkok: Thai Action Committee of Democracy in Burma (TACDOB).
World Vision Foundation of Thailand n.d., *Research Report of Migration and Deception of Migrant Workers in Thailand*, Bangkok.
浅見靖仁、2003、「国際労働力移動問題とタイ――研究動向と今後の課題」『大原社会問題研究所雑誌』530。

伊豫谷登士翁、2001、『グローバリゼーションと移民』有信堂。
北原淳・赤木攻編、1995、『タイ――工業化と地域社会の変動』法律文化社。
小井戸彰宏、1997、「国際移民システムと送り出し社会への影響：地域的なネットワークとメキシコの地域発展」小倉充夫編『国際移動論――移民・移動の国際社会学』三嶺書房。
――――、2002、「産業再編成と労働市場の国際化――越境的労働力利用の双方的展開と多元化」小倉充夫・加納広勝編『講座社会学16 国際社会』東京大学出版会。
――――、2005、「グローバル化と越境的社会空間の編成――移民研究におけるトランスナショナル視角の諸問題」『社会学評論』56(2)。
大畑祐司、2005、「グローバル化に対応する運動における国家と市民社会――東アジアからの視角」『社会学評論』56(2)。
田巻松雄、2005a、「アジア域内の労働力移動と非合法移民」奥山・田巻・北川編『階層・移動と社会・文化変容』文化書房博文社。
――――、2005b、「東・東南アジアにおける非合法移民」『社会学評論』56(2)。
野崎明、1998、「タイ人の海外出稼ぎの労働の現状と課題――日本における出稼ぎ労働を中心に」「ヒト」の移動の社会史編集委員会編『「ヒト」の移動の社会史』刀水書房。
森田桐郎編、1987、『国際労働力移動』東京大学出版会。
吉村真子、2000、「マレーシアの経済発展と外国人労働者――エステートのインドネシア人労働者」森廣正編『国際労働力移動のグローバル化――外国人定住と政策課題』法政大学出版局。

第8章:タイ中部における越境移動と地域社会
―― チョンブリー県を事例として

藤井　勝

レーワット・センスリヨン

1　はじめに

　タイにおける近隣国からの越境移動者およびその家族は登録人口だけで100万を超え、純然たる非合法者(非登録者)が同数以上存在すると言われている。これら越境移動が21世紀タイ社会の構造的特質になるとすれば、タイ社会の根幹にかかわるテーマである。本稿は、このような認識のもとで、越境移動者が、とくにタイの地域社会のなかでもつ意味を考える。これら移動者が直接的にかかわるタイ社会とは地域社会であり、その意味で地域社会こそがより基礎的なホスト社会だからである。実際、日本の越境移動者に関する研究でも、地域社会は重要なテーマとなってきたところである(渡戸・広田・田島編著 2003:22-25)。

1.1　タイにおける移動と民族の背景

　しかしながら同時、グローバル化の時代とはいえ両者の関係のあり方は一様なものではなく、それぞれの社会に固有な文化的歴史的条件のもとで展開している。たとえば、越境する移動者とホスト社会の文化的特質の異同である。日本で注目されるのは、中国人、東南アジア諸国出身者、中南米諸国出身の日系人など多岐にわたり、日本人と文化的背景が異なる場合が多い。日系人のルーツは日本にあるとしても、彼等は若い世代を中心に、中南米文化とくにカトリック文化の影響下にあり、日本文化を担っているわけではない。ところが、タイにおける越境移動者は基本的には近隣国であるミャンマー、

Ⅱ 東南アジアの越境する人とコミュニティ

ラオス、カンボジアの出身者であり、彼等は、稲作文化と南方上座部仏教というタイ社会と共通する文化の下にある。ミャンマー人のうちカレン族などはキリスト教の影響が根強いこと、カンボジア人のうちチャム族はイスラム教であるなど、異なった宗教文化を持つ民族も含むが、大多数はタイ社会と文化的共通性をもつため、この面では地域社会との間で葛藤を生じない。

さらに重要なのは、地域社会自身の特質である。日本では、単一的な民族としての「日本人」がともかくも近世期に成立した。内部には差別的身分構造があり、強い地方的多様性を内包しながらも、日本社会は基本的にはひとつの民族としての「日本人」により構成され、農村も都市も「日本人」によって編成される地域社会となった。明治期からは帝国主義的展開の結果として異民族・異邦人の流入が進み、「日本人」や日本の地域社会は異なった民族との関係の形成を迫られ、支配者民族の立場から抑圧的構造を構築した。第二次大戦における敗戦、その後の民主化や近代化のプロセスを通じてこの構造は変容し、とくに1980年代以降の新しいエスニシティ問題に直面するなかで、多文化共生を理想とする地域社会の再構築の模索が顕著になっている。

ところがタイでは、単一民族としての「タイ人」は歴史的にも現代的にも明確に成立していない。今日のタイ国がある地理的範域は歴史的に多種多様な民族から成り立ってきた。タイ国の主要民族であるタイ族（これは広義のタイ語族〈Tai語族〉と区別するためThai族あるいはシャム族とも表記される）自身が元来はこの範域の異民族であり、10世紀前後より南下して、先住のモーン族などと混交してきたという経緯がある。当時の先住民にとってタイ族は自領域内に「越境」してきた異民族であり、そのタイ族を先住民族が受容した結果として、タイ社会の原型が築かれた。しかもタイ族の伸張によって画一的な民族としての「タイ人」が形成されたのではなく、タイ社会は異なった民族が共存する社会であり続けた。

前近代にはTai系・非Tai系のさまざま民族が自発的強制的に周縁部に移動・移住し、定着した。1880年代の東北タイ地方にはTai系ラーオ族のほか、周辺部にクイ族、クメール族、Tai系少数民族が隣接して村落を形成すると

ともに、同じ村落内部が複数の民族より構成される場合さえあった（Aymonier 1895、1897=2000）。とりわけバンコク圏では、近隣国（王国）との戦争や交易を契機として異民族・異邦人が多数入植し、王都領域にもかかわらず非タイ族（ムスリムを含む）の多い地域となった（小野澤編 2003）。20世紀には国民国家形成の機運のなかで「タイ人」「タイ国民」概念が称揚されるが、多様な民族は単一民族としての「タイ人」へと溶解したのではなく、それぞれの民族性を保持しつつ「タイ人」になったのである。カイズは、少数民族が非タイ族の「タイ人」であることを受容できた論理をロシア人形マトリョーシカに倣いながら、多くの少数民族は、華僑を含めて、王制と南方上座部仏教というシンボルで統合される国民という外皮を纏うことにより、内部では独自の民族性をもち続けることが許容されたとしている（Keyes 1987：35）[1]。

　今日のタイの地域社会（農村、都市とも）は、以上の歴史的背景や論理の上に築かれてきたため、共生を即自的形態において内在化している（現代的な「共生」の概念と区別するために、「共存」と表現してもよい）[2]。そこでは、地域社会における異民族の存在は、かならずしもその支配と排除につながらない。もちろんタイ族による非タイ族への差別や蔑視があり、「大タイ主義」とよばれるタイ族主義も存在するが、北東アジアの華夷秩序や「大東亜共栄圏」的民族秩序に相当するような民族的優劣秩序は構造化されていない。そもそもタイは、クメール文化やモーン文化なくして成立しえなかったし、ミャンマーとの関係では長らく軍事的な劣位に置かれた。つまり、タイ史のなかでの即自的な共生の経験と記憶をふまえて、現代におけるタイの地域社会と越境移動者の関係は展開している。

1.2 チョンブリー県の特性

　本稿の事例であるチョンブリー県は、首都（バンコク）圏の東南約80～120キロに位置する臨海県である。かつては、漁業と農業が中心的産業であったが、タイ政府による工業開発の拠点である東部臨海工業開発地域の一角を占めることになったため（Sirirat 1987；北原・赤木編 1995）、現在では多国籍企

Ⅱ　東南アジアの越境する人とコミュニティ

業の工場が数多く立地し、タイ国内では第2番目のGDPを誇るまでになっている。タイ最大の貿易港であるレームチャバン港も立地する。日本企業関係者が多数居住するシーラーチャー、国際的リゾート都市となったパタヤーなど、地域特性に富む地域社会も発展している。現在では、中・北部の臨海部が工業と観光の都市化地域を、南部が漁業地域、内陸の東北部が農業地域を形成し、越境移動者は主には中・北部および南部の臨海地域に数多く見られる。その総数は登録者だけで5万人（家族を含む、2005年）を超過し、純然たる非合法者（つまり非登録者）を含めると10万人を遙かに上回ると推定されている。この数字は、県の総人口100万人強（2000年国勢調査）の1割以上に相当するであろう。人口比で見るならばバンコク首都圏よりも多いであろう。

　本稿では、チョンブリーでの調査経験をふまえて、越境移動者と地域社会の関係を把握するために、二つの基準を用いる。第1は、移動者集団の凝集性と分散性である。越境移動者の居住・労働パターンの特徴の一つは、彼等が1カ所に凝集して生活することである。同時に凝集性をもたず、タイの地域社会のなかに分散・拡散している場合が存在する。第2は、タイの地域社会にとって移動者が可視的であるか否かである。地域社会が移動者の存在を把握し、その生活の実態を認知しやすい場合と、この認知が困難な場合があり、その違いは両者の関係に大きな影響を与える。以下では、この二つの基準によって4タイプを設定して考察する。

2　越境移動・移住と現代的コロニー

　凝集性をもつ越境移動者の集団は「コロニー」を形成している。タイの歴史的文脈では、コロニーは、戦争や交易関係にもとづいて周辺国（地域）からタイ領内に入植した異民族居住地（集落）に相当し、チョンブリー県内にも数多く存在した[3]。本稿におけるコロニーは、グローバル化のなかで形成された現代的コロニーであるが、タイ人の意識や記憶のなかでは、歴史的コロニーとある程度オーバーラップしているであろう。

2.1 漁船コロニー

現代的コロニーのなかで非可視的なものを代表するのは、漁船コロニーである。チョンブリー県内の臨海部には数多くの漁業地区があり、それらの相当数はタイ湾内で漁船漁業を行ってきた。われわれが調査したなかでは、ムアン郡アーンシラー町、シーラーチャー郡シーラーチャー市、サタヒップ郡バーンサレー行政区などにある。これらの漁船漁業の労働者は、かつては地元タイ人だったが、現在ではほとんどが越境移動者と東北タイ出稼ぎ者になっている（漁船の所有者や操舵者・管理者は現在でもタイ人）。船の乗組員数は、2、3〜20名程度で、漁船ごとに乗組員の民族はほぼ決まっている。ある船にはミャンマーのモーン族、別の船にはラオス人、さらに別の船には東北タイ出身者といった具合である。彼等を統率するのは手配師でもある同民族のリーダーや操舵者などのタイ人である。

漁船乗組員のコロニーの大きな特徴は、労働・生活の場が一体、つまり漁船が全てということである。船で働き、船で食事を取り、船で睡眠する。つまり基本的に「陸」には住居も家族ももたない。彼等の多くは若年の独身者である。漁獲物の荷揚げとその後の一定時間は桟橋に船を繋留して休息や網修理をするが、それ以外の時間のほとんどは海上で費やされる。しかも漁船コロニーは、桟橋に横付けされている間も維持されている。漁船は一つの桟橋に列をなして数多く繋留しているが、異なった漁船コロニー間では、乗組員が同民族でない限りはあまりコミュニケーションがないからである。桟橋に繋留中でも、乗組員達は同じ船の乗組員と凝集性をもって行動する。その理由には、彼等の労働サイクルが船単位に決まっているという就労条件と共に、民族の違いという文化的要因が大きい。そして没交渉な数多くの漁船コロニーによって構成される「場」としての桟橋は、地元のタイ人漁業者組合（漁船所有者の組織）等が形成している管理組織によって統制されている。

そして、桟橋管理は外部者にはみえにくいが、重要な役割を担っている。聴き取りによれば、漁船乗組員は労働条件の過酷さもあって逃亡の多い職種だが、彼等は海で操業中は逃亡できないので、逃亡はもっぱら桟橋での漁

の停泊時に実行されるからである。漁船所有者は、非合法の漁船乗組員の獲得のために仲介業者に手数料を支払い、さらに労働許可証取得のために登録料を支払っているので（ただし登録料は労働者の給料から差し引かれることが多い）、乗組員の逃亡は漁船所有者にとって大きな痛手となるから、桟橋の管理はきわめて重要になる。一方、漁船乗組員は当てもなく逃亡するのではなく、彼等のネットワークから得た情報にもとづいて逃亡する。タイでは携帯電話の取得は極めて容易なので、越境移動者でも簡単に携帯電話を購入できる。少なくない漁船乗組員が携帯電話を所持し、漁船コロニーで閉鎖的な生活を送りながらも、現代的情報通信手段によって漁船コロニー外とのネットワークを形成している。タイ国内のブローカーや友人、さらに出身地の家族（電話連絡が取れる場合のみ）などとの情報交換を定期的に行い、より好条件の働き先の情報を獲得し、計画性をもって漁船コロニーから脱出するのである。

　以上の結果、地域社会の人々には、漁船コロニーは極めて非可視的な存在となり、桟橋は近づきがたい空間として異化されている。現地調査に参加した地元大学の学生も、こうした生活や空間の存在をまったく知らなかったと言い、驚きを隠せなかった。かつて地元のタイ人や東北タイの出稼ぎ者が船の乗組員として働いていた時代には、漁船や桟橋は地域社会の生活の一部を構成し、親しみのある空間だったが、越境移動者の管理統制の必要のため、今や漁船や桟橋は地域社会から異化・疎外化されている。漁船や移動者は地域社会の経済にとって重要な意味をもつが、地域社会と漁船コロニー・桟橋の間は高い社会的障壁によって仕切られ、伝統的で即自的な共生さえ失われている。

2.2　飯場コロニー

　これに対して、建設労働者の飯場コロニーは地域社会おいて可視性をもつタイプである。このコロニーはトタンで天井や回りを囲ったバラックであり、タイのスラムと同じ外観をもっている。チョンブリー県では、飯場は臨海部の都市化・工業化の進んだ地域に広範囲に点在する。ここでは、ムアン郡タ

ムボン・サメット（サメット行政地区）の状況を考察する。

　タムボン・サメットは、県庁のあるチョンブリー市に隣接する登録人口数22,000人弱（2003年、『チョンブリー県ムアン郡概要』による）の地区である。行政上は農村型のタムボン－ムー・バーン制度をとっているが、オー・ボー・チョー（県行政機構）が臨海部の国有林（マングローブ林など）を造成したムアン・マイ（新都市）地域にある。国の出先機関や地方行政機関の事務所が集中しているほか、公務員の住宅が多いとされる。カムナン（行政地区長）によれば、人口の60～70パーセントは公務員やその退職者家族である。同時に、地区内には15以上の建設業者があり、地区内外で建設工事（建物やインフラ）を行っている。カムナン自身も労働者50人ほど（ほとんどが越境移動者）を雇用する建設会社社長である。彼によれば、この地域の建設業労働者の8割は外国人であり、残る2割の多くは東北タイからの出稼ぎである。地区内における越境移動労働者数は約600人（登録率約50%）で、カンボジア人とミャンマー人が多数を占め、そのほとんどは建設労働者とされる。ラオス人の多くは家政婦や小売業の売り子などをしているそうである。

　P社は、タムボン・サメットのなかで最も大きな建設会社である。P社は地区内外に数ヵ所の飯場を所有する。飯場には、建設現場に隣接するものと、会社の所有する資材置き場などに併設されたものの2種類があり、P社にも両方の種類がある。そのうち、会社事務所の近くに立地する後者タイプの飯場がもっとも大規模である。この飯場コロニーでは、200人程度の建設労働者が居住している（2003年よりほぼ毎年訪問したが、年により一定の出入りがある）。タムボン・サメット内でも最大規模と言われている。居住者の約7割はミャンマー人（モーン族）で、残りは東北タイ（とくにコーラート）からの出稼ぎである。かつては東北タイ出身者だけだったが、現在は逆転している。

　この飯場コロニーは、内部的にみれば、相対的に安定したコミュニティである。生活条件は劣悪だが、飯場内では生活の共同性が確立しているからである。例えば、トイレは共同であるが、居住者で管理している。居住者はさまざまに融通しあいながら生活し、娯楽を共に楽しむことも多い。またこの

飯場では約9割は夫婦で住むが、それぞれのカップルは個室で生活している。建設現場で作業する者は、朝、会社の車で建設現場へ出かけ夕方に飯場に帰り、隣接する作業場での仕事を担当する者（ほとんどが女性）は日中そこで一緒に働く。飯場は日中には女達の労働の場となり、朝夕には全ての居住者の生活の場となる。ミャンマー人は出身地の近い者が多いので、お互いが共通の民族的かつ地方的アイデンティティをもっている。さらにミャンマー人と東北タイ出身者の間にもとくにトラブルはなく、むしろ東北タイ出身者との日常的コミュニケーションや関係を通じて、ミャンマー人はタイ語をより容易に習得できる。トランスナショナル・コミュニティさえ形成されているようにも見える[4]。もちろん、この飯場コロニーにも問題はある。とくに子供達がここでは生活できないことは重要である。調査した2003～05年の間に、ここには子供は若干名しかいなかった。女性は妊娠や子供の出産とともにミャンマーの実家に帰郷し、親元や親族に子供を預けることのできる時期が来ると、再度飯場に戻ってくるというパターンをとる。ここでは幼児や子供を育てる条件がないからである。それでも、他の飯場と比較すれば条件は比較的恵まれている。夫婦での生活ができない飯場や、多くの民族が一つの飯場に雑居した結果、内部の分離・分断が進んでいる飯場もあるからである。

　この飯場コロニーは、タイ人の日常生活に隣接する社会集団として否応なく認知されている。周辺住民への聴き取りでは、明確な拒否的な反応を知ることはできなかった。タイ的な「イッサラ」（自由）の尊重にもとづく、不干渉精神が垣間見られたとも言える。所有者である建設会社関係者も、飯場と周辺住民の間でのトラブルは存在しないとしている。それどころか、タイ人が経営する移動小売店がほぼ毎日自動車でこの飯場に巡回販売に来ているから、周囲のタイ人社会からも十分に認知されている。つまり両者の関係は、タイの伝統的コロニーと地域社会の関係のように即自的な共生のもとに置かれ、お互いの存在を認めつつ相互にあまり干渉しない共存関係が存在する。

　しかしながら、現在、会社側はこの飯場を含む自社の飯場を統合して、さらに郊外へ移転する予定である。現地調査では、2005年には計画が実現され

ると聞いていたが、日程は遅れて2006年9月の調査時でも移転は未実施だった。ただし大規模な資材置き場と作業場はほぼ完成して部分的に使用され、住居用施設も8割程度完成しているから、早晩この飯場コロニーも移転されるだろう。しかしながら、新しい飯場はタムボン・サメット外にあり、周辺には田畑や工場施設が広がるだけでタイ人の地域社会は存在しないような場所に立地しているから、確かに衛生面などでは改善されるものの、タイの地域社会からは隔離されてしまう、あるいは非可視化されるだろう。会社側による経営の近代化・合理化の結果として飯場コロニーの隔離化・非可視化が進むという事態は、越境移動者とタイの地域社会の関係という視点からみれば、時代逆行的展開である。

3 地域社会へ拡散する越境移動・移住

3.1 越境移動者と零細家族経営

次は、越境移動者が地域社会のなかに分散的あるいは拡散的に生活する場合である。そのうちの非可視的タイプとして、零細家族経営で働く越境移動者がいる。ここでは、チョンブリー県の零細家族経営の特徴である海産物加工業について、ムアン郡セーンスク市内のチュムチョン（自治会またはコミュニティ）の事例によって考察する。

セーンスク市のチュムチョン・ハートウォーンナパーは、タイの海水浴場として有名なバーンセーン海岸に隣接する風光明媚な地区である。1989年にセーンスク市制発足後に都市（町）的チュムチョン組織へ移行し、現在に至っている。チョンブリーの有名なチャオ・ポー（親分）で、初代セーンスク市長も務めたカムナン・ポ（北原・赤木編 1995：81-4）の出身地でもある。集落の形成は70年ほど前にさかのぼり、タイ族系や中国系のタイ人の流入・定着によって漁村として成長してきた（セーンスク市役所HP中の「地元に古く設立されたチュムチョンの歴史と発展」を参照のこと）。もっとも漁船漁業はあまり発達せず、海岸部でのエビ、貝、蟹などの採集が中心の漁業だった。そして約

Ⅱ　東南アジアの越境する人とコミュニティ

20年前より海産物加工業を行う者が増え、今日では後者の比重が高くなっている。このため海産物加工用魚介類は、地元の漁獲物ではなく、むしろ県内外から購入したものを使用している。

　これら海産物加工業兼漁業はほとんどが零細経営である。かつてこれらの経営は家族と雇用者（とくに東北タイからの出稼ぎ）によって営まれていたが、10年前頃より越境移動者が流入し、現在では地区内の総世帯（約200）の半分が彼等を雇っている。地元の子供達は以前は家族経営の後継者であったが、現在では高学歴化し（聴き取りでは、60～70％が大学に進学）、多くが地区外のオフィスや工場で働く。現在の経営規模は、1経営あたり雇用者数が3～5名程度であるが、40名程に達するような経営体も若干ある（これらは煮干し加工業を行う外来業者である）。地域社会の規模に比して越境移動者数は多く、聴き取りなどを総合すると、雇用労働者総数は全体で400名程度、内約7割は近隣国出身者（ミャンマー4割、カンボジア4割、ラオス2割）、約3割は東北タイ出身者といったところである。

　彼等の住居は1カ所ないし若干の場所に集中せず、地域社会のなかに分散している。なぜなら彼等は雇い主の家に居住して働く、いわゆる住み込み労働者の形態をとるからである。雇い主宅の別棟ないし同棟に住んでいるので、雇い主との日常生活における関係は緊密である。労働時間中に共に働くだけでなく、それ以外の食事や娯楽（テレビを観るなど）を共にすることもある。住み込み形態をとるためか、他の産業分野に比べて、この地区ではタイ人との文化的共通性の高いTai系民族（ラーオ族系ラオス人、タイ・ヤイ系ミャンマー人、東北タイ出稼ぎ者）の占める割合が高い。以前はカンボジア人を雇っていたが、ラオス人やタイ・ヤイに替えたという業者もいた。そして、ラオス人女性3人を雇用する干し魚加工業の経営者は、「日本人の家族的経営が優れているので模範にして」、雇用者を家族の一員のように扱っていると話した。実態が本当にそうか、また一般に雇い主がそのような態度で接しているかを判断するのは難しいが、この地区では、雇い主と住み込み労働者の間で大きな暴力・暴行事件が起ったことはない。別のところで働くタイ・ヤイ青年は、

第 8 章：タイ中部における越境移動と地域社会

ミャンマーからタイに越境後15年間色々な仕事をしたが、現在の所が一番働きやすいと話した。

しかしながら、これら移動者は地域社会のなかに安定的に包摂されているというより、各雇い主の経営体のなかに囲い込まれている。その意味で、地域社会にとって彼等はむしろ非可視的存在である。地域役職者によれば、チュムチョンの会合では越境移動者のことは議題にならない。彼等を管理する責任は第1にセーンスク市役所にあり、地域社会内では各雇い主にあるので、チュムチョン組織がなんらかのアクションを起こす必要はないと考えられている。一方、労働者の側も地域社会のなかでタイ人と交わることはなく、地域社会内で働く他民族の労働者との交流も弱い。休日には外出も可能だが、多くは近くにいる同民族の人と遊ぶ程度である。前出のタイ・ヤイ青年は、多くのミャンマー人が住む飯場を知っているものの、タイ・ヤイがいないので行かないと言う。

したがって、越境移動者と地域社会の間には共生性は見えないが、雇い主と労働者という関係のなかで即自的な共生が存在するので、このレベルの共生にもとづいて間接的に地域社会レベルの共生が担保されてきたといえる。同時に、地域社会ではさらに新しい現象が生じている。2006年の調査時に、越境移動者を雇用する家の門扉に、「登録証を持たない外国人は入るべからず」という文言が大きく書かれていた。この表示は、非登録の越境者が自家の労働者と接触することを禁止することを目的とするだけではなく、表示がタイ語で書かれていることから察すれば、自家では非登録の人間は働かせていない、あるいは働かせるつもりはないことを地域社会にアピールしたものと解釈できる。つまり各家族経営体によって移動者を管理するだけでは対応できない事態が地域社会に生じつつあり、その意味で、即自的な共生関係の変容の徴候が示されているものと言えよう。

3.2 越境移動の激化と地域社会の再構築

最後は、越境移動者が地域社会内部に拡散し、かつ強烈に可視的なタイプ

Ⅱ 東南アジアの越境する人とコミュニティ

である。これは、県最大の漁業地区であるタムボン・サメサーンで顕著に見られる。サメサーンはサタヒップ郡の南端、つまり県の最南端に位置する。この地域は歴史的にタイ海軍の拠点であり、サメサーンの土地の大部分も海軍の所有地である。このような条件下で漁村が形成・発展してきたが、土地所有権については、現在でも海軍との間で複雑な状態が維持されている。タムボン・サメサーンは現在4ムー・バーン（区）から構成され、タイ人の実人口約1万人（登録人口は6000人程度）を抱えるが、越境移動者の人口もそのほぼ同数存在するとされる[5]。

　当地の産業の中心は漁船漁業である（外洋に出る大きな漁船も含む）。地区の海岸部には11本の桟橋（短いもの含めると15本、いずれも私有）がせり出し、それぞれの桟橋に数多くの漁船が繋留している風景は圧巻である。調査で訪れた県内の他の漁業地区に比して、サメサーンの規模は桁違いに大きい。しかもサメサーンでは、漁船漁業の関連産業、つまり海産物加工業が発達しているほか、地元産業で働く労働者のための娯楽産業、たとえばカラオケ、ビアバー、ヘアーサロン、ビリヤードなども同時に隆盛している。大多数の越境移動者は漁業および漁業関連産業で働き、国別にはミャンマー（モーン系が多い）70％、カンボジア25％（チャム系が多い）、ラオス5％程度と言われている。すでに考察した他の地域社会と同様、もともと漁業は地元民と東北タイ出稼ぎで成り立っていたが、現在は越境移動者へと雇用労働力が大きくシフトしている。東北タイの人々は漁業関係で働くほか、上記の娯楽産業に進出し、店の経営者や労働者（サービス嬢を含む）となり、ラオス人もこれらの店で働くという分業が存在する（地元タイ人も店舗をもつ）。

　サメサーンの越境移動者が置かれた状況は、他の地域社会の場合と大きく異なる。まず漁船漁業の場合には移動者は漁船コロニーを形成していたが、サメサーンでは彼等は漁船内で生活するのではなく、「陸」での生活の比重が高くなっている。とくにミャンマー人の場合は、夫婦で働きに来ていることが少なくないので、「陸」で小住宅・部屋に間借りする者が相当数いる（女性は「陸」で漁業・加工業関係の雑業従事）。さらに船を根城にする者も、休憩

期間は「陸」の娯楽施設などで過ごすため、越境移動者は地域社会のなかに著しく露出し、可視的となっている。漁船コロニーは閉鎖性を弱め、他地域で行われている桟橋管理では対処できない船と「陸」の関係が構築されている。サメサーンにとって移動者は漁業労働力としてだけなく、娯楽産業や商店の客としても必要不可欠なので、両者の相互依存的あるいは互恵的関係が構造化されている。

　同時に、このことが地域社会にもたらす負の影響が深刻である。まず治安問題である。様々な民族・国民が地域社会に住むものの、それらを横断するコミュニケーションや関係は必ずしも発達しない。それどころか、ミャンマー人が利用する店、カンボジア人が利用する店、タイ人が利用する店はそれぞれ異なることが多い。もし同じカラオケやビアバーで異なる民族・国民が鉢合わせになると、どちらかが店から出てしまうと、あるカラオケ店主は語った。また彼等の間ではしばしば喧嘩があり、地元タイ人とさえ喧嘩を起こすことがある。娯楽産業には売春や麻薬が絡んでいるので、深刻化するHIV／AIDSや麻薬の問題への対処のために、NGO事務所が地域社会内に設けられているほどである。

　したがって地域社会は、否応なく越境移動者との共生を現代的な視点から見直さざるをえない。最大の課題はやはり治安の確保である。そのために成人向け飲食業者を地域内組合に組織し、加盟者のみに営業権を与えている（現在40店舗ほどが加盟・営業）。同時に、カムナンとオー・ボー・トー（タムボン行政機構）は警察の援助のもとで、毎日午前1時に各店舗の閉店を確認して回っている。またオー・ボー・トーは、外国人の健康管理、とくに避妊普及のための予算として毎年約25,000バーツ（約7万円）を支出している。オー・ボー・トーの役員は、本来その財源はタイ人用であるが、その財政目的を逸脱してでも支出は必要だとの認識を示した。さらに県内の他地域と異なり、サメサーンでは80人ほどの越境移動者の子弟が親と一緒に生活をしているので、NGOに依頼して子弟のための教室（幼稚園・小学校）を開き、約30人（ミャンマー人8割、カンボジア人2割）がこれに通っている（教師はタイ人ボランティ

ア)。そして、以上のように、ＮＧＯとオー・ボー・トーとの連携が重要なので、両者は合同の会合を定期的に実施している（毎月１回程度）。つまり越境移動者の大量の流入と拡散は、地域社会の姿を根本的に変容させている。地域社会は現代的制度装置（オー・ボー・トーやＮＧＯ）を積極的に動員しながら、事態に対処せざるをえなくなっている。サメサーンの地域社会としての経済的な繁栄や発展は越境移動者の存在なしにはありえないから、治安が不安定化しても彼等を排除するという選択肢はない。そのなかで、タイ社会の新しい共生の形が模索されざるをえないであろう。

4　まとめ

　以上、チョンブリー県における越境移動・移住と地域社会の関係を４つのタイプによって考察した。現代的コロニーの場合は、コロニー性が弱まるのではなく、反対に強化されつつあることを、同時に地域社会との結びつきがますます希薄化していることを発見できた。漁船も飯場も、放置しておけば、チョンブリーの社会空間、地域社会空間の外側に押し出されよう。このことは、伝統的なタイの共生文化から逸脱しているにとどまらず、最終的にはタイ人の地域社会生活を不安定化させる危険性を孕んでいないであろうか。むしろこれらコロニーを地域社会に再接合する方策が今後必要になろう。

　一方、分散・拡散型の場合では、伝統的な共生文化を切りくず方向に越境移動者問題が展開しつつある。セーンスク市では、カムナン・ポの後継者としてプーヤイ・バーン（区長）も務めた地元有力者から話を聞けたが、同氏の越境移動者に対する認識の根底には、タイの伝統的な共生文化によって現代の越境移動者問題に対処できるという自信がうかがわれた。長い経験に裏付けられたものではあろうが、楽観的のようにも思われた。

　新しい共生のための取り組みは、すでに実践されている。それは市民社会的立場からの共生であり、典型的には医療領域において顕著である。たとえば、「人権（human rights）」の視点から越境移動者の医療に積極的である病

院関係者の活動に見られる。また一部の学校関係者は、制度上の壁を超えて、外国人労働者の子弟をタイの小学校で学ばせるよう取り組んでいる。サメサーンにおけるＮＧＯとオー・ボー・トーの協力による医療や教育の実践なども十分参考になる。さまざまな問題や欠陥はあるであろうが、新しい実践が、タイの伝統的共生文化の論理と融合しながら、さらに行政による政策的整備を引き出しながら、新しいタイ的共生を築くことを期待したい。

注
（１）前近代には王制支配は民族的な多様性を前提にしたが、近代王制への移行によってタイの単一民族性（中部タイ的特性への同化）が強化されたという理解もある（Durrenberger 1996：12-3）。日本人によるこの問題へのアプローチとしては、綾部や小野澤の議論が参考になる（綾部編 1996）。
（２）共生の概念は曖昧な面が多く、その使用には慎重を期す必要があるが、エスニシティと地域社会の関係を考える場合はこの概念を欠くことはできない。その場合、栗原のように、共生を共同体解体後の都市社会に対応したイシューと限定する立場が一般的かもしれないが（栗原編 1997：25）、本稿では、前近代社会にもそれぞれの歴史的文脈のなかで共生は存在しえたという立場をとる。
（３）実は、チョンブリー県には、19世紀前半にタイが当時のビィエンチャン王朝（ラーオ族）を武力で制圧した時に、当時の王領内の住民を移住、入植させることによって形成された集落が多数存在する。またこの県は中国人が古くより継続的に入植してきた地域でもある（北原・赤木編 1995：29-30）。
（４）建設労働者に限らず、越境移動者が働く場は東北タイからの出稼ぎが多かったところであり、現在でも相当数の東北タイ出稼ぎ者が働いている。彼等はしばしば、タイ社会と越境移動者の関係を媒介している。本稿では、この点に深く追究することはできなかったので、今後の課題としたい。
（５）2006年調査時にカムナンから聞いた話によれば、過去２年間で7000人程度を登録させたとのことである。ここでは、越境移動者の登録問題にも、地域社会組織が積極的に関与している。

参考文献

Aymonier, Etienne, 1895・1897, *Voyoge dans le Laos*: Ernest Leroux Éditeur. Paris.（=2000, *Isan travels: Northeast Thailand's Economy in 1883-1884*, Bangkok：White Lotus.）

Durrenberger, E. Paul ed, 1996, *State Power and Culture in Thailand*, Monograph

44, Yale Southeast Asia Studies.
Keyes, Charles F., 1987, *Thailand: Buddhist Kingdom as Modern Nation-State*, Westview Press.
Maniemai Thongyou lae Dusadee Ayuwat, 2548（2005），"Kruakhai thang sangkhom khong reangngan khamchat chaulau nai prathetthai", *Wansan sangkhom rumnamkhong*, 1-(2):55-86（マニーマイ・トーンユー、ドゥサディー・アーユワト、2005、「タイにおけるラオス人越境労働者の社会的ネットワーク」『メコン川流域社会雑誌』1-(2)：55-86。）
綾部恒雄編、1996、『国家のなかの民族：東南アジアのエスニシティ』明石書店。
小野澤正喜編、2003、『バンコク――国際化の中の劇場都市（アジア遊学57）』勉誠出版。
北原淳・赤木攻編、1995、『タイ：工業化と地域社会の変動』法律文化社。
栗原彬編、1997、『共生の方へ（講座　差別の社会学4）』弘文堂。
渡戸一郎・広田康生・田島淳子編著、2003、『都市的世界／コミュニティ／エスニシティ』明石書店。

［付記］
　チョンブリー調査では、プリーチャー・クウィンパント教授（チュラーロンコーン大学）の協力を得た。この場を借りて謝意を表したい。

第9章：タイにおけるミャンマー人労働者の
エスニシティとナショナリティ
―― モーン族の事例を中心に

橋本（関）泰子

1　はじめに

　本論文では、タイの首都バンコク周辺におけるミャンマー人労働者のエスニシティに注目し、特にモーン族系労働者を事例に、彼らの「ミャンマー人」としてのナショナリティと「モーン族」[1]としてのエスニシティが、タイでの就労と生活において、どのように認識され、使い分けられているのか、という点に焦点をあて、考察することを目指している。

　モーン族は、かつて東南アジア大陸部の歴史・文化に大きな影響を及ぼす文明を生み出した民族でありながら、現在は自らの国家を持たず、タイ、ミャンマーの両国に分かれて住んでいる。しかし、同じ民族でありながら、タイとミャンマーにおける彼らの存在のあり方は大きく異なっていると言えよう。以下の節では、「同化」の進むタイと、「周辺民族」化するミャンマーでの状況を対比的に概観し、タイでのインタビュー調査を通して、彼らの「モーンらしさMon-ness」意識の再編成について考察し、今後の問題検討における仮説を提起したいと考えている。

2　タイ・ラーマン－タイにおけるモーン族

　モーン族は、タイ国民を構成するエスニック・グループの一つである[2]。しかし、経済力とグローバルなネットワークを持つ華僑や、周縁的エスニック・グループとして位置づけられるカレン族のような「山地民族」、そして

Ⅱ　東南アジアの越境する人とコミュニティ

宗教・言語が異なり分離主義運動が一部でいまだに存在する南部のマレー・ムスリムの陰に隠れた、いわば「サイレント・マイノリティ」である。

　モーン族の「故郷」は現在のミャンマーの中・南部であり、その勢力範囲はメコン川中央平原およびチャオプラヤー川下流から、タイ北部にまで及んだ（Smithies 1986：1）。その主要な中心は、現在のタイのナコンパトム県周辺とミャンマーのペグーであり、それぞれ「ドヴァラバティ」「ハンサワディ」という名称で古代の地図に登場する。タイにおけるモーン族は、その後、南下してきたタイ族と「融合」し、タイ族王朝の下で同化していったが、ミャンマーでは、ビルマ族との戦いでモーン人王朝が倒された後も、再復興、敗北を繰り返し、18世紀、ビルマ族による「コンバウン朝」の登場によって最後のモーン人王朝は途絶える（Smithies 1986：2）。しかしその後もモーン族による反乱は断続的に続き、18～19世紀にかけて、タイにはビルマ族王朝との戦争や貧困から逃れてきたこれらのモーン族の流入が相次いだ（Halliday 1986（1913）：10-11、Guillon 1999：206-209）。ビルマのモーン族難民のタイへの入国は、その後も断続的に続き、現在のタイで多少なりともモーン・アイデンティティを有する人々は、ビルマから来たこれらのモーン族の子孫たちである。彼らは、当時のタイ国王により、現在のパトゥムターニー県、プラプラデーン（現・サムット・プラカン県の一郡）、ノンタブリー県、サムット・サーコーン県、ラップリー県などバンコクの周辺に米作農民として定着し、人口の多数を占めるに至った。その後、言語や民族の歴史などを自らのアイデンティティとして残しつつも、周囲のタイ人との同化を進めてきた。「タイ族としてモーン族の間の敵意の完全な欠如」（Smithies 1986：4）の下、その同化は順調に進んだと考えられる[3]。元々、モーン族の地に興ったタイの古代国家は、モーン族の宗教、法制度、文化などを丸ごと取り込むことによって、そしてその地のモーン人を農民、手工業者、かつ兵士として従えることで成り立ってきた国家であり、その文化自体が、かなり色濃くモーン文化の色彩を帯びている[4]。さらに、モーン族が定着した場所は、ほとんどが王都バンコクの周辺であり、北部の山地民族のように「周縁民族」化することもなかった。

現代のタイにおいて、「モーンらしさ」はサムットプラカン県にある一大モーン系コミュニティ、プラプラデーンにおける「ソンクラーン祭り」に象徴されるように、もっぱら文化的側面に限定される。

3 ミャンマーにおけるモーン族

ミャンマーの人口はおよそ5200万人（2002年）と推計されるが、そのうち約7割をビルマ族が占めている。次にシャン族（約8.5％）、カレン族（約6.2％）が続き、モーン族は総人口の約2.4％、総数にして約125万人を占めるに過ぎない。ミャンマーにおけるモーン族は、タイに比べると「周縁化」されたマイノリティーである。タイのミャンマー人労働者は、現在、合法・非合法を合わせると100万人を超えると言われる。しかし、ミャンマー人労働者をエスニック・グループ別に見てみると、シャン、カレン、そしてモーン族がその多数派を占めている。特に、バンコク周辺ではモーン族労働者の姿が目立つ。仮にモーン族の出稼ぎ労働者を総数の3分の1である30万人と推計しても、4人に一人がタイに出稼ぎに来ている計算となる。モーン族コミュニティのタイへの強い出稼ぎ依存がうかがわれる。多数の「ミャンマー人労働者」の流入という現実を、多数の「モーン族労働者」の流入、という言葉に置き換えると、その意味合いはかなり異なってくる。では、なぜ、このように多数のモーン族が国境を越えて、タイに働きに来るのであろうか。最大の理由は、まずその距離的近さにある。

ミャンマーでのモーン族の主たる居住地は、モールメンを中心とするモーン州（Mon State）である（地図1参照）。モーン州はタイ国境と隣接しており、モーン州から直接タイへ越境することができる。タイ西部カンチャナブリー県サンクラブリー郡の三仏塔峠（英語名：Three Pagoda Pass）は、ミャンマーからのモーン族が出入りする重要な国境の町であるだけではなく、内乱を避けタイ側に逃げ込んだモーン族の難民キャンプがある場所でもある[5]。同時にここは、モーン族の独立を掲げる反政府組織New Mon State Party（通

地図1　タイ・ミャンマー地図（South, 2003, Mon Nationalism and Civil War in Burmaの地図を元に筆者により加工）

称NMSP）とその系列武装組織であるMon National Liberation Army（通称MNLA）の支配する地域でもある。

　三仏塔峠は、ミャンマーからタイへと運ばれる木材の集散地の一つであり、さらに近年はミャンマーからタイへの天然ガスパイプラインが通り、地域住民の強制移動や強制労働などがNGO等によって告発されたのは記憶に新しい（秋元 2005：14-16）。いずれにせよ、この地域は、歴史的にミャンマーとタイをつなぐ重要な通商路であり、そこに巨額の利権が絡んでくるため、ミャンマー政府にとってだけではなく、前述のモーン族の政治組織や、隣接するカレン州に住むカレン族やその反政府組織Karen National Union（通称KN

U）にとっても、資金集めのための貴重な財源となっている。その利権をめぐり、モーン族とカレン族の政治組織間の対立も続いている。

多民族国家ミャンマーにおいて周縁民族化しているモーン族にとっては、現在のミャンマーの民族政策および政治的状況は、言わば、「ミャンマー人」としてのナショナル・アイデンティティ志向のベクトルと、「モーン族」としてのエスニック・アイデンティティが政治的に動員されるベクトルが、矛盾を抱えつつも併存しているため、そのアイデンティティは、状況主義的になりやすいと考えられる。エスニシティを「文化」として表出させつつ、「タイ人」としてのナショナル・アイデンティティを矛盾なく持つ「タイ・ラーマン」（モーン族系タイ人）とは対照的である。それでは、このような「揺れるアイデンティティ」を持ったミャンマーのモーン族たちの、タイでの出稼ぎ労働はどのようなものであるのか、他のエスニック・グループに所属する労働者との間にどのような差異があるのだろうか。次節で、筆者がタイで行った調査に基づき、具体的な事例を検討しつつ考察してみたい。

4　タイにおけるミャンマー人労働者とエスニック・アイデンティティ

タイがシンガポール、マレーシアと並ぶ、東南アジアにおける外国人労働者の一大受入国であることは意外に知られていない。経済発展著しいタイでは、工業化の進展により、産業構造の変化も大きく、一次産業従事者の減少を招いている。結果、サウジアラビアなど中東諸国を中心とした農民の出稼ぎも減少し、いわゆる「３Ｋ労働」と呼ばれる職種には、逆に多くの外国人労働者が就労する状況になっている。タイに流入する労働者の多くは、ミャンマーの他、ラオス、カンボジアといった隣国から来ており、その中でもミャンマー人労働者は最大の集団となっている。本節では、2005年８月にバンコクおよびその周辺県で行った、ミャンマー人労働者へのインタビュー調査を元に、いくつかのケースをここで紹介する[6]。

Ⅱ　東南アジアの越境する人とコミュニティ

【ID4】Poさん（17歳・女性）

　カレン族。学歴は中学5年卒。実家は米作農家。出身はミャンマーのカイン州。メーソートから渡ってきた。タイに来たのは初めて。キョウダイ（性別不明の場合カタカナ表記、以下同様）が先にタイに出稼ぎに来ていて誘われて来ることにした。来るときは4人の兄弟姉妹でいっしょに来た。ミャンマーには両親と妹（下から2番目）が残っている。自分の兄弟姉妹以外にタイに親戚はいない。仕事はサムットプラカン県のコンピューターショップを経営するタイ人の家の住み込みメイドだった。家には全部で3人のメイドがいた。給料は<u>月1500バーツ</u>（1バーツは約3円。約4500円）で、手元に自分用に100バーツだけ残してあとの1400バーツは両親に送金していた。休日はなかった。ビルマにいたときにタイ語を習った。仕事は掃除・洗濯。食事は作らせてもらえない。<u>他のメイドからイジメにあったし</u>、雇い主も厳しかった。華僑とは異なり、<u>タイ系のオーナーは厳しい</u>。我慢できず数カ月して逃げ出した。6カ月経つが、オーナーは追ってこない。今、一緒に住んでいる男性がいるので、まずタイでこのまま働き続けてお金を貯め、ミャンマーに帰って結婚式を挙げたい。それからまたタイに戻ってきてメイドとして働きたい。ミャンマーでは仕事がないので働くチャンスがない。自分が仕事を斡旋してもらったりしているのは2つのエージェント。1人は<u>タイのカレン族</u>である。

【ID10】Mwさん（20歳・男性・独身）

　モーン族。モールメン農村地区出身。飲食店で働いている。月4000バーツの給料。<u>学歴は中学1年終了だが、モーン語は話せるだけで書けない。タイ語は話せるが書けない</u>。ミャンマー語は少しできる。学校で習ったのはミャンマー語だけ。両親はタイで建設労働者の親方のような仕事をしている。部下はモーン人ばかりで10～15人。最初にタイに来たのは4年前。両親と一緒に来た。1万バーツかかった。<u>以前は不法入国だったので、5回くらい国境で捕まった</u>。うち2回は交通費2万バーツを損した。<u>今は登録証を持っている</u>。雇用主が作ってくれた。ミャンマーには妹がいる。兄もタイで働いてい

第9章：タイにおけるミャンマー人労働者のエスニシティとナショナリティ

る。自分が初めてタイに来たのは3歳の時。両親は自分が生まれる前からタイとミャンマーを行ったり来たりしていた。両親は建設現場を転々としており、今はバンコク都周辺、スワンナプームの新空港建設現場で働いている。自分は学校にいる時以外はほとんどタイにいたことになる。自分のいた農村では、自分のような若者は多い。ミャンマーにいるときは、母の友達の家から学校に通っていた。お金は使ってばかりで貯まらない。送金するときは1回1000バーツくらい。他の仕事に変わりたいと思っている。今の仕事は、朝7時から夜9時まで働いている。食事はただで食べられる。同じくミャンマーのモーン族の友人と一緒に住んでいる。休日はパソコン教室に通っている。ミャンマー人の先生が、教えてくれる。パソコンはネットカフェのを借りる。週200バーツで、1回2時間。ワードなどを習っている。自分は文字が読めないので、モーン文字、ミャンマー文字、タイ文字も習いたいし、英語も習いたい。モーン系タイ人に親戚がいる。ミャンマーから来てタイ人になったモーン族もいる。将来は自分で商売をしたい。機械を扱う店か携帯電話屋になりたい。タイに来て友達（男性）も10人くらいできた。ミャンマーには帰りたくない。このままタイにいたい。

【ＩＤ２】Naさん（22歳・女性・独身）

タヴォイ系ビルマ族。大学生。ミャンマーにいるのは、父（60歳以上）、母（50歳）、長姉（既婚）、長兄（既婚）である。残り4人のキョウダイはみなタイに来ている。自分も学費を稼ぐために大学を1年で辞めて1年6カ月前にエビ・イカ加工工場に働きに来た。タイに来た理由は自分で学費を稼ぎたかったから。元々は物理学を専攻していたが、今は通信制の大学でミャンマー語専攻に在学中。ここも1年間休学している。今の仕事は時給が良く、もう少しで予定の金額が貯まる。今、5万バーツ貯めた。8月24日にミャンマーに帰って復学する。なんとか卒業できそうだ。同じ通信制大学の学生がたくさんここに働きに来ている。最初の給料は月4500バーツだった。タイについては本で学んだ。タイに来てからまず商店で2カ月働いた。給料は月3000バー

145

II 東南アジアの越境する人とコミュニティ

ツ。今、この加工工場で働いている。ここには300人ほどの従業員がおり、出来高制だがだいたい1日300～400バーツ貰える。19～20人で1グループを作り、朝7時から夜10時頃まで働くこともある。<u>両親は子供たちからの送金で家を建て、母はそれを資金に金貸しをしている。</u>

　以上の3つのケースは、それぞれカレン族、モーン族、そしてタヴォイ系ビルマ族の3つのエスニック・グループに属するミャンマー人である。ミャンマーから出稼ぎに来る労働者をエスニック・グループ別に見ると、モーン族に次いで多いのが、シャン族、そしてカレン族である。カレン族に対する、タイとミャンマーにおけるエスニック・イメージは対照的であろう。ミャンマーにおけるカレン族は、かつて英領ビルマ時代に英国により軍人や警官に重用され、現代でも軍や警察にネットワークを持ち、ミャンマーにおいてかなりの影響力を持つエスニック・グループと位置づけられるが、タイにおいては、バンコク周辺に住むカレン族系タイ人も少なく、あくまでも辺境の山地に住む焼畑耕作民という「周縁化」されたイメージが根強い。両国におけるこのイメージのギャップは、彼ら自身のエスニック・アイデンティティに少なからぬ影響を及ぼすと考えられる。また、タイ入国の際のエージェントは自分と同じエスニック・グループに所属するミャンマー人あるいはタイ人を選ぶ傾向があるようだ。異なったエスニック・グループに所属するミャンマー人同士が、同じ職場になった場合、うまく行っていると答えたケースもあるが、もめ事になりどちらかがやめる、という話も数ケースあった。

　飲食店で働くモーン族の若者とビルマ族の女性の意識も対照的である。双方とも、家族成員の多くが、タイに出稼ぎに来ている。しかし、あくまでもミャンマーへの帰国、ミャンマーでの家族のより安楽な生活を前提とするビルマ族の女性に対し、モーン族の若者は、タイへの定住が前提であり、タイでのより安定した生活を望んでいる。続いてハウスメイドとして働くケースを見てみたい。

第9章：タイにおけるミャンマー人労働者のエスニシティとナショナリティ

【ＩＤ１】Wiさん（29歳・女性・独身）

モーン族。モールメン出身。学歴は小学校４年卒。タイに来て10年。ミャンマーには両親と末のキョウダイ（11歳）のみ残っている。父は56歳。母は52歳。日雇い労働で生計を立てている。４人キョウダイ。ラノーンからバスで来た。まずラノーンで建築労働者として２年間働いた後、エビ加工工場で３年間働いた。その後、妹の後を追って、ここ（サムットサーコーン県マハーチャイ郡）に来た。妹はミャンマーにいるときからこの勤め口を紹介され、まっすぐここに来ていた。メイドとして製氷工場オーナーの家で働いている傍ら、オーナーの経営する休憩所に面する雑貨屋も任せられている。仕事時間は朝６時から夜６時まで。日給は１日175バーツ。月にすると5000バーツくらい。働き始めた当初は3000バーツだった。オーナーは華僑系タイ人で７人家族。ここには３人のメイドがいる。一人は自分の妹で、13歳からここで働いて、今年19歳になる。もう一人は自分のいとこ(19歳)。働き初めて２カ月になる。給料は2500バーツ。みなミャンマーからきたモーン族。ここに勤め始めて５年になる。タイ語はかなり話せる。メイドの仕事に定休日はないが、用事があるときだけ休める。マハーチャイ周辺は元々大きなモーン族系タイ人の集落があり、そこに親戚もいる。そのつてでここに来た。ミャンマーには家を建て、１カ月4000バーツ送金している。自分は仕事ができる限りずっとこちらにいるつもり。お金が貯まったら雑貨屋を始めたい。結婚は考えていないが、するのならモーンでもタイでもどちらでも良い。

【ＩＤ９】Siさん（33歳・女性・クリスチャン・夫と離別）

（南）チン族。チン州マットビー市の生まれ。両親はすでに死亡。兄弟姉妹は全部で６人（女２男４）。自分は５番目。自分より上のキョウダイはみな既婚。学歴は高校卒。タイに来る前は保育園の先生をしており、月に4000チャット[7]の給料をもらっていた。夫とは離婚し、７歳の娘をミャンマーにおいてきた。タイに来たのは１年６カ月前。現在、スクムビットでメイドとして働いている。タイに来てから、あちこちでメイドをした。雇い主はバ

Ⅱ　東南アジアの越境する人とコミュニティ

ンコク在住の外国人ばかりで、現在は、メイドの仕事を２つ掛け持っている。午前中（８時～11時）はニュージーランド人夫婦の家で働き、4000バーツもらい、午後（12時～21時）は英国人夫婦の家でメイドの仕事をし、そこのメイド部屋で寝起きしている。給料は月6000バーツ。仕事は調理（洋食）、洗濯、掃除。メイド部屋は個室で、テレビ・ベッド・冷蔵庫がある。日曜日は休み。知り合いのエージェントをしている親戚に8000バーツを支払いタイに来させてもらった。タイに出稼ぎに行きたい人はピャートン州に集まり、そこから３日間歩いてサンクラブリーにたどり着き、そこからタイに入った。タイには６人くらいチン族の親戚・知り合いがいる。同じコミュニティから20～30人タイに出稼ぎに来ている。女性が多く、職種はメイドが多い。チン族は教育を大事に考えており、ほとんどの人が高校を出ているので英語が出来る。チン族の言葉もアルファベットを使用。チン族は高校くらいは出ている者が多く、公務員の家族が多い。タイに来た理由は子供の学費捻出のため。子供を産む前に離婚していたので、自活の必要があったし、娘は将来ヤンゴンにあるインターナショナルスクールに通わせたいと思っている。娘は今、マンダレーに住む長姉の家にいる。送金は不定期。50万バーツ貯まったら帰国する予定。来年のクリスマスまで働くつもり。帰国したら雑貨屋さんのような商売をしたい。チン族、モーン族の友人はいるが、タイ人の友達はいない。

【ＩＤ16】　Grさん（20歳・女性・未婚）

　カチン（ジンボー）族。カチン州の出身。学歴はDiplomaを持っている。州都ミッチナーで一番良い高校を卒業した。両親は果物のプランテーションを経営している。キョウダイは７人。一番下は２歳。タイに初めてきたのは2003年。2005年３月パスポートを取って正式にタイに陸路入国。タイに来てからずっと職業はメイド。スクムビット通りに住んでいる。以前祖母がタイに出稼ぎに来ていたことがあるので、タイで働いてみようと思った。お金を貯めて大学に行きたい。今、500ＵＳドル貯まった。できれば海外に留学したい。ただ、ミャンマーの状況がどうなろうと５年以内に帰国するつもり。

148

第9章：タイにおけるミャンマー人労働者のエスニシティとナショナリティ

<u>帰国したら幼稚園を経営したい。</u>

　今、バンコクの中流以上の階層では、人手不足から、ハウスメイドとして外国人、特にミャンマー人女性を雇う家庭が多い。ハウスメイドとして働くミャンマー人の多くはモーン族であると言われている。理由として、まず、そもそもタイに出稼ぎに来るミャンマー人にモーン族が占める割合が多い上、北部のシャン族よりモーン族の方がバンコク周辺のネットワークを有する、ということが挙げられよう。しかし、これらのケースからは別の理由もうかがわれる。チン族やカチン族の住む地域は、タイと隣接しておらず、アクセスは容易ではないため、タイへの出稼ぎは元々少ない。比較的高学歴で英語が話せ、またモーン人のようなネットワークを持たず、短期間に目標額を稼いで帰りたい彼女たちにとっては、タイ人家庭でのハウスメイドよりもサラリーの良い外国人家庭でメイドになることを望む。それに対し、モーン族の女性、特に学歴のない女性達にとっては、タイ・ミャンマー双方のモーン族ネットワークを利用し、そのコミュニティの周辺に住むことによって、職種を転々としながら、地域へとけ込んでいくやり方をとる傾向があるようだ。続いて経済的に安定し、定着を目指すケースを見てみたい。

【ＩＤ３】Shさん（男性・41歳・既婚・コミュニティのリーダー）
　<u>学歴は中学２年終了</u>。モールメンの出身。父はビルマ族、母はモーン族。両親の他、兄妹がミャンマーに残っている。1996年にタイにやってきた。リーダーと言ってもインフォーマルな立場で、<u>ミャンマーへの帰国準備手伝いや送金代行業も行っている。ここのコミュニティ（写真１参照）には約4500人のミャンマー人がおり、半分くらいはワーク・パーミットがある。ビルマ族よりモーン族の方が多い</u>。多くの住民はエビの加工、パッキング、運搬などの仕事に携わっている。ここ（タウンハウス型住宅）は、現在、弟夫妻に使わせ、自分はバイクで10分くらいのところに一軒家を借りて妻子と住んでいる。<u>２カ月程前からである。家賃は月7000バーツであるが、下の階をクリニックに

写真1 マハーチャイ、市場裏にあるミャンマー人労働者コミュニティ（橋本撮影）

又貸ししている。自分の収入は1日500～600バーツ。月にすれば1万5000～2万バーツくらいの収入がある。24歳の妻とは2年前に結婚。今生後10カ月になる子供が居る。こちらで知り合って結婚した。自分は再婚で、最初の妻とは14～5年前に離婚した。前妻もモーン族である。ミャンマーの両親には生活費として月5万チャット送金している。自分はできればこのままタイに住みたい。店を始めたいのだが、そのためにはタイ人の保証人が必要だ。しかし、自分にはタイ人の友達が少ない。モーン系タイ人とはつながりがない。タイ・モーンはタイ人のコミュニティにおり、ミャンマー・モーンはミャンマー人のコミュニティに属する。つながりは薄い。

【ID3】の男性は、ミャンマーからの出稼ぎ労働者の故国送金の代行、帰国の手伝いなどを生業とし、月に2万バーツ近い所得がある。父親がビルマ族であるが、モーン族出身の女性を妻に選び、モーン族コミュニティとのつながりがうかがわれる。しかし、モーン族系ミャンマー人の中で過ごすせいか、タイのモーン族とのつながりは薄い。今回インタビューしたケースでは、家庭を持っている者は、ミャンマーへの帰国の意志を明確に示すが、モー

第9章：タイにおけるミャンマー人労働者のエスニシティとナショナリティ

ン族の労働者は、家庭を持っていても、タイへの定着志向が強く、帰国の意志を示しても、時期については言葉を濁す（表1参照）。

16ケース全体のおおまかな傾向として、(1) 高学歴、高年齢ほど出稼ぎ傾向は一時的となる、(2) 若い世代ほど帰国の意志が弱くなる、(3) 母国での生活が豊かなほど帰国の意志が強くなる、ことがうかがわれるが、さらなる特徴として、モーン族労働者の学歴の低さ、帰国意志の薄さが目立つ結果となった。

表1　タイにおけるミャンマー人労働者ケース分類
※2005年8月インタビュー調査に基づく

ID	性別	年齢	エスニシティ	学歴	現職	給料（バーツ）	母国での職業	帰国意志*
1	女	29	モーン	初等	メイド	5000	日雇い労働	×
2	女	22	タヴォイ	高等	工場労働者	9000	親:自営(金貸し)本人:学生	○
3	男	41	ビルマ・モーン	中等	自営業(ブローカー)	15000	不明	×
4	女	17	カレン	中等	メイド(求職中)	1500	農業	×
5	女	31	ビルマ	初等	工場労働者(求職中)	不明	無職	×
6	女	50	ビルマ	中等	工場労働者	4224	自営業(商売)	○
7	女	50	シャン・カレン	初等	占い師	不明	農業	○
8	女	40	ビルマ	初等	工場労働者	3500	不明	△
9	女	33	チン	中等	メイド	10000	保育士	○
10	男	20	モーン	初等	飲食店従業員	4000	両親とともにタイで出稼ぎ	×
11	女	21	モーン	初等	飲食店従業員	4500	タバコ工場	△
12	男	23	モーン	初等(不就学)	飲食店従業員	4800	両親とともにタイで出稼ぎ	△
13	男	30	モーン	中等	飲食店従業員	3000	不明	
14	女	20	モーン	初等(不就学)	メイド	4000	農業	×
15	女	32	チン	中等	メイド	6000	親は公務員	△
16	女	20	カチン	高等？	メイド	不明	果樹園経営	○

＊帰国意志　○:帰国意志あり、△:帰国する意志はあるが、時期が未定、×:帰国する意志なし

Ⅱ 東南アジアの越境する人とコミュニティ

5 結　論

　ミャンマーからタイにくる出稼ぎ労働者をエスニック・グループ毎に再検討することによって提起される仮説は以下の通りである。（1）「ミャンマー人労働者」の実体は、タイ国に隣接し、歴史的にタイとのつながりが深いモーン、カレン、シャンの3つのエスニック・グループが多数派を占めており、ビルマ族や、ミャンマー北部・西部のエスニック・グループは（カチン、チン、アラカンなど）は少数派である。しかし特に、ミャンマーでの人口比を考えると、タイにやってくるモーン族の割合は無視し得ないものであり、ミャンマーにおけるモーン族コミュニティのタイへの深い経済的依存が予想される。（2）帰国意志については、出稼ぎ労働者における少数派のエスニック・グループの方がより明確であるのに対し、モーン族はタイへの定住志向が強いか、あるいは帰国の意志を明確にしない傾向がある。（3）ナショナル・アイデンティティとエスニック・アイデンティティの間で「揺れるアイデンティティ」を持つミャンマー人労働者たちは、タイに来ることにより、よりタイに適合的なエスニック・アイデンティティを選ぶ（モーンやシャン）ケースや、自らの所属するエスニック・グループの、タイにおける「周縁化された」イメージに直面し、「ミャンマー人」としてのナショナル・アイデンティティを意識する（一部のカレン等）ケースに分かれる可能性があるのではないか。
　ミャンマーの中でも特にタイへの「出稼ぎ依存」の強いモーン族は、地域がフィリピン的な「出稼ぎインヴォリューション」構造に再編成されていると予想されるが、エスニック・アイデンティティが特定の状況において選択的に獲得されうるという視点に立つのであれば（バルト　1996：58-65）、ミャンマー人というアイデンティティからモーン族というアイデンティティへとシフトし、最終的にはモーン族に対するイメージが「周縁化」されていないタイで、「タイ人」化をめざす可能性も考えられるであろう[8]。そうなるとタイは、19世紀以来、再び、大量のモーン族を受け入れることになる。しかし、隣国からの労働者の流入に悩む現代のタイは、19世紀のような人口希薄

第9章：タイにおけるミャンマー人労働者のエスニシティとナショナリティ

で無主地の豊富な時代にはもはやない。タイは、彼らをみなミャンマー人出稼ぎ労働者として扱い、例えば、シャン族のような言わば「特別待遇」をモーン族に与える動きもないようである。これらニューカマーのモーン族たちは、タイでどのようなアイデンティティを獲得していくのであろうか。

注
（1）本稿では、国民と国家を構成するエスニック・グループとの概念的区別を図るため、特定の国民を指す場合は、「〜人」、その所属するエスニック・グループを示す場合は「〜族」という語を用いる。
（2）「モーン（Mon）」は、彼ら自身が自らを呼ぶ言い方であり、タイでは「チャーオ・モーン（「モーン人」の意味）と呼ばれ、ミャンマーではかつて「タライン（Talaing）人」と呼ばれていた。古い文書では「ラーマン（Raman）」と記述されており、現在のタイでは、公式には「タイ・ラーマン（ラーマン系タイ人の意味）」と呼ばれる。（Smithies 1986：1-5他に基づく。）
（3）タイに逃げてきたモーン族の中には、モーン王朝の王族や貴族もおり、チャオプラヤー・マハーヨーター（Chao Phraya Maha Yotha）のように、タイにおいても王の臣下としてタイトルを与えられた。彼らはタイにおけるモーン族コミュニティの長として君臨し、対ビルマ戦の折りには、モーン族からなる部隊を率いて、タイ側司令官として参戦した。チャオプラヤー・マハーヨーターの子孫は、ラーマ6世時代に、国王からカーチャセーニー（Gajaseni）という姓を賜り、その子孫は現在に至っている。（Guillon 1999：206-209）
（4）Seidenfaden は、東南アジア大陸部で最も早く上座部仏教を受け入れたのは、モーン族であり、彼らを経て、その後、カンボジア、タイ、ビルマに拡がったと述べている。また、タイの伝統法「三印法典」が依拠する「マヌ法典」も、インドの原典ではなく、モーン語版を元にしたのではないかと主張している。（Seidenfaden 1946：29-31）ラーマ4世モンクット王が僧侶時代に、仏教改革のためひらいた「タンマユット派」は、戒律の厳しいモーン仏教を手本にしていることは有名である。
（5）三仏塔峠は、伝統的にビルマからタイへ逃れるモーン族の主要な3つのルートのうちの一つであった（R.Halliday 1913：7-20）。
（6）調査は2005年8月4日〜8月8日にかけて、バンコク都、サムットサーコーン県マハーチャイ郡、サムットプラカン県で実施された。名古屋大学経済研究所客員研究員（当時）のタンタン・アウン氏の協力の下、質問紙を用いたインタビュー調査形式で行われ、工場労働者、ハウスメイド、飲食店従業員、建設労働者などとして働くミャンマー人労働者16ケースにインタビューを行った。さらに、2006年11月24日から12月3日にかけて、バンコク都、その周辺県および北部ターク県メーソー

153

ト郡において補足調査を行った。
(7) 公定レートは1チャット＝約20円（2005年12月現在）であるが、市場レートは公定レートと2桁違っていると言われている。実質、1チャット＝約0.2円。
(8) 2006年11月のモーン族労働者に対する補足調査では、以下の傾向がうかがわれた。①モーン族内に独自の出稼ぎネットワークが確立しつつある、②特にモーン族若者のタイ流入が著しい、③タイで得た資金は子供の教育以外の用途に使われる傾向があり、子供が低学歴のまま、親の出稼ぎに合流し、結局、家族ぐるみの出稼ぎ就労となっていく、以上の3点である。また、本論文では、紙幅の関係で、モーン系タイ人の、ミャンマー・モーン族に対する意識については考察していない。彼らの意識についても、今後、調査する必要があるであろう。筆者が2004年にバンコク郊外のモーン系コミュニティ（旧農村地区）で行った調査では、異なるエスニック・グループ間の婚姻が進み、若い世代はモーン系であるということを意識する機会は少なくほとんどタイ人と変わらなくなっており、タイへの同化傾向が指摘されてきた70年代の研究モノグラフよりさらに同化が進行していることがうかがわれた（橋本 2006：23-35）。また、2005年、筆者が訪れたサムットサーコーン県のモーン族コミュニティにある寺では、ミャンマーからモーン族の住職を招いていた。住職は、モーン族の意識を高めるため、地域の住民に対し、モーン語教育も行っているが、若い世代はタイ人化しており、モーン文化についての住民の関心はあまり高くないと述べていた。

参考文献

秋元由紀、2005、「ビルマ（ミャンマー）の開発と人権・環境問題――アメリカのNGOの視点」『公共研究』2（1）：6-22。

清水由文、1995、「首都郊外一農村社会の変容　第3節　社会構造の変容過程」北原淳・赤木攻編『タイ――工業化と地域社会の変動』法律文化社、381-431。

田巻松雄、2005、「東・東南アジアにおける非合法移民」『社会学評論』56：363-379。

橋本泰子（関泰子）、2006、「バンコク郊外農村社会の変動――「モーン」から「タイ・ラーマン」へ」（『タイの住民自治制度の発展と市民社会形成の可能性』（平成15年度～17年度　科学研究費補助金　基盤研究（B）（1）、研究成果報告書〈課題番号　15402017〉：23-35。）

フレドリック・バルト、1996、「エスニック集団の境界」青柳まちこ編・監訳『「エスニック」とは何か』新泉社、24-71。

Foster, Brian L., 1986 (1973), "Ethnic Identity of the Mons in Thailand", *The Mons: Collected Articles from the Journal of the Siam Society*, Bangkok: The Siam Society, 59-82.

Guillon, Emmauel, 1999, *The Mons: A Civilization of Southeast Asia*, Translated and Edited by James V.Di Crocco, Bangkok：The Siam Society.

Halliday, R. 1986 (1913), "Immigration of the Mons into Siam", *The Mons:Collected Articles from the Journal of the Siam Society*, Bangkok：The Siam Society, 7-20.

Seidenfaden, Erik. 1986 (1946), Mon Influence in Thai Institutions", *The Mons: Collected Articles from the Journal of the Siam Society*, Bangkok：The Siam Society, 29-31.

Smithies, Michael., 1986, "Introduction", *The Mons:Collected Articles from the Journal of the Siam Society*, Bangkok：The Siam Society, 1-5.

South, Ashley. 2003, *Mon Nationalism and Civil War in Burma: The Golden Sheldlak*, London：Routledge CurZon.

The Siam Society, 1986, *The Mons:Collected Articles from the Journal of the Siam Society*, Bangkok：The Siam Society.

Thianpanya, Phaphatson, (in Thai) 2004, *Shit chumchon thongthin mon:Karani kansangthokas thi mi phonkrathop to chumchonmon phoenmunag lae chumchon mon ophayop thi amphoe sangkhlaburi,* (Mon Community Rights: The Case of the Impact of the Gas Pipeline towards the Local Mon Community and Mon Refugees at Sangkhlabuti District, Kanchanaburi Province), Bangkok：Nititham Publishing House.

第10章：Myanmar Migrant Society in Bangkok Metropolis and Neighboring Region

Than Than Aung

1. Introduction

The rapid economic growth in Thailand has increased its demand for migrant workers come from neighboring countries: Myanmar, Cambodia and Laos. Usually the migrants are employed in the labor-intensive jobs, which are often shunned by Thai labors e.g. fishing, fishery processing, construction, agriculture and plantation and domestic services etc. At present, migrant workers can be seen all provinces in Thailand.

The nature and characteristics of migration depend on the economic and political developments of a country. Common reasons for migration are intense poverty, lack of economic opportunities, and perceptions of a better life in more prosperous countries. However, the situation of the majority of Myanmar migrants in Thailand is somewhat different from other contexts because these people departed illegally from country and work illegally in Thailand. Generally Myanmar migrants are classified into two groups: undocumented migrants[1] and documented legal Myanmar migrants. This study emphasizes illegal undocumented migrant workers.

This study is a result of the office visit and our free interview in capital city of Bangkok and neighboring region, Samut Sakon Province (Mahachai) between July and August 2005. Bangkok was chosen because it is the social, economic and political center of Thailand. A large number of both local and foreign migrant workers come to seek opportunities in Bangkok.

It is the most interesting place for migrants, because of their various purposes. Most of Myanmar young migrants assume that Bangkok has a lot of opportunities and they try to get better life.

Another field survey area, Mahachai, a port city in Samut Sakhon Province, an industrial area, just outside Bangkok is the popular place of the Myanmar migrant workers. Many factories, predominantly fish processing plants are located there. This is also the destination of the largest number of illegal migrants from Myanmar. Women work predominantly in fish and shrimp selection and canning processing plants. In the 1990s the Mahachai area is favored by Myanmar migrant workers because it offered good salaries, the networks of a large Myanmar community, and an effective system of remitting money to Myanmar. According to our interview, there are 7,000 to 8,000 Myanmar migrant workers have lived together one campus. Before currency (1997) crisis, this place has over 10,000 Myanmar migrant workers. It has 12 Myanmar nationality owners' shops like book stores, karaoke shop, Teashop and food shops.

This study is conducted in 36 Myanmar migrant workers namely, fishing and fishery processing workers, construction workers, domestic workers, shop helpers, shopkeeper, monk, broker and farmers. It includes Mon, Shan, Karen, Tavoyan, Chin, Kachin, Burman and Yakhine ethnics as shown in Table 1.

It presents migration process, migration life in Thailand and the impact of Myanmar migrants on Thai society.

Table 1. Number of Migrant Workers by Ethnic group (interview, 2005)

Ethnic Group	Total Number	Bangkok area			Mahachai		
		M	F	Total	M	F	Total
Burma	4		1	1	1	2	3
Mon	20	3	3	6	4	10	14
Karen	3				1	2	3
Shan	1		1	1			
Chin	3		3	3			
Kachin	1		1	1			
Yakhine	4				4		4
	36	3	9	12	10	14	24

2. Profile of Myanmar Migrants

According to the Asia Research Center for Migration (ARCM) statistics, there are 1.28 million migrants from neighbouring Myanmar, Laos and Cambodia in Thailand. Myanmar nationals are more than 920,000 people, or about 71.7% in 2004. It shows 103,163 total migrants in Mahachai, Samut Sakhon Province, of the total, 91 percent was Myanmar migrant workers as given in table 2.

Table 2. Number of Migrant Workers in 2004

	Myanmar	%	Laos	%	Cambodia	%	Total
The whole kingdom	921,492	71.72	179,887	14.00	183,541	14.28	1,284,920
Bangkok	128,475	61.62	53,656	25.73	26,372	12.65	208,505
Mahachai	94,041	91.16	7,046	6.83	2,076	2.01	103,163

Source: Asia Research Center for Migration.

The migrants originate not only from the border regions between

Thailand and Myanmar, but also from different places in country. Most of them are from rural areas, but people from large towns and cities also form a significant group.

The majority of migrants are aged between 14 and 45 years. Most of Mon ethnic group are married and have children. Some of the kids were born in Thailand. They work with their family in Thailand while some left their family in their hometown and bring them to Thailand if they have a chance to do so (TDRI 2002, p.7).

Kachin and Chin girls are single. Myanmar migrants live in work side as a group, about 7,000 to 8,000 persons live in the same compound in Mahachai, not together live other country migrants group; Cambodia, Laos. The previous occupations of the migrants varied widely, from university students, agricultural workers, truck driver to unpaid family workers. The educational qualifications of these people vary from illiterate to university graduate level. Most of migrant workers in Bangkok and in Mahachai can speak Thai in the communicable level. They use their official language Myanmar plus their ethnic languages such as Mon, Karean, Shan, Yakhine etc.

The religion of Myanmar migrants; Burman, Mon, Shan and Yakhaine is Buddhism but minority ethnic migrants, Kachin and Chin are Christians. The religion of Karean ethnic group is both Buddhism and Christian. The culture and major holidays in Buddhism of migrants are very close to that of Thailand.

Most of migrant workers in Bangkok and in Mahachai can speak Thai and English in the communicable level. Only one sample of Kachin migrants we interviewed in BKK is highly educated. She is a high school graduate, working in diplomat' s house as a domestic worker. She can speak English, Chinese, Thai and German fairly well. At present, she holds a Myanmar passport to study university education and go to other country.

第10章:Myanmar Migrant Society in Bangkok Metropolis and Neighboring Region

3. Process of Migration

There are various purpose and different type of routes among Myanmar migrants in Thailand (See Map 1). Most of Myanmar illegal migrants came from Myanmar crossing the borders at the Three Pagodas Pass on the Myanmar side to Sankhla Buri district in Kanchanaburi and crossing the Moei River from Myawaddy on the Myanmar side to Mae Sot in Tak provinces. The other crossing points are from Tachleik to Mae Sai and from Kawthaung to Ranong. There are also other trafficking routes for entering Thailand from Myanmar.

Map 1. Myanmar and Thailand Border

Source: Images Asia, 1997

161

Illegal migration associated with private recruitment agencies is significant. The recruitment agencies are often connected with lager criminal groups that provide for entering and working in Thailand. Especially, they have links with employers, and with the Thai police or local authorities to enable the transit of migrants through checkpoints. Some Thai authorities own courier trucks to transport migrant workers and sometimes also control trafficking networks. Moreover, there are many unofficial agents or couriers in many Myanmar and Thai border cities. Migration networks include other related services, such as remitting money to Myanmar, overseas telephone calls, loans, bailing those arrested as illegal migrants, arranging return trips to Myanmar, and searching for relatives or friends arrested in Thailand.

While some migrant workers utilise personal connections, friends or relatives, many are brought over the border by recruiters or couriers. Broker or agents play an important role in the migration of Myanmar into Thailand. Brokers or agents' fees depend on the services provided and the destination of migrants. In 1998 the basic recruitment or brokerage fee varied 2,000 Bahts to 3,000 Bahts from the Myanmar border to other parts of the border provinces, and 5,000 Bahts to 6,000 Bahts to the central regions of Thailand such as Bangkok (Aung Myo Min, 2000). These fees rose to 7,000 Bahts to 8,000 Bahts in 2000, and increased 8,000 Bahts to 12,000 Bahts in 2003 (Myat Mon, 2004). In 2005 July, It is 12,000 Bahts per migrant to Mahachai through the Myawaddy-Mae Sot route. There have been many arrests and cases of deaths attributable to accidents and suffocation during transit. According to our interview, case 1: one migrant (21 years old), he has five times arrests during transit to Bangkok through in Myawaddy and Mae Sot route, the total migration process was about three months. Case 2: Domestic worker (44 Years old) in Bangkok, her son was injured truck

第10章：Myanmar Migrant Society in Bangkok Metropolis and Neighboring Region

accident in transit.

Moreover, migration fee is an important role of their migrant life. It can be divided into 3 types. Type 1: Most of migrant workers in rural area have not enough recruiting fees. They faced with the difficulties when they began to migration process. Some of workers borrow gold (jewelry) from relatives, and borrow again money from local moneylenders with 5% per month interest. Even if their migration processes do not success, their family should return this amount any way.

Some of workers borrow from brokers as debt slave labor by theirselves. Before repaying full amount of their debt, they cannot run away and would not be free as the slaves. After arriving in Thailand, brokers or employers send their work place such as fishing boats, and after finishing their work, brokers or employers pick up them and make to enter their room and they are locked. Type 2: The workers who have some of recruiting fees, this case they paid some of recruiting fee to local brokers and the remaining fees can pay with interest when they remit. This type can be seen in Mon, Karen ethnic because they have good network.

Type 3: The workers who have enough recruiting fees, this case is easiest to enter into Thailand. However, working network is very important. Where do they want to go and how to contact the employer is very important.

At present, some foreigners' house of domestic workers return to home land Myanmar cross the border and they come again to Bangkok legally with passport. It can be seen in minority ethnics and educated Burman group. Their migration purpose is to attend the international university and vocational college in aboard. They survive for their better life.

II 東南アジアの越境する人とコミュニティ

4. Migration Life in Thailand

4.1 Work Permits

Table 3. Number of Registered Myanmar Migrants

Year	Myanmar migrants	Total migrants	Percent
1996	267,782	303,088	88.35
1998	79,057	90,911	86.96
1999	89,318	99,974	89.34
2001	447,093	559,541	79.90
2002	348,747	428,427	81.40
2004	921,492	1,284,920	71.72

Source: Asia Research Center for Migration.

Table 3 shows the number of registered Myanmar migrants in Thailand between 1996 and 2004. It is depend on Thai government Labour policy. In 1996, the Thai government allowed unskilled labour and could be employed in 8 industries in 43 provinces (over half of the 76 provinces in Thailand). These were agriculture, construction, fishery and its related industries, loading and unloading of ship cargo, mining, gem mining, manufacturing and domestic help. Migrants were allowed to work legally, provided they stayed within these industries and provinces. The Employment Department provides work permits to registered migrants to live and work for that particular employer. Owing to the economic crisis in Thailand starting in July 1997, an estimated two million workers became unemployed by the end of 1998, which is approximately 15 per cent of the workforce (Aung Myo Min 2000: 16-17). However, farming, fishing, construction and manufacturing businesses still rely heavily on cheap migrant labour. In 1998, the government permitted the employment of illegal workers for another year for 47 types of businesses in 54 provinces. When these permits expired in 1999, another Cabinet resolution was passed. The latter permitted 18 types of businesses in 37 provinces (Myat Mon, 2004).

Registration Fee is 3, 800 Bahts and it includes health insurance fees 1,900 Bahts. Although migrants are eligible to apply for work permits, in practice they encounter many problems such as quota of employment. There are many abuses in registered card such as overcharging and the payment of fees to illegal employment agents. Brokers and some of informal business migrants use this route to get registered card.

4.2. Types of Work Wages and Remittance

The type of employment undertaken by Myanmar migrants depends on marital status, gender, ethnicity and the nature of the work. According to the fieldwork survey, women are employed in domestic work and fishery processing: cleaning squid and sorting of dry fish. Men mainly work in the construction and fishery processing. Although Mon, Yakhine, Burman, Karen ethnics were found in Fishery and fishing process, Chin, Kachin and Shan (Tai yai) ethnics could not found in this work. Chin, Kachin and Shan ethnics live in hill region in Myanmar, however, i-sam, Thai (Northeast region) works in Fishery.

4.2.1. Domestic Work

The Thai Ministry of Labour and Social Welfare permitted domestic workers in 2001, to register for temporary work permits. There are over 60,000 Myanmar domestic workers registered in 2004 as shown in table 4.

Table 4. Number of Domestic Female Workers

	Myanmar	%	Lao PDR	%	Cambodia	%	Total
2001	53,744	74.10	15,284	21.07	3,504	4.83	72,532
2002	42,131	74.59	11,653	20.63	2,700	4.78	56,484
2003	34,179	77.08	8,109	18.29	2,052	4.63	44,340
2004	60,649	69.61	21,042	24.15	5,433	6.24	87,124

Source: Asia Research Center for Migration.

Wages of domestic workers vary in the different regions of Thailand. In the provinces, women earn less than 4,000 Bahts whereas in Bangkok their pay is 4,000 to 15,000 Bahts. Individual employers determine workloads and working hours. They work housework as well as help owner's business. Case in Mahachai, domestic worker works not only housework but also helping employer's business. Their working hours is very long from 6:00 a.m to 9:00 p.m every day. They get 4,500 Bahts per month. It is depended on their owner. Some of domestic workers are good condition, their working hours is 8:00 a.m to 6:00 p.m and they allowed living quarters and freely they can go outside working hours.

According to our interview, domestic service can be divided into three types of domestic workers in Thailand: 1) Thai's house, 2) Foreigner's house and 2) Myanmar's house.

Most of domestic workers work in the first group of Thai's house. Their working hours is very long. Chinese-Thai's house is better than the Thai's house. Many scholars pointed that; since they live with the employers, and have few or no connections with others; they are culturally isolated and potentially subject to physical and sexual abuse. It is important to consider Socioeconomy of Thailand and historical aspects. In Thai society, domestic worker-employer relationships are influenced by the historical ideology of the "that" system.

The second group: Kachin, Chin and Burman women, who can speak English or German or France can earn between 8,000 and 15,000 Bahts per month, working as domestic worker in diplomats' and foreigners' houses. Some are part-time domestic workers. Their salary is higher than full-time domestic workers.

According to my interview, Kachin girl, she can speak English, Chinese and German, her salary is 10,000 Bahts and working 6 hours per day, 6 days a week. Her living condition is well. Most of their work is house cleaning. Most of them are about twenty years old, Christians and every Sunday is their holiday.

A few domestic workers work in Myanmar nationalities houses. Average working hours of Myanmar nationality house is from 8:00 a.m to 5:00 p.m per day and 6days per week. Average their salaries is 4,500 Bahts per month, not need to Thai or other language. However, demand and supply both side is limited. It is necessary to get registered card to work in Myanmar nationality house. It is difficult than Thai' s house. However, domestic workers can save their salaries.

4.2.2. Fishery Processing Industry

In the fishery sector wages vary between 3,500 and 7,000 Bahts per month. Payment system is divided into two categories: monthly and piece-rate. An average monthly wages is 3,500 to 6,000 Bahts and piece-rate payment depends on the type of task. The rate for drying fish, cleaning squish, filleting and removing fish bones is 3 Baht per kilo. The wages of these workers range from 6,000 Bahts to 8,000 Bahts per month. Wages in these factories also depend on the seasons. In the shrimp season, workers with good skills can earn. However, in the off-season they earn about 4,500 Bahts. The average salary of ice factory worker is 5,000 Bahts per month with meal. Most of fishery processing workers cook their own meals. They know exactly where to go shopping for food, cloth, and other things. Average expenditure for one month is 1,000 Bahts per one.

4.2.3 Construction Work

In construction work, the official working hour is usually from 8.00 a.m. to 5.00 p.m. but, very often, overtime is required to be worked. The overtime wages is 25 Bahts per hour. The average wages are from 165 Bahts to 220 Bahts per day and living quarters with electricity and water. In construction sites, average their wages are higher than minimum wages (180 Bahts). The payment system is middle and end of the month. Every migrant worker has working time card and their deduction card. Most of owner allowed them to draw the basic needs such as rice, oil, soap and some soft drink for daily life. When the payday they calculated this amount and deduct the wages. Average expenditure for one month is 1,000 Bahts per one.

4.2.4 Remittances

The benefit from international migration of the sending country is the receipts of remittances from migrant workers. However, although thousands of Myanmar migrants have been working in Thailand, it does not appear that their remittances have directly affected the national income of Myanmar. Due to the paucity of official statistics on migrant workers, it is impossible to estimate the value of their remittances (Myat Mon, 2004).

All migrant workers remit their money through private agents, well known Hundi system. It can be seen remittances commercial somewhere in Mahachai. In 2005, informal exchange rate was Thai 4,000 Bahts per Myanmar 100,000 Kyats.

Some migrants send gold instead of cash through their close friends or relatives and agents. The single women in this study can save the money and send to home.

4.3. Social Network and Conditions in Myanmar Communities

The social network links find or arrange employment, remittance, and contact their family in home country, and support their return.

Myanmar migrants like to get together with the same ethnic group during their holidays. Moreover, there can be seen ethnic group associations such as Mon association, Chin foundation, Kachin foundation, Yin Nyein Pan NGO (Mahachi) and Dear Burma NGO School. There is over 100 members in Chin and Kachin each foundation in Bangkok. These foundation provide the accommodation and to introduce work place to new comers and help each other. Mon groups provide the information to each other and teach the Mon language and culture to the Mon migrant workers. Dear Burma, NGO School is famous among Myanmar migrants in Bangkok. This school provides the Thai, English language training, and basic computer course. The majority of Myanmar migrants, except the Shan, have little or no Thai language skills. This language barrier intensifies the social and psychological isolation of most Myanmar migrants in Thailand.

Some migrants (who have business skills) run small grocery shops and food stalls in migrant communities. However, family separation is common occurrence among migrant workers. There are also many marriage break-ups. The unsafe conditions have often forced young single women to marry for protection from harassment by both Thai and Myanmar men. Most of husbands are also illegal migrant workers who have the same status, and the same troubles. Child born in Thailand also often constitute another social problem. Newborn infants are usually sent back home to Myanmar, since parents are unable to care for their children. They are not recognized as citizens by either the Thai or Myanmar governments, and have no access to basic welfare services. There are a few NGOs in Thailand that provide education and medical care to undocumented migrant workers. However, their future is uncertain. Illegal migrant workers always live in fear of arrest, detention and deportation. This is the reason why they endure slave-like work condition, and it increases their vulnerability to extortion and exploitation. As many employers keep the workers' original card and the workers can hold only a copy of their work permit, they have been often arrested. In some cases, migrant workers who hold their original work permits also have been arrested. The registration polices for alien workers do not guard adequately against official corruption. As the migrant workers are required to pay large-sum of money for their work permits, they should need legal protection from the Thai authorities and industrial and legal protection from Thai employers.

5. Conclusion

The Thai government needs migrants to do jobs shunned by Thai workers, but fail to protect the workers and employers and do not allow the enough work permit. Similarly, the majority of Thai employers want cheap labour, but do not provide migrant workers with basic rights. Thus the Myanmar government needs to change the burdensome and unrealistic regulations controlling migration; it also needs to initiate special programs and policies to assist Myanmar migrants, and cooperate with the Thai government and NGOs in order to alleviate the hardships face by migrants. More importantly, the oppressive political environment in Myanmar, which directly affects the stability and security of Thai-Myanmar border regions and economic development, needs to be reformed.

There are various activity groups in Bangkok: social and religious groups such as Chin foundation, Kachin foundation, NGO centers and anti-government politic groups. Among the minority ethnic groups, Kachin and Chin Group are better opportunities than other ethnic groups, because they can speak English. However, some are easily to get the benefits and most of them are faced more negative aspects of living and working in Thailand than they think.

The common problems faced by Myanmar migrant workers, include debt bondage, long working hours, unsafe working conditions, unsanitary living conditions, sexual harassment and sexual assault, arrest, detention and deportation. If they are deported as illegal immigrants, they face certain arrest in Myanmar for their illegal departure from the country. While migrant workers from other countries can return home at any time, with the help of NGOs or their embassies if their situation becomes intolerable, Myanmar migrants do not have this option. While migrants from other countries can expect to improve their living standards after saving money in destination countries but Myanmar migrants face an uncertain future; they will come again in Thailand.

notes
(1) undocumented migrant workers, as defined by the United Nations, are "persons who do not fill the requirements established by the country of destination to enter, stay or exercise an economic activity" (Images Asia 1997, p.1).

References
ARCM (Asian Research Center for Migration), 2001, *Thai Migrant Workers in East and Southeast Asia*, Chulalongkorn University.
Images Asia, 1997, *Migration with Hope*, Images Asia Ltd, Maung Chiangmai,

Ⅱ 東南アジアの越境する人とコミュニティ

Thailand.

Kitahara, Akagi et al., 1993, *Labor and Life of Migrants in Southeast Asian Countries*, Ritsumeikan Univ. Faculty of International Relation.[SRF Interim Report].

M.H. Abduhlla and M.I.B Baker eds. 2000, *Small and medium Enterprises in Asian pacific Countries* (Vol.III), NY: Nova Science.

Yongyuth Chalamwong, Kampanat Vijitsrikamol, Kwancheewa Khamprapai and Makawan Suwanruang, 2002, *Thailand: Improving Migration Policy Management with Special Focus on Irregular Labour Migration*, Case Study of Agriculture, TDRI 2002.

Wai, Myint, 2004, *A Memoir of Burmese Workers: From Slave Labour to Illegal Migrant Workers*, Bangkok: Thai Action Committee of Democracy in Burma (TACDOB).

第11章：国境の街・生鮮市場・ベトナム系タイ人
——ノーンカーイでの出会いから

高井　康弘

1　はじめに

　メコン河沿岸タイ東北部諸県の市街商業地区の特徴として、ベトナム系の自営業者の活躍を挙げることができよう。筆者は2003年から2006年にかけて、対岸にラオスの首都ビエンチャン近郊を臨む国境の街ノーンカーイで調査を行なったが、当地の生鮮市場や店舗棟で出会った業者たちの多くもベトナム系であった。彼らの親世代の多くは、1940年の日本軍のインドシナ侵攻前後に戦禍を避け、故郷のベトナム北部を離れてラオスに移動し、さらに1940年代に戦禍を避けてメコン河を舟で渡りタイに入った人々であった。その後60年余りが過ぎた現在、親世代（ベトナム人第1世代）の大半は80歳代以上である。幼少期に親とともに来タイした人も70歳代である。第1世代がタイで生んだ第2世代が40歳代から60歳代になっている。以下では、とくに第2世代が第二次世界大戦後のタイの一地方社会でいかなる経験をし、現在どのような状況にあるのかを概観する。

　第2節では、ノーンカーイ市街商業地区を素描し、第2世代に記憶された第1世代の来住経緯や、現在までの職経験などについて記述する。

　第3節では、1940年代に大量流入したベトナム人への歴代タイ政権の対応に焦点を当てる。タイへのベトナム人移住の波は以前からあり、そのつどタイ国側は人的資源補充や領土拡張の思惑もあり、移住者を温情的に受け入れてきた（Trinh 2003）。その子孫たちはタイ社会に溶け込み、「ユアン・カオ（古参のベトナム人）」と称されながらもタイ国民として暮らしている。そして最近の最大の波が1940年代中頃の「ユアン・マイ（新参のベトナム人）」の流入

173

Ⅱ　東南アジアの越境する人とコミュニティ

であった。当時、メコン河ラオス側沿岸の街々には多くのベトナム人が故郷での戦禍を避けて移住していた。しかし、この街々が第二次世界大戦終了後、独立運動鎮圧目的のフランス軍の攻撃に曝される。再び戦禍を避け対岸に渡ったベトナム人の数は定かではないが、タイ全土で6万から7万人といわれる（Trinh 2003）。タイ政権はこの時期前後に合法的手続きを経ずして流入した彼ら「ユアン・オッパヨップ（ベトナム人難民）」に対して当初は寛容な措置を採る。しかし1940年代後半以降、監視抑圧政策へと転換し、彼らのその後の経験は「古参のベトナム人」とは異なったものになる。しかし1980年代以降、監視抑圧政策は緩み始め、1990年代に入るとベトナム人移民の子孫たちのタイ国籍取得が認められ始める。こうしたタイの「ベトナム人難民」政策の変転を概観する。

　第4節では「タイ国民」となり、自ら「ベトナム系タイ人」と称するようになったノーンカーイ在住ベトナム人移民第2世代からの聞き取り内容に、タイ社会への同化に向かう過渡期世代の文化状況と、揺れるアイデンティティとを見る。また、抑圧下では一枚岩であったといわれるベトナム人同士の団結がほころび、新たな社会関係が生じ始めていることに言及する。

2　ノーンカーイの商業地区とベトナム系自営業者

2.1　ノーンカーイの街の概要

　ノーンカーイの船着場に立てば、北方にビエンチャン近郊の家並みや道路を走る車などを手に取るように眺めることができる。両岸の人々の往来は従来、日常的であったといわれる。しかし、この往来は冷戦期に一旦中断する。そして1980年代末以降再び回復する。1994年4月には市街から西に3キロの地点にタイ・ラオス友好橋が開通する。国境の緊張が緩和し始めて20年近くが過ぎ、友好橋開通10周年も過ぎた現時点のノーンカーイの街と業者の状況をまず素描する[1]。

　ノーンカーイは小さな地方街（市街区人口約4万5000人）であり、多くの雇

用を見込める産業は街にも郊外にも見当たらない。しかし観光業と商業は比較的盛んである。街の規模の割に仏教寺院が多く、観光宿泊施設の数も多い。ラオスへの玄関口であった船着場を中心とする沿岸通り沿いは、雑貨市場（インドシナ市場）になっている。国内外からの観光客や買い物客で賑やかな同市場では、中国系とベトナム系の業者が拮抗しており、タイ人の業者も少なくない。河岸から南に一筋下がった狭い旧メイン・ストリート中央部には、金製品販売買取店や薬局などの中国系業者の店舗や大手銀行の支店などが並ぶ。しかしインドシナ市場東端、中国人廟を過ぎた辺りからは、この通り沿いに、ベトナム系の豚肉加工食品製造販売店が点在する。そこから一筋南に下がると現在のメイン・ストリートに出る。1979年に舗装拡張された道路である。沿道中央部には役所や中華学校などがある。同道路を東方へ歩くと、市営店舗棟（1979年建設）が並ぶようになり、同店舗棟南にはポーチャイ生鮮市場が近接する。露天商の小さな集まりだった同市場も1979年前後に現在地に移動し、1983年に屋根付市場として整備される。さらに1986年には周囲に市営店舗棟が建設される。その後、同地区の公設屠場が４キロ東方に移転し、現況に至る。

　ポーチャイ市場は東の朝市であるが、もうひとつの主要生鮮市場が西の夕市チャヤポーン市場である。両生鮮市場では、地元の多数派タイ・イサーン（ラーオ）の人々が野菜・果物・花・魚介販売商として活躍する。しかし、食肉販売業者や軽食店主は大半がベトナム系の人々である。とくにポーチャイ市場では、豚肉販売業者25名のほとんどがベトナム系であり、牛肉販売業者８名の過半数もベトナム系である。市場内の軽食屋も大半がベトナム系の人々である。タイ語でベトナム料理と書かれた看板のもと、ベトナムの汁麺や生春巻などが売られている。同市場を囲む店舗棟および市場付近の現メイン・ストリート沿いの店舗棟の衣料商・雑貨商・菓子商なども、多くがベトナム系である。

　近年、郊外の幹線道路沿いに、映画館を含む複合商業施設がオープンし、若者やマイカー所有層を吸引し賑わいを見せるが、両生鮮市場と周辺の店舗

棟の商業地区もまだ庶民的な活気を保っている。次に、こうした商業地区のベトナム系自営業者の聞き取り事例から、来住歴と就業歴にかかわる部分を紹介する（以下、年齢表記は2005年時点）。

2.2　商業地区のベトナム系業者

事例1　男性57歳・豚肉・ソーセージ製造販売店経営　父（故人）はベトナム北部ナムディン生まれ、母（82歳）はビエンチャン生まれのベトナム人である。1945年にノーンカーイに渡り、父は縫製職、母は雑貨小売で生計を立てる。1948年に当地に生まれた彼は、やがて同じく当地生まれのベトナム人移民第2世代の女性と結婚する。妻の両親はビエンチャンで食肉を売っていたが、やはり1945年にノーンカーイに渡った人である。結婚後の1978年以降、彼（当時30歳）も豚肉・ソーセージ販売を始める。現在は従業員7名を雇い、仕入れた豚肉をポーチャイ市場で売り、残りは店舗でソーセージにして、県内外の食堂やホテルなどに売っている。兄と4人の弟妹は皆ノーンカーイに住んでおり、全員が機械部品販売、衣服販売、自動車修理業など自営業者になっている。

事例2　女性50歳・雑貨菓子店経営　ベトナム北部ターンフア出身の父母は第二次世界大戦期に同じ村の人々と歩いて、ラオスに至り、ノーンカーイに渡る。父が31歳、母が22歳の時である。2人は移動中に懇意になり、ノーンカーイで結婚する。その後、菜園作や養鶏や日雇い労働などさまざまな仕事をする。親の代では店舗は持てなかったが、娘（事例2本人）は、同じベトナム人の夫と結婚後の1986年、店舗を借りて雑貨・菓子店を開き、1989年に、ポーチャイ市場を囲む市営店舗棟の一角を15年間の所有権を購入し、同業を続ける。2004年、新たに今後15年間の所有権を購入し直したところである。

事例3　男性55歳・時計修理店経営　ベトナム中部出身の父（83歳）は若い時故郷を出る。ビエンチャンに5年住む。1946年ノーンカーイに渡り、

ベトナム人移住者である母（74歳）と結婚する。来住当初、父は船着場近くで金細工をし、母は水売りで生計を立てるが、惣菜売りを経て、1965年船着場西方でベトナム料理屋を始める。こうした両親のもとに長男（事例3本人）が生まれる。彼は店を手伝うが、1978年ベトナム人移民第2世代の女性と結婚し、やがて独立してチャヤポーン市場横で時計修理店を構える。料理屋は妹が継ぎ、現在では観光客で賑わう有数のレストラン兼食品販売店である。弟も最初縫製職人だったが、1999年にウドーンターニーにベトナム料理店を開業し、これも有名店になっている。

　以上、3つの事例を挙げたが、他の事例も踏まえて移動状況を概観すると、次の傾向が浮かび上がった。すなわち、親世代の出身地は一様ではないが、ハノイやナムディンなどベトナム北部農村出身者が多い。親世代が故郷を離れた時期は、1940年の日本軍侵攻期が多い。ほとぼりが醒めたら戻るつもりで家財道具を持たずに故郷を離れ、そのまま60余年が過ぎたと嘆く人もいる。渡タイ前の居住地はビエンチャンやサワンナケートなどである。渡タイ時期は1930年代や1970年代（ラオス人民民主共和国成立時）の人もいる。しかし、やはり多いのは1940年代中頃である。

　就労状況をみると、移住第1世代は、水汲み・水売り等零細小売、建設日雇い労働者、縫製職人等で生計を立てていた。重労働で身体を壊して一生を終えたという話も聞いた。それが第2世代になると、ほとんどが商業自営業者になる。彼らの多くは1980年代前後以降に自営業者となる。前述のように同時期は、生鮮市場や周辺地区の拡張整備期と重なる。同時期は、ラオス・ベトナムとタイの国家間関係が好転し始め、ベトナム人移民に対するタイ国家やタイ社会の監視抑圧が緩み始めた時期でもあることを後述する。

3　タイの「ベトナム人難民」政策の変遷とタイ国籍取得状況

　在タイ・ベトナム人移民に対する特殊な監視抑圧政策がほぼ終了したのは、

最近のことである。この政策がベトナム人移民第1世代はむろん、第2世代の居住・就学・就労状況を規定してきた。タイ歴代政権の監視抑圧政策とその緩和については、岸本（2001）など、詳細な先行研究があるので、それらに拠りつつ、ノーンカーイでの聞き取りで得た知見なども交えながら紹介する。

3.1 監視抑圧の「ベトナム人難民」政策

　ベトナム人流入当時のプリーディー政権は、彼らに対して温情的な支援策を採った。一時滞在の許可・職探し移動の許可・宿泊施設の提供・道路や寺院の建設事業による雇用創出等を行なった。流入は一時的であり戦乱が収まれば彼らは帰国するとの観測があったからである。また、新来ベトナム人同士の互助組織が機能し、加えて当時推定4万人の「古参ベトナム人」が彼らを支援した（Trinh 2003）。ただしノーンカーイの場合は、聞き取りによれば、むしろタイの人々が同情的で、住まいの一部を提供するなど、さまざまに彼らを助けたようである。

　しかし、この状況は長続きしなかった。インドシナ情勢が緊迫するなか、1947年末に登場したピブーン政権は、彼らをタイ国家・社会の安定を乱す危険分子と位置づけ、監視抑圧政策に転じる。彼らとその子孫は、合法的在住資格取得の見込みが立たないまま、「ユアン・オッパヨップ（ベトナム人難民）」として、居住・移動・就労・就学・文化継承などさまざまな面で制限を課され、「まな板の鯉」状態で息を潜めて暮らすことになった。

　まず、彼らの居住地は「ベトナム人難民地域」と名づけられた指定県に限定された。流入当初、彼らはタイ各地に分散していた。しかし1949年11月に設定された指定県は、1950年にはノーンカーイ県を含む5県に絞られ、1953年には南部2県を含む8県になった。さらにメコン沿岸諸県から南部2県への青壮年男性の強制移住も行なわれた。対フランス抵抗勢力支援を妨害するための措置であったといわれる（Thanyathip & Trinh 2005）。

　また、彼らの移動は厳しく制限された。居住区を24時間以上離れるのは禁

第11章：国境の街・生鮮市場・ベトナム系タイ人

止され、県警察の許可無しに居住県外へ出ることはできず、許可を得て県外に出ても、許可証を携帯し、宿泊先の警察に出頭して提示する義務があり、その県を出る際も報告しなければならなかった（Thanyathip & Trinh 2005）。その他、十戸毎に長が置かれ、ベトナム人同士で管理しあう組織も作られ、名簿作成が義務付けられた。政治集会や訓練、政治資料の所持、外国への送金、特定職業への就労などが禁止された。ベトナム人女性の伝統的髪形や衣装も禁止され、公の場でベトナム語を使用することも禁止された。

　1959年に登場したサリット政権は、「ベトナム人難民」をタイ国外に押し出すことを試みた。一方で、「ベトナム人難民」対象の就業税と営業税を設け、禁止職種も大幅に増やすなど抑圧策をさらに強化し、他方で、難民帰国事業の合意を北ベトナムとの間で取り付けた（Thanyathip & Trinh 2005）。1960年以降の5年間で4万5033名が帰国を果たした。しかし1964年7月を最後に、戦争激化により帰国事業は中止となった。1959年時点で帰国意志を示した人は7万32人（ノーンカーイ県1万6155人）いたが、この事業で帰国を果たした人数は4万6256人であった（Thanyathip & Trinh 2005）。1965年タイ内務省の「ベトナム人難民」調査では「ベトナム人難民」の人口はタイ全国で3万1818人であった。県別ではナコーンパノム県が9507人で最も多く、次いでノーンカーイ県が7192人と多かった（Thanyathip & Trinh 2005）。

　1960年代末以降、共産主義化の脅威が増すなか、タイ政権やタイ社会がベトナム人移民をみる目はさらに厳しくなった。1972年12月の「革命団布告337号」により、ベトナム人移民第2世代のうち、すでにタイ国籍を取得していた人も、タイ国籍を取り消された。

　1975年にベトナム戦争が終結し、同年、ラオスにも社会主義政権が成立し、1976年、ベトナムとタイの国交が成立して以降も、「ベトナム人難民」問題は棚上げのままであった。ノーンカーイのベトナム系の人々は、自分たちにとって1975年から1978年が最も苦しい時期であったと振り返る。この頃、在タイ「ベトナム人難民」の人口は自然増で5万人余りになっていた（Khacatphai 1978）。

179

3.2 監視抑圧政策の緩和からタイ国籍の認可へ

「ベトナム人難民」に対する監視抑圧政策が変化し始めるのは1980年代後半以降である。この頃からタイ経済は急成長期に入り、時のチャートチャーイ政権はインドシナ近隣国を巻き込んだ経済外交政策を採り始める。「インドシナを戦場から市場へ」や「バーツ経済圏」などの言葉が登場したのはこの時期である。他方、ラオス・ベトナムは市場開放政策を模索し始めていた。タイとラオス・ベトナムはイデオロギー対立から経済協調優先の関係に入り始める。そして、この変化を背景にベトナム人移民を見るタイ社会やタイ国家の目も変わり始める。合法的な社会的位置づけの無い彼らの人口は自然増を続けており、もはや放置できないという判断もあったと思われる。ノーンカーイのベトナム系業者たちの聞き取りによれば、1986年以降、屠畜を始め、禁止職業への就労が非合法のまま黙認されるようになる。そして1992年を機に、彼らをとりまく空気は大きく変化する。

1992年3月、「ベトナム人難民」にタイ国籍あるいは外国人登録証を付与する政府方針が打ち出された。タイ国籍取得申請者は全国で2万9538人、外国人登録証申請者は6086人であった。この申請者総数3万5624名を、タイ内務省は申請手続き前1993年当時の「ベトナム人難民」人口としている。しかし、この数値は過去に発表された同人口に比べて少ない。さまざまな理由で「ベトナム人難民」調査では把握できず、申請手続きもしないベトナム人移民とその子孫が相当数いる可能性がある（Thanyathip&Trinh 2005）。

ともかくも、1993年2月から国籍および外国人登録証の認可付与が開始される。岸本（2001）の記述からは、これで「ベトナム人難民」問題も解決をみたという空気があったことがうかがわれるが、その後の認可作業は長期にわたるものとなる。「ベトナム人難民」警戒派が残るであろう複数機関における審査を通過するのに時間がかかるためか、その後の認可手続きは小出しにしか進まなかった。2001年時点のタイ国籍取得者総数は2万1668人、外国人登録証取得者は1807人であり、2004年10月時点でもタイ国籍取得者総数は2万4914人であった（Thanyathip & Trinh 2005）。タイ国籍認可手続き開始か

第11章:国境の街・生鮮市場・ベトナム系タイ人

ら10年後の時点でも、申請しながら難民身分のままの人が少なからずいたということである。

　ノーンカーイ県のタイ国籍取得申請者は約9,000名であったが、同県では2004年時点でタイ国籍未取得者は132人であった。市街区では42人が未取得であった(テーサバーン・ノーンカーイ役所資料)。筆者の聞き取り(2004年)によれば、ノーンカーイのベトナム人移民第2世代の大半は、1990年代後半にタイ国籍を得たと答えていた。しかし、他方で少数ながら、「申請しているものの、いまだ難民身分のままであり、いつになったら取得できるものか、全くわからない」と曇った表情で語る第2世代もいた。1人が「ベトナム人難民携帯票」をみせてくれたが、その表面の顔写真の下には「ベトナム人」との記載があり、氏名・性別・生年月日・住所・法違反歴が記され、左右親指の指紋押捺印が付されていた。裏面には、(この携帯票の持ち主の)管理地域内での居住を一時的に許可すること、域外に出る時は域外外出許可証明書の検閲を受けなければならないこと、無許可外出は法違反になることが記載されていた。「ベトナム人難民」は「携帯票」を4年毎に更新しなければならなかった。その彼も2006年2月にタイ国籍を認可され、連絡不能者を除く申請者全員のタイ国籍取得が完了する(2005年時点で同県ではタイ国籍を累計で8036人が取得)。1945年から60年余りを経て、ようやく事態は正常化した。

　次節では、タイ国籍を得て「タイ国民」となり、自らを「ベトナム系タイ人」と称するようになったノーンカーイのベトナム人移民第2世代のアイデンティティおよび社会関係の現況について、市街地自営業者からの聞き取りで得た知見を拠り所に考えたい。

4　ノーンカーイのベトナム系タイ人の現在

4.1　同化への過渡期世代の揺れるアイデンティティ

　ノーンカーイ市街地のベトナム人移民第2世代自営業者が、言葉や通婚や儀礼慣行において、どのような状況にあるのか、聞き取りを行なったが、そ

の結果は次のとおりであった。

　まず、彼らのほとんどは、ベトナム式とタイ式の両方の氏名を持っていた。タイ国生まれである彼らは、一方で当然ながら流暢なタイ語を話す。彼らの大半はタイ国民と同じ小学校で数年学んでいる。そして他方で親とはベトナム語で話す。ベトナム文字も親世代の内々の少人数指導下で学習し、ほとんどの人が書くことができる。ノーンカーイではベトナムのテレビ番組も受信できるので、彼らはタイとベトナム双方の番組を楽しんでいる。

　彼らの配偶者は、タイ人や中国人の場合もあるが、多くは同じベトナム人移民第2世代である。彼らは自分たちの世代ではタイ人との通婚は少なかったと話す。結婚適齢期の頃はタイ社会の風当たりが最も厳しかった時期で、ベトナム人と他の住民は警戒し遠ざけあう傾向が強く、恋愛が生じても双方の親が許さなかったと振り返る。夫婦間の会話はタイ語とベトナム語の混用になり、同世代同士の会話も同様になると話す。実際、生鮮市場での彼らのやりとりはタイ語になったりベトナム語になったりしていた。そして、彼らのうち40歳代の人は、子どもとはタイ語で話すと答える。幼児期には努めてベトナム語で会話するが、小学校・中学校と通ううちに、子どもがベトナム語を使わなくなるという。

　葬送のあり方も第2世代は過渡的である。市街南方に、土葬式のベトナム人墓が多いタイ上座仏教寺院がある。タイ人住職は「埋葬地が無いと願い出るベトナム人移民に、境内の広大な空き地の使用を認めるうちに、今では満杯になってしまった」と話す。第2世代は没した親をこうした墓地に土葬し、ベトナム正月の前などに定期的にお参りし墓掃除している。しかし彼らは、自世代の葬送については、タイ式の火葬も増えていると話す。第3世代の中には、土葬希望の遺言がなければ、親は火葬すると話す人もいる。

　親の故国ベトナムへの訪問については次のようであった。タイ国籍や外国人登録証を得て以降、彼らはようやくベトナムの親族を訪問できるようになった。第1世代では帰郷機会を得ぬまま他界した人が多い。しかし第2世代では親の故郷訪問経験者が少なからずおり、なかには毎年、ベトナムへ親

族訪問や観光旅行をする人もいる。旅行時のアルバムを持ち出して話す時、筆者に向ける彼らの顔は最もにこやかになった。

　タイ社会との関係については、今までの厳しい経験がそうさせるのか、とくにリーダー格の人々は、「タイ社会の一員である以上は、タイ社会に貢献するのが当然だし、そのことを常に考えている」と強調した。彼らは自身の息子に「兵役を体験し、国民の義務を体感せよ」と勧めているという。ただし、「『タイだけを愛す』と話しても、誰も言葉どおりに受け止めないから、『タイを愛し、ベトナムを愛す』と話すことにしている」と述べていた。

　以上、言葉や通婚や葬送において、世代を経るにつれ、タイ化する傾向がみられること、タイ社会の一員になることに積極的な姿勢を内外に示しながらも、そのことと二重帰属的な思いの両立を意識し、模索しているありようについて述べた。最後は、抑圧緩和以降のベトナム人移民をめぐる地域社会関係の新たな展開に注目したい。

4.2　ベトナム系の人々をめぐる地域社会の関係の展開

　監視抑圧が厳しかった時代、ノーンカーイのベトナム人社会は第1世代のリーダーのもと一枚岩の団結を誇っていたとベトナム人移民第2世代のリーダー格の人々は懐かしがる。自由な社会経済活動が可能になるなか、ベトナム人であることだけで団結できた時代は過去のものになり始めているようである。それに関わる動きを3つ記す。

　第1は、複数のベトナム系住民の同好会（チョムロム）の発足である。かつては公認されなかったベトナム人移民の社会組織もしだいに認可されるようになり、1998年にベトナム移民第1世代のリーダー有志が発起人になり、「ノーンカーイ・ベトナム人・ベトナム系タイ人同好会」が発足し、現在はポーチャイ地区の第2世代がリーダー格になり、さまざまな互助活動を行なっているが、その後2002年には別の同趣旨の同好会が発足する。同好会は会員数もはっきりせず二重所属も自由なルースな組織であるが、前者の同好会の会員の一部は、後者の発足を団結を乱すものと批判的に語る。

Ⅱ　東南アジアの越境する人とコミュニティ

　第2は、若い世代の動向である。ベトナム系の商店主の店舗の壁には、子どもの大学卒業・学位授与式の記念写真が誇らしげに飾られていることが多い。ベトナム系の人々の最終学歴は、ベトナム人移民へのタイ国籍の認可が始まった1993年に13歳以上であった世代とそれ以降の世代で大きく異なる。前者の最終学歴は大半が小学校卒業である。これに対して、後者の場合は有名国立大学・大学院の在学生や卒業者が目立つ。数年前には「ベトナム人難民」の国立大学入試合格者に入学許可が出ず、問題になったケースもあったようである。しかし第2世代・第3世代の大半がタイ国籍を得た近年は、ベトナム系の子弟も特別な支障を経験せず進学できている。30歳代以上の世代がタイ国籍も無く最終学歴も低いまま就職の年齢となり、商業自営業に活路を見出すしかなかったのに対して、20歳後半より若い世代は高学歴を有するタイ国民として就職活動に臨んでいる。彼らは大企業や公共機関等で専門的な職業に就き、ノーンカーイにはまず戻らない。若い世代がこのように流出するなか、ノーンカーイのベトナム人社会も高齢化し始めている。引退する親の跡を子が継がないので、市街商業地区のベトナム系業者数は減り始めているといわれる。

　第3は、ベトナム系タイ人と中国系タイ人の関係にみられる変化の兆しである。前述したようにノーンカーイ市街には中国系の業者も多い。ノーンカーイ在住の中国系は、潮州系が最も多く、客家系がそれに次ぐといわれる。ノーンカーイの経済界の上層部は中国系が占めており、ベトナム系は中小規模の商店主か生鮮市場の自営業者であり、地元の多数派タイ・イサーン（ラーオ）の人々は公務員か農民であると、多くの在住者が概観する。ノーンカーイには、中泰商会（2002年設立、会員40名）の他、中国人廟や中華学校（中学1～3学年）があるが、ベトナム系の商会や廟や学校はまだない。

　ノーンカーイにおける中国系とベトナム系の経済的地位の違いを、ベトナム系の人々は次のように説明する。すなわち、現在の中国系居住者の祖父母世代の多くは、1920年代から30年代に来住した人である。つまり、中国人移民はベトナム人移民より10年から20年、世代にして1世代分早く来住してい

第11章：国境の街・生鮮市場・ベトナム系タイ人

る。中国人移民第2世代はタイ国籍を取得し、1950年代から70年代に商売を拡大した（たとえば、現中泰商会会長もその一人である。移民第2世代で74歳の氏への聞き取りによれば、当初肉体労働者であった彼は、養鶏業者を経て、1960年代後半建設請負会社を創設、道路工事や架橋工事など公共事業を受注し、事業を拡大する。現在はメコン河底掘削とその土砂による道路整備事業など大規模な公共工事を請け負う建設会社のオーナーである）。他方、同時期にベトナム人移民第1世代は肉体労働や零細小売などで生計を立てていた。ベトナム人移民第2世代と中国人移民第3世代は年齢的に同年代である。前者が法的制限下で商売を始めた頃、後者は親世代のビジネスを引き継いだ。両者の事業規模が違うのは、来住時期が違い、加えて来住後の法的状況が違ったからだと、彼らは述べる。

　そして、タイ国籍を得て、自分名義で土地や家屋が所有できるようになるなど、事業の展開の法的障害がなくなった今、ベトナム系の人々は中国系の人々とようやく同一の土俵で勝負できると闘志を燃やす。跡継ぎ不在で店舗をたたむ業者が出る一方で、前述の事例3の妹など事業拡張に成功するベトナム系業者も現れ始めている。後者のなかには、中泰商会への加入を申請し、認められる人も出て来ている。中華学校の校庭はノーンカーイではさまざまなイベント開催の貴重なスペースになっているが、ベトナムから来演する歌手団もこの校庭でコンサートを催す。中高年の世代は、ノーンカーイではベトナム系、中国系、タイ・イサーン系、さらに最近流入が目立つラオス人の間にとくに対立はなく、分け隔てなく暮らしていると筆者に強調する。若い世代は、自分たちの親世代はベトナム系と中国系は仲が悪いが、自分たちの場合は学校時代のクラスメイト関係があるのでそうではないと話す。地域のエスニック・グループ間の関係には、故国間や故国と在住国間のその時々の国家間関係が影を落とすので、現在のやや外交じみた友好関係が今後どう展開するかは測りにくい。ただし、少なくとも今は良好な関係が続いている時期のようである。

Ⅱ　東南アジアの越境する人とコミュニティ

5　おわりに

　以上、まずノーンカーイ市街地区ではベトナム系の人々が商業自営業者として活躍していること、彼らの親世代はベトナム北部から1940年代を中心に移住してきたこと、彼ら第2世代が自営業主として活躍し始めるのは1980年代以降であることを述べた。つぎに、第2世代も「ベトナム人難民」として戦後長期間、特殊な制限のもとに置かれてきたこと、1980年代以降、監視抑圧が徐々に緩和し、1990年代に入り、タイ国籍認可が始まったことを述べた。最後に、タイ国籍を取得し「ベトナム系タイ人」となった第2世代、第3世代の関心は多様化し、その社会関係は、かつてのベトナム人移民社会の団結を解体する形で構築され始めていることを述べた。

　タイの人々は外来者に対して基本的に開放的・温情的であり、本章でもふれたようにベトナム系の人々にも時にはそうした態度が示された。しかし戦後のインドシナ政治情勢のなかで、つい最近までベトナム人第1世代・第2世代は「難民」身分に据え置かれ、さまざまな制限を課されてきた。中小商業自営業主という彼らの現在のありようは、こうした制限に規定されたものであることを強調しておきたい。ようやくその「戦後」も終わろうとしている今、関連の調査も可能になり、本格的な研究文献（Thanyathip & Trinh 2005など）も出始めている。彼らが再び国家間関係の変転に翻弄されることなく、地域社会関係の構築を模索し続けられるよう願うところである。

注
（1）現在、ベトナム系の人々の人口を示す公的統計はないが、関連資料と聞き取りから、ノーンカーイ県の人口約89万人の約1％がベトナム系の人々であろうと推定する。また県庁所在地であるノーンカーイの街の市街（テーサバーン）地区の人口は4万5000人余りだが、その約1割がベトナム系の人々であろうと推定する。

参考文献
　岸本ゆかり、2001、「タイのベトナム人——1992年改正国籍法と「タイ人」への道のり」『年報タイ研究』1：51-67。

瀬戸正人、2002、『アジア家族物語——トオイと正人』角川ソフィア文庫。
Khacatphai Purusaphan, 1978, *Yuan Opphayop*, Bankok: Duongkamon. (「ユアン・オッパヨップ（ベトナム人難民）」)
Thananan Bunwanna, 2002, "Nayobai Chao Vietnam Opphayop khong Ratthaban Comphon Po. Phipunsongkhram Pho. So. 2491-2500." (1948年〜1957年ピブーンソンクラーム政権のベトナム人難民政策、チュラーロンコーン大学大学院歴史学科修士論文。)
Thanyathip Sriphana & Trinh Dieu Thin, 2005, *Viet Kiao nai Prathet Thai kap Khwam Samphan Thai—Vietnam*, Bangkok: The Rockefeller Foundation.(タイの「ヴィエット・キオ（在外ベトナム人）」とタイ—ベトナム関係。)
Trinh Dieu Thin, 2003, "Formation of the Vietnamese Community in Thailand", Thanyathip Sriphana, Theera Nuchpiam and Pham Duc Thanh eds., *Twenty-Five Years of Thai—Vietnamese Relationship*, Bangkok: Institute of Asian Studies, Chulalongkorn University, 131-157.

［付記］
　本調査に関わる資料収集にあたっては、コーンケーン大学人文社会科学学部Maniemai Thongyou教授および同大学院生Jatuporn Donsomさんから助言を得た。また、執筆に際しては、本調査に参加した大谷大学文学部藤田直子助手が市場聞き取りで得た知見も参考にした。

第12章:タイ―ラオス国境横断の空間的構造

大城 直樹

1 はじめに

本章は、タイ―ラオス国境をまたぐ人口移動に関するペットシリセン (Phetsiriseng) の報告書〔Phetsiriseng, I., 2003, *Lao PDR Preliminary Assessment of Illegal Labour Migration and Trafficking in Children and Women for Labour Exploitation*, ILO〕を中心に、*Atlas of Laos*および、他の刊行された統計データ (*Statistical Yearbook* 2003等) を参照しながら、筆者の現地でのフィールドワークの実感も交えつつ、移動の実態を紹介することを目的とする。

このペットシリセンの論文は、ヴィエンチャン (Vientiane) およびその周辺ではなく南部のメコン流域に関するものであり、不法就労移住と子供と女性の人身売買に関する2000年の調査をもとに作成されたものである。対象地域は、ラオス南部の3つの県、カムアン (Khammuane)、サヴァナケット (Savannakhet)、チャンパサック (Champasack) である (図1)。これらはいずれもタイと国境を接し、人口規模も、2005年のセンサスを見ると、全18県中それぞれ337,390人 (第7位)、825,902人 (第1位)、607,370人 (第3位) と、ラオス国内では高位を占める地域である。ちなみに、ヴィエンチャン特別市が第2位で698,318人、第4位から第6位は407,039人のルアンプラバン (Luangprabang)、388,895人のヴィエンチャン、338,695人のサヤブリー (Xayaboury)、これら諸県である (Steering Committee for Census of Population and Housing 2006)。まず、3つの県の概要について先に述べておこう。

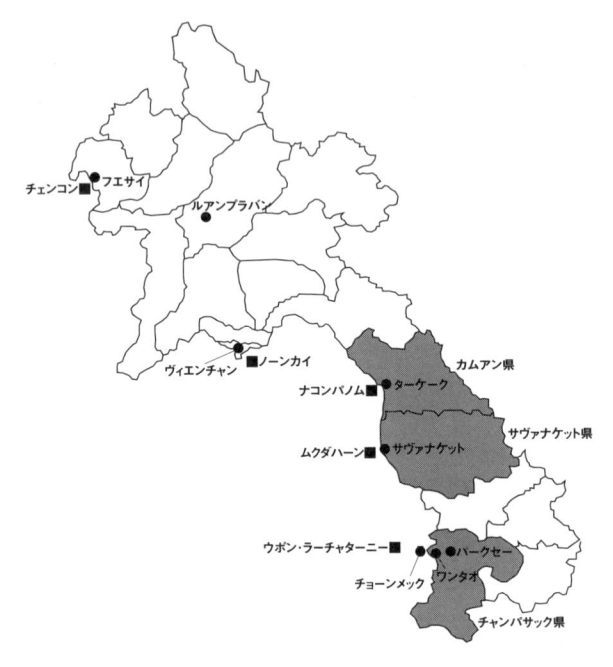

図1　ロケーションマップ

2　カムアン、サヴァナケット、チャンパサックの地域的特徴

　ヴィエンチャンと世界遺産にも登録された歴史都市ルアンプラバンを除けば、ラオスの地方都市の名はそれほど知られてはいない。しかしながら、サヴァナケットのサヴァナケットとチャンパサックのパークセー（Pakse）の両県庁所在地は、ラオス国内における人口や商業機能などの規模の点で有数の都市である。カムアン県のターケーク（Thakhek）も南部第3の都市となっている。ラオスとタイの主要な国境窓口のうち主要なものは、北部のフエサイ（Huai Xay）—チェンコン（Cheng Kong）、ヴィエンチャン—ノーンカイ（Nong Khai）、サヴァナケット—ムクダハーン（Mukdahan）、パークセー付近のワンタオ（Vantao）—チョーン・メック（Chong Mek）の4つである。このうち南部の2地点が、ここで取り上げられる地域内に存在しているわけである。

第12章：タイーラオス国境横断の空間的構造

また規模は小さいものの、ターケークとナコン・パノム（Nakon Phanom）の間にも往来はある。ちなみにターケークの1995年時点での人口は25,800人。サヴァナケットは62,000人、パークセーは47,600人である（Sisouphanthong and Taillard 2000）。

　ヒト・モノ・カネの移動という点から見れば、この地域で何より重要なのは、サヴァナケット県を東西に横断する９号線が、ベトナムの主要港ダナンからフエを経由しタイ北東部の大都市コーンケーンへと抜ける極めて重要な交通路であり、サヴァナケットがその要衝となっていることである。2006年12月20日には、メコン川対岸のムクダハーンとサヴァナケットを結ぶ第二友好橋が開通した。この橋は、メコン川流域の６カ国・地域を対象にした「メコン川流域開発計画」の中心プロジェクトの１つであり、ミャンマーのヤンゴンにまで達する東西回廊を構成するものである。1994年にオーストラリアの資金援助で完成したタイのノーンカイとラオスのタードゥア（ヴィエンチャンの東南）を結ぶ友好橋に次いで２本目の陸路での連結が可能になり、ヒト・モノ・カネの更なる流通が加速化することが予測される。第一友好橋には鉄道の敷設も計画されている。これが実現すれば、バンコクからヴィエンチャンまで１本の線でつながることになる。ただ、ノーンカイまではすでに鉄道があるのに対し、ラオス側の敷設状況はほぼゼロといってよい。

　とはいえ、2006年７月21日のVientiane Times紙には、"New railway design for Vientiane" との見出しのもと、フランス政府が１億５千万ユーロの９km（友好橋付近のドンポジー村からタート・ルアン付近のソッカム村まで）の鉄道敷設用資金提供に合意したとの記事が掲載されている。これにより現在の道路友好橋からヴィエンチャンまで、メコン川沿いに大きく迂回する30kmの道程が、山地を突切ることで大幅に短縮されることになる。そしてタイ政府からの援助を受けて、2007年１月19日にドンポジー駅の建設ならびにドンポジーから友好橋までの3.5キロメートルの鉄道建設が始まった。2008年４月の完成予定であるという（*Vientian Times* 2007.1.22）。さきの記事は次のように締めくくられている。「〔ラオス鉄道局局長代理〕ソンサック氏は、

Ⅱ　東南アジアの越境する人とコミュニティ

鉄道の建設と列車の導入により、ラオスから海港への物品輸送を、より安価に、より早く、より快適なものとするでしょう、と述べた。政府当局によれば、政府は鉄道をその優先度の高い計画のひとつと考えているとのことである」。このように、ラオスにとって鉄道建設は悲願に近いものであり、物資輸送条件の大幅な好転をあてにしているのである。いささか話がそれたが、このように交通路の整備が急務とされる中、ムクダハーンとサヴァナケット間の架橋に対しても、まだ鉄道以前ではあるが架橋によって可能となるであろう陸路での、特に東西のヒト・モノ・カネの移動の利便性に熱いまなざしが注がれているというわけである。もっともこの東西軸はラオスよりもなお一層タイ側に期待されているものであろう。パークセーにもメコンを横断する橋(パクセ橋：Lao-Nippon Bridge)があって、これは日本の無償資金援助で2000年8月に開通している。先にパークセー近郊のワンタオに国境があると記したが、ラオス最南部付近ではメコンは国境の川ではなく、国内河川となっている。

　筆者が以前タイから陸路ラオスへと向かう際、ノーンカイの友好橋を通過中、南アジア系（インド、パキスタン、スリランカ）の男性達が橋の中央にある国境事務所に詰めかけているのを見たことがある。恐らく外国人労働者としてタイ国内で就労している人々であろう。彼らは橋上のラオス側でしばらく時間を潰した後、またタイへと戻っていく。つまりタイーラオス国境は、タイに住む外国人滞在者にとって格好の滞在期限延長手続きの場となっているのである。ヴィエンチャンのワッタイ国際空港ではそうした姿を見かけたことはない。

　そもそも19世紀末にフランスに保護領化され仏領印度に併合された後、イギリスを後ろ盾にしたタイとの間で初めて国境が画定されるまで、メコンの両岸は、同じタイ・ラーオ族が行きかう場であった。それは交通の場であり、境界の場ではなかったのである（ウィニッチャクン　2003=1994)。しかしながら国境画定以降、両岸の辿った歴史的経過は大きく異なったものとなった。ラオスは仏領印度として植民地化された後、第二次世界大戦時には日本が短期間ではあるが介入する。戦後は王国政府とパテト・ラオ（抗戦政府）の対立

が続くが、ベトナム戦争が始まる前から北ベトナムの介入を受け、インドシナ半島の混乱の渦に巻き込まれ、1975年にドミノ理論を地で行くかのように社会主義国となった。この事変の際に、相当数の「反共的」ラオス人、「資本主義的」な中国系およびベトナム系の人々、そして「親米的」モン族は、メコンを渡り出国することとなった。河があたかも壁のような障壁となったのである。1986年の「新思考（チンタナカーンマイ）」による開放経済の路線を採って以降は、急速にタイとの国境の障壁性は低くなっていった。これは、1991年のソヴィエト連邦崩壊後加速されていく。

　1981年から1984年には輸入の53.5％と輸出の31.25％は社会主義圏内で行なわれており、中でもソヴィエトとの関係は33.2％と3.8％となっている。それが市場経済への移行後の1996年には、貿易の6割をＡＳＥＡＮ加盟国と行なうようになり（輸出の78％、輸入の52％）、ロシアとの関係は0.3％へと大きく落ち込んだのである（Taillard 1989）。そして、タイとの関係は、輸入においてはベトナム以上であり、それぞれ45％と30％となっている。一方輸出に関しては、タイとベトナムはそれぞれ4％と48％となっていて、大きな差が生じており、ラオスの輸出がいかにベトナムに依存しているかが分かる。また、海外貿易の57％が首都ヴィエンチャンに集中しているが、それに続く割合を第2の都市と第3の都市であるサヴァナケット（26％）とパークセー（11％）が占めており、これらの地域の商業的性格をよく示しているといえる（Sisouphanthong and Taillard 2000）。この地域はメコン川沿いに低地が広がり、山がちな国土のラオスにあって有数の耕作地帯となっており、農業生産が盛んである。

　こうした比較的肥沃な土地で、他県に比べれば生産性の高い地域でありながら、なぜ法を犯してまでも越境していくのだろうか。それはなにより、それまで障壁としてあった国境が、開放経済に伴う資本主義的原理の導入により、ヒト・モノ・カネの動きをスムーズにするべくインフラが整備されるのと連動して障壁性が低くなったからである。いったんルートが出来るとチェーン・マイグレーションの連鎖が果てしなく続く。ラオスの中でも人口

の多い地域であることから、ここが潜在的労働力のプールとなっていると考えることもできる。資本主義的な華やかな商品世界や享楽的な生活様式が毎日これでもかとばかりにラオスの鄙びた都会のどの家のテレビにも映し出される。あこがれる世界が遥か彼方にではなく、すぐ目の前に見えるのである。川を渡らない手はないではないか？　次にペットシリセンの報告内容を紹介することで、その実態について見てみることにしたい。

3　不法就労移民の実情

ラオスとタイとの国境線は、最南部と北部（フエサイ近辺ではタイと接し、その西側から上流にかけてはミャンマーと接する）を除けば主にメコン川沿いに長く続いている。しかしながらこの国境線は比喩的に言ってしまえば、抜け穴だらけである。タイには低廉な労働力の需要があり、これに吸引されるかたちでラオスからタイへと越境する潜在労働力ないしは労働予備軍がラオス側にはある。ペットシリセンによれば、それはとくに漁業、エビ養殖、果実栽培、エンターテインメント、製造業といった部門であり、ラオスからの不法移民の多くはこれらの部門に就いているという。

表1　調査対象州からタイへの不法就労移民

州	第一次報告	計	女性	第二次報告	計	女性	増加数	
							計	女性
カムアン	1999年12月	3,847	2,066	2000年9月	8,087	4,542	4,240	2,476
サヴァナケット	1997年12月	23,261	10,286	2000年9月	28,561	13,456	5,300	3,170
チャンパサック	1999年12月	5,681	3,099	2000年9月	8,567	3,689	2,886	590
計		32,789	15,451		45,215	21,687	12,426	6,236

出典：Phetsiriseng（2003）

表1を見ると、三つの州からの不法就労移民数の増加程度が分かる。このほか、チャンパサックの事例ではタイへの不法移民数が1996年に約2000人、

第12章：タイーラオス国境横断の空間的構造

1997年に約1400人、1998年に約6000人と、年毎に大幅な増減を繰り返しつつも、増加傾向自体は継続していることが報告されている。いずれの州も不法移民数の激増ぶりと、その中に占める女性の割合が一定して半数程度を占めていることが注目される。

　ラオス人は、無論タイ語とラオス語の言語的親近性から、就労機会上有利であり、カンボジア、中国、ミャンマーなどからの移民よりも相対的にチャンスと潜在的需要に恵まれている。さらに興味深いことに、ペットシリセンによれば、ラオスのいくつかのコミュニティや地域は、タイの雇用者や産業との長期的な結節関係を有しているという。これにより、組織的な移住が可能となっているのである。また、根強い力を持つブローカーのネットワークが不法な越境・移住を促進させているとはいえ、移民当事者は、自らがどこで就労するのかを、また予想できる雇用期間を詳しく知っていたりするという。たいていの場合、ブローカー・ネットワークは、情報を与えつつローカルな需要に応じたサービスを提供するものの、強制や詐欺行為によって犠牲者を出すことはないという。このネットワークは、コミュニティのメンバーが彼ら（斡旋業者）と接触することができるようにするために、携帯電話をコミュニティに貸与しているともいう。時として、彼らは移民と彼らの家族や帰郷した友人たちへの送金やコミュニケーションに関わる付加的なサービスも提供するとのことである。無論、こうした事情に例外はつきものであるが。

　例えばチャンパサック県の場合、不法移民の多くは、国境を監視する移民管理官の数の少ないチェックポイントや、タイのケマラットにあるラオ＝タイ自由市場などから越境するという。不法な斡旋業者による国境通過のプロセスは、通常ラオス当局の許可書をもって行なわれる。この許可書は３日間の滞在しか認めておらず、しかもラオス南部と境を接するウボン・ラーチャターニー県の中だけに限定されているのである。とはいえ、いったんタイに入国してしまうと彼らはバンコクや不法業者の斡旋する都市へと、多くの場合は業者の用意した私的な交通機関を利用して向かう。公共交通機関を利用

する場合もある。この業者へは通常1人当たり6000〜8000バーツを支払うという。

　ところで、検挙された不法移民は法廷で裁かれ本国送還となる。たとえば1999年には、ウボン・ラーチャターニー県ピブルサハンのチェックポイントでは593人が本国送還され、また2000年の1月から5月の間には506人が送還された。この506人の出身県は最南部のチャンパサック、サラワン、サヴァナケット、アタプーであった。不法な移民就労に関する1996年6月の閣議決定により、外国人移民は当面の間、合法的に就労することが可能となった。タイ43県におけるラオスからの不法就労移民の登録数は、1996年9月2日から11月29日の間だけでも11,086人で、タイ政府の全登録料収入は250,100USドルであった。

　移民の多くは10代の若者であり、彼らの中には、親の意思に反して移民する者もいる。こうした若者は、一般的に、自給自足的な農業に就くことを嫌って、それから逃れるために越境し、タイに行きさえすれば手に入れることが出来ると信じる富と機会を利用しようとするのである。タイに行けば富と機会が得られるといったイメージは、タイ国境の県のラオス人コミュニティには強く、それはタイのテレビによって強化されるものである。

　こうした村々から若者が流出する規模が大きければ、それは最もタフで最も生産力のある構成員の、村々からの喪失を意味するわけであり、村落にとっては大きな打撃となる。しかも移民の多くは短期滞在者を除けば帰郷しないことが多く、移民が与える長期的な社会・経済的影響は、極めて深刻なものといえる。

　こうした実情の原因のひとつとして、地方当局による不法移民ないしはその家族（家族の意思に反する場合も含めて）への罰金が少額であること、移民本人よりも家族に負荷がかかること、政策実施時の手段の欠如といった理由があげられる。そして、タイ当局による送還事業もまたインパクトが弱いという。タイへの移民はたやすく、その利益はあまりにも明白であるため、この傾向を食い止めることはかなり困難である。実際、タイ政府によって検挙

され本国に送還された者であっても、再び越境することは珍しいことではなく、ときには何度も繰り返されるという。

　さらにいえば、ラオス政府による、帰還者に有用な能力を身につけさせることで越境の必要性を解消することを目的とする職業訓練のイニシアチブも、結局のところ、この問題にうまく対処しているとはいいがたい。というのも、ラオスで身につけたスキルを使用する機会は、タイであればなおさら多く、しかもさらに稼ぐことが出来るからである。職業訓練学校の数は少なく、職業訓練を受ける若者の数も限定されてしまう。なかなか効果的な解決策を見出せないまま、不法移民の数だけは増加していく。雇用機会の少なさに加え、農業以外の産業基盤も整備されていないとなると、特段の技術を持たずとも手早く稼げるサービス業への就労機会を求めて別の場所へと移動することを食い止めるのはかなり難しいことである。

　ウボン・ラーチャターニーのタイ移民警察は2000年に、①何千ものラオス人が毎日仕事を求めて不法に越境していること、②タイ側、特にチョンブリー（Chonburi）、チャチェンサオ（Chachoengsao）、サムット・サコーン（Samut Sakhon）、サムット・ソンクラン（Samut Songkram）、バンコク（Bangkok）の雇用者たちが、タイ人よりもかなり低賃金で雇え、他の言語圏の外国人に比べて言語上のトラブルの少ないラオス人を好んで雇用していること、③タイで不法に就労するラオス人の多くは16歳から24歳の間であり、タイの雇用主たちはこの年齢集団を求めている、と報告した。そして男性労働力は特に、漁船乗組員、養鶏や養豚など、過酷な未熟練労働に就き、女性には被服業や家政婦の需要があるというが、これは本節の冒頭で記した業種といささか異なっているものの、いわゆる３Ｋの業種・部門に労働力を供給していることに変わりはない。国境を隔てた向こう側とこちら側のあまりにも大きな経済格差によって、まるで磁石が鉄粉を引き寄せるように労働力が吸引されていく。メコン川両岸をつなぐ橋の建設と道路網の整備によって、この事態が一層加速されていくことが予測されるのである。

Ⅱ 東南アジアの越境する人とコミュニティ

参考文献

Evans, G., 1998, *Vientiane Social Survey Project, 1997-1998*, Institute for Cultural research, Ministry of Information and Culture.

Phetsiriseng, I., 2003, *Lao PDR Preliminary Assessment of Illegal Labour Migration and Trafficking in Children and Women for Labour Exploitation*, ILO.

Sisouphanthong, B. & Taillard, C., 2000, *Atlas of Laos: Spatial Structures of the Economic and Social Development of the Lao People's Democratic Republic*, Chang Mai : Silkworm Books.

Steering Committee for Census of Population and Housing, 2006, *Results from the Population and Housing Census 2005*, Vientiane Capital.

Stern, A. & Crissman, L.W.,(eds.), 1998, *Maps of International Borders between Mainland Southeast Asian Countries and Background Information concerning Population Movements at These Borders*, The Asian Research center for Migration, Institute of Asian Studies, Chulalongkorn University.

Taillard, C., 1998, "De l'enclavement à l'espace de connexion: l'insertion du Laos dans la péninsule Indochinoise", Special issue "Laos entre identite et intégration régionale", *Mutations Asiatiques*, 11 : 36-40.

Winichakul, T.,1994, *Siam mapped : a history of the geo-body of a nation*, Honolulu : University of Hawaii Press. (＝2003、石井米雄訳『地図がつくったタイ：国民国家誕生の歴史』明石書店。)

III

欧米に越境した
アジア人ネットワーク

中国人向けの語学学校、職業案内（パリ）

インドシナ半島出身華僑が経営する大型食料品店（パリ）

外貨換金所（パリ）

公園で、フィリピン・イロコス地方出身者の誕生日パーティ（パリ）

中華レストラン（パリ）

日本人コミュニティ誌（カナダ・トロント）

第13章：フランスにおけるフィリピン人
移住労働者のエスニシティ

長坂　格

1　はじめに

　フィリピンは1970年代以降、多数の労働者を国外に送出してきた。それら海外移住者達の多くは、非正規ないしは一定の契約期間で、製造業関連や家事労働などの非専門職[1]に就いている。そのような就労環境の中にある彼らは、移住先において「エスニック・エンクレーブ」を形成することはほとんどない（Gonzales 1998：108）。しかし、彼らは、移住過程や移住後の生活の諸問題への対処、あるいは休日の余暇活動のために、フィリピン人同士のつながりを保持・構築することによって、移住先において「フィリピン人コミュニティ」を形成してきた。実際、普段はそれぞれの雇用主の家に居住し就労する香港の家事労働者や、国際結婚をして日本の都市部に分散して生活する女性達が、それぞれの移住先でフィリピン人コミュニティを形成してきたことが報告されている（Constable 1997；高畑 2003）。
　近年の海外フィリピン人労働者についての研究は、このように世界各地でフィリピン人が様々な困難の中で就労・生活する中で、彼らのフィリピン人としてのアイデンティティが再構築ないしは強化されてきている点を指摘してきた（e.g. Aguilar 1996）。例えばピンチズは、海外契約労働者や非正規就労者達が、厳格に管理され民族的に劣った外国人として扱われるという特定の階級経験の中で、フィリピン人としてのアイデンティティを強めていること、また、彼らによる移住先におけるフィリピンの大衆文化の意識化された実践は、移住先社会での様々な困難に対する「象徴的防御」（symbolic defense）としての意味を持つこと、しかしエリート専門職のフィリピン人は

移住労働者達のそうした積極的な文化実践から距離を置く傾向があることを指摘した（Pinches 2001）。これらの研究は、移住労働者達によるフィリピン人としてのアイデンティティ構築が、海外の非専門職への契約労働ないしは非正規就労という特定の移住労働経験と結びついている点、そしてこうしたアイデンティティに裏打ちされたフィリピン人同士の連帯が、移住先での困難な就労・生活に対する支援・抵抗のための重要な資源となってきた点を強調している。

本章では、これら先行研究の指摘を踏まえつつ、これらの研究の主たる考察対象となった契約労働中心の中東や東アジア諸国とは「受け入れの文脈」（Guarnizo and Smith 1998：14）を異にする、フランスのパリにおけるフィリピン人移住労働者のエスニシティの様態について論じる。具体的には、フィリピン・ルソン島北西部のイロコス地方出身の家事労働者達を主たる対象とした現地調査[2]に基づき、フィリピン人移住労働者の間で強固な連帯意識が確立されていること、同時にフィリピンの一言語集団であるイロカノとしてのアイデンティティが再確認、強調されていることに着目する。そしてそのような重層的なエスニシティの表出を、移住過程および移住先での生活上の困難に対する移住者達による実際的・象徴的対応として考察することを試みる。

2 「労働者輸出国」としてのフィリピン

フィリピンからの海外契約労働者は、70年代の石油危機を契機とした中東での建設労働者需要の拡大に伴い急増した。折しも当時のフィリピンは石油危機によって経済不振に陥っており、フィリピン政府はこうした内外の状況に対応すべく、海外への労働者の送り出しを政策的に推進することになった（Gonzalez 1998：34）。

マルコス政権による1974年の労働者送出政策の導入は、当初は失業者を減少させるための一時的な解決策として考えられていた。しかし1970年代後半

第13章：フランスにおけるフィリピン人移住労働者のエスニシティ

以降に海外契約労働者が急増していく中で、国際収支における海外からの送金の重要性が認識されるようになり、労働者送出政策は一時的な政策から国家の開発戦略における重要な構成要素へと転換していった（Alegado 1992：140）。

こうした労働者送出政策の展開の中で、多数のフィリピン人が契約労働者として海外に移動した。海外契約労働者（船員を含む）として国外へと移動した人数は、1975年の3.6万人[3]から1990年代半ばには70万人、2002年には89万人に達している（Gonzalez 1998：32；POEA 2005）。

契約労働者数の増加に伴い、移住先も多様化した。主たる移住先の推移をみてみると、1970年代の中東諸国に、1980年代以降の日本、香港、シンガポール、台湾などの東アジア諸国が加わり、さらに近年ではヨーロッパ諸国も移住先として浮上してきている。

一般的に、契約労働者、あるいは非正規労働者として国外へと移動する人々は、決してフィリピン国内の最貧困層ではない（Pinches 2001：195）。彼らの中には、教育レベルが高い者やフォーマル部門での勤務経験がある者が少なからず含まれるし[4]、農村出身者であれば、地域コミュニティ内の裕福な層の人々が多い。パリでの参与観察の主たる対象となったイロコス地方出身者の中にも、零細工場所有者や教員経験者が含まれていた。

筆者のフィリピン・イロコス地方の農村、イタリア[5]、フランスの調査において、移住者達は、海外に働きに行く理由を、「フィリピンの生活が苦しいからだ」「フィリピンでは生活の向上が望めないからだ」などと説明した。彼らの間では、子供に十分な教育を与える、コンクリート製の新しい家を建てるなど、生活を向上させようとするならば、国外で働くしかないという認識が支配的である。こうした認識は、フィリピンの各地域社会で人々が見聞きする海外移住者による子供たちへの積極的な教育投資や、帰郷中の派手な消費行動によって、日常的に再確認され、そして強められてきた。

確かにフィリピンでは、海外契約労働者達が抱える就労上のトラブルや彼らへの人権侵害の事例が、連日のように新聞、テレビ、ラジオで報道されて

Ⅲ　欧米に越境したアジア人ネットワーク

おり、フィリピンに住む人々は、海外での就労に付随する様々な困難や危険性についてある程度の知識を持っている。しかしたとえ何らかの困難や危険があったとしても、海外での就労を経なければ生活を向上させることはできないという認識は、フィリピンの非エリートの間で広く見出されるものである。1970年代以降、フィリピン全体で見れば経済的に裕福とはいえないが、最貧困層に属するともいえない多くのフィリピン人が国外に働く場所を求めた背景には、政府による労働者送出政策や国内外の賃金格差、そしてトランスナショナルな親族ネットワークの存在（cf. 長坂 2003）に加え、それらの条件に影響を受けながら、フィリピンの各地域社会で多かれ少なかれ形成・強化されてきた、「国際移住の文化」（cf. Massey et al. 1998：47-8）と呼ぶべき海外就労についてのこうした認識があったと考えられる。

3　パリのフィリピン人社会の概要

　フランスで就労するフィリピン人は、後述するように非正規で就労する者の比率が大変高く、フランス在住フィリピン人の正確な人口を把握することは難しい。その点を留保した上で、フィリピン政府が把握している数字を見てみると、2004年時点で約32,000人のフィリピン人がフランスに在住しており、フランスは、ヨーロッパの中で4番目にフィリピン人在住者が多い国となっている。ただし、イタリアの約14万人、イギリスの約12万人と比べれば、その規模は小さいともいえる（POEA、2005）。以下、世界各地の他のフィリピン人社会との比較を念頭に置きつつ、パリのフィリピン人社会の特徴を挙げておこう。

　第1の特徴は、家事労働という特定の職種への集中が顕著なことである[6]。彼ら自身の分類に従えば、パリのフィリピン人には、①国際機関、企業等で雇用され専門職に就いている者、②フランス人と結婚した者、③家事労働者など非専門職に就いている者、の3種類の人々が含まれる。このような構成自体は、フィリピン人が集中する国では決して珍しいものではないが、①

については、同じヨーロッパでもイギリスなどとは異なり、フランスでは看護師など医療関係の職に就くフィリピン人がほぼ皆無であるため、その数は極めて少ない。②については、妻がフィリピン人、夫がフランス人という組み合わせが圧倒的に多い。フランス人がフィリピンに旅行に行って知り合うケース、フランス国内やヨーロッパで就労しているフィリピン人と知り合うケースが一般的であるとされる。

　これらの分類の中で圧倒的多数を占めるのが、③の家事労働、ホテルやレストラン勤務など非専門職の様々な仕事に就く人々である。そしてこの分類の中では、イタリアやスペイン、香港、シンガポールのフィリピン人社会と同様、家事労働者が最も多い。フィリピン人のフランスの家事労働市場への参入は、1980年前後から、ポルトガル人などヨーロッパ出身の女性家事労働者達に取って代わる形で進展した（Wihtol de Wenden and DeLey 1986：209）。その後、西欧諸国にある程度共通する、女性の雇用の増大と育児・介護への公的支援の不足による家事労働者需要の増大の中で（Anderson 2000：108-111）、彼らはパリの家事労働市場にニッチを獲得してきた。本論文が対象とするイロコス地方出身者達も、男女を問わず、多くが現役の家事労働者であった。また別の仕事に就いている者でも、家事労働の経験のない者はほとんどいなかった。

　パリのフィリピン人社会の第2の特徴は、フランスでは、非正規就労の比率が極めて高いことである。先ほどのフィリピン政府の統計を見てみると、フランス在住フィリピン人全体に占める非正規就労の比率は81％と推計されている。この数字は、フィリピン人海外在住者全体の16％、イタリア在住者の35％と比べるとかなり高い（POEA 2005）。

　パリ在住で非専門職に従事するフィリピン人の主要な入国ルートとしては、①代理店が手配する国境越え、②代理店が手配する観光ビザでの入国、③雇用主のパリ訪問に同行して入国、④家族再統合での合法的入国、の4つがある。①と②に関しては、通常、フィリピンに拠点を持ち、ヨーロッパの各都市にパートナーを持つ"ahente"と呼ばれる代理店が介在する。1980年

Ⅲ　欧米に越境したアジア人ネットワーク

代初頭にフランスに入国した人々は、「昔は観光ビザをとって航空チケットをとれば、入国できた」と述べる。しかしその後、フランス政府が入国管理を厳格化したこともあり、代理店を通しての非合法入国が一般化した。そして他のヨーロッパ諸国同様、入国管理がさらに厳しくなった1990年代以降は、入国を手配する代理店への支払額が高騰した[7]。これらのルートでの入国は、たいていは、ヨーロッパにいる親族から借金をするなどして代理店に高額な代金を支払い、現地協力者の手配で歩いて山間部の国境を越えたり、観光旅行を装い複数の国をまわったりしながら何とかしてフランスに入国し、その後は親族が借りているアパートの一室などに居候して仕事を探すというパターンをとる。ここには、親族関係を中心とするネットワークが、非合法入国を手配する代理店と結びついて移住を拡大させてきたメカニズムを見て取ることができる。

　③の雇用主に同行しての入国については、入国自体は合法だが、雇用主から逃げ出すと非正規就労となる。ただ、ここで特に注目したいのは、フィリピン人家事労働者を雇用する中東出身者が旅行などでパリを訪れた際に、雇用主から逃げ出してパリで就労することが珍しくないことである。パリのフィリピン人社会の歴史を尋ねると、「イラン革命でたくさんのフィリピン人がパリに逃れてきたこと、レバノン内戦で逃れてきたレバノンの富裕層にたくさんのフィリピン人が連れられてきたことがパリのフィリピン人社会の歴史の始まりだ」などとよく語られるが、こうした人の流れを介した中東との密接なつながりは、パリのフィリピン人社会の大きな特徴である。

　この中東からの持続的な人の流れという点を除けば、非合法的入国が多いことは、イタリアのフィリピン人社会と同様である。しかし1980年代からしばしば非正規に就労する外国人の正規化を行ってきたイタリア政府と異なり、フランス政府は1981年以降、1997年まで正規化を実施してこなかった。1997年の正規化措置にしても、通常は10年以上の滞在の証明といった厳しい条件が課されている。雇用主の家が入っているビルの6階か7階にある、雇用主が提供する部屋（「サービスルーム」）に居住してきたフィリピン人家事労

働者の中には、滞在を証明する電気代や電話代の請求書などがないために、10年以上居住していても正規化に応じることができなかった者も珍しくない。

　非正規就労であることは、当然のことながら、彼らの日常生活に一定の制約をもたらす。例えば、給与未払いなどの際の雇用主への抗議や家事労働職以外への就職、そして銀行口座の開設などが困難なことが挙げられる。また非正規ではアパートを借りることも難しい。特に、アパートを借りるためのツテが乏しかった初期の移住者達は、雇用主やビルの守衛に内緒で「サービスルーム」に親族を居候させるという、彼らがコロルム[8]（colorum）と呼ぶ「隠密活動」を展開せざるをえなかったと語る。さらに、非正規のまま出国すると、再入国の際に再び代理店に高額な手数料を支払って、不確実性が付随する非合法的入国をしなくてはならないため、一時帰郷ができず、家族との離別が長期化するという問題もある。ただし、後述する休日の公園の様子からもわかるとおり、非正規就労であっても常に彼らが隠れるように生活しているわけではないこと、また、パリでの非正規就労自体が常に否定的に捉えられているわけではないことにも注意する必要がある。

4　フィリピン人移住労働者としての連帯意識

　すでに述べたように、パリのフィリピン人社会の形成においては、親族関係を中心とする出身地社会のネットワークが重要な役割を果たしていた。しかし、個々の入国経験の事例をみていくと、こうした出身地社会のネットワーク以外にも、フィリピン人移住労働者達の連帯意識に支えられた、「知り合いではない」フィリピン人同士の支援が一定の役割を果たしてきたことがわかる。

　パリのフィリピン人と話していてよく出た話題の一つに、「ここではフィリピン人であれば互いに助け合う」という、フィリピン人同士の相互扶助に関する生活上のルールがある。実際、地下鉄や公園などで、フィリピン人同

Ⅲ　欧米に越境したアジア人ネットワーク

士が、たとえ知り合いでなくても、フィリピンの共通語のタガログ語で声を掛け合うことは幾度となく見られた。そして、そこで知り合ったフィリピン人同士で、すぐに仕事の情報が交換されることは全く珍しいことではなかった。

　ここで筆者が遭遇した、こうした「フィリピン人同士の助け合い」の例を挙げておこう。筆者は、2005年の調査時に、イロコス地方出身の3人の家事労働者が借りるアパートに約2週間居候するという形で参与観察を行った。そのアパートには、当時、パリに到着して2カ月の、南部ビサヤ地方出身の女性イルマが、筆者と同じように居候していた。

　彼女は観光ビザを取得してパリに向かう途中のドゥバイで、この部屋の借主であり、1992年からパリで働くレミーと知り合った。イルマはレミーに観光ビザでローマに行く予定であると話した。パリに着く前に、レミーは、「入国のときにトゥーリストだというと色々聞かれるが、クールにしていれば大丈夫」とアドバイスした。イルマは入国審査で時間がかかったが、何とか出てきた。彼女はそこに迎えが来るといっていたが、誰も来ていなかった。空港までレミーを迎えに来ていたフィリピン人の男性が、「外に出ると捕まるかもしれないので一緒につれていった方がいい」といって、その男性がローマ行きの電車の駅まで連れて行くことになった。しかしその日はたまたまローマ行きの電車がなかったので、その男性がイルマをレミーのアパートに連れてきた。レミーと彼女と同居するパートナーの女性は、イルマに「ここに残りたいのなら助ける。ローマに行けば、合法化されるかもしれないが、パリのほうが給料は高い。どうするか」と聞くと、彼女はパリで働くことを決心した。レミーらはその後、イルマをアパートに住まわせた。2週間後にはイルマのために家事労働の仕事を探してきた。イルマの仕事のインタビューには、レミーらが同行した。筆者がイルマと会ったのは、彼女が最初の仕事を終え、次の仕事を探している時であった。

　レミーは筆者に、イルマについて「一緒に住むのならばすべてを包み隠さず話して欲しいものだが」などと述べ、度々イルマへの不信感や不満を表明

第13章：フランスにおけるフィリピン人移住労働者のエスニシティ

していた。このことは、こうした同じフィリピン人への支援が、必ずしも常に調和的に行われているわけではないことを示している。しかしこの例からは、たとえ個人的に不満があろうとも、「同じフィリピン人が困難に直面していれば、知り合いでなくても支援する」という、パリのフィリピン人社会での生活上のルールが実際に適用されている状況を見て取ることができるだろう。

　フィリピン人同士の相互扶助に関してさらにここで取り上げたいのは、「特に中東からきたフィリピン人は誰でも助ける」という彼らの間での支援ルールの存在である。ある移住者は、そのルールを「道で会った（中東から逃げてきた）フィリピン人が住むところがなければ、助けろということだ」と説明し、「それがここのフィリピン人のやり方だ」と述べる。すでに述べたように、パリのフィリピン人社会には、中東からの持続的な人の移動という特徴が見られる。たいていは、中東諸国からパリへの雇用主の旅行に同行したフィリピン人が、雇用主の元から逃げ出してパリに定着するというパターンをとる。その際重要となるのが、上記の支援ルールの存在であり、そうしたルールを支えている中東の雇用主の元で就労するフィリピン人に対する共感である。

　パリのフィリピン人家事労働者達は、「給料が安い」「24時間仕事をさせる」など、アラブ系の雇用主に対して否定的な評価を示すことが多い。病気治療でパリにいたアラブ系の雇用主から逃げ出した移住者は、「すべてのアラブ系が悪いわけではないだろうが」と前置きしつつも、「残業手当や給与額などの契約が守られず、文句をいっても取り合ってもらえなかった」と、その雇用主の元から逃げ出した理由を話した[9]。

　また、給料や契約、勤務形態の問題点と並んで、あるいはそれ以上に複数の話者が、中東などの契約労働者と比較した場合のパリの利点として強調したことは、「パリには自由がある」という点であった。ある非正規の家事労働者は次のように述べる。「契約労働者と違って私達はやめる自由があるからいい。面接のときに、『どれくらい長く働けるか』と聞かれると、私達は『そ

れはマダムの私への扱いによります。私も人間です。働きにくかったらやめます』と言う事ができる。契約労働者はこれができない」。

　ここで非正規の家事労働者である彼女は、雇用主の扱いが悪ければ「やめる自由がある」という点で、契約労働者と比較した場合のパリの家事労働者の利点を強調している。非正規就労が正規就労よりも利点があると認識されることがあることは、すでに先行調査において指摘されている（e.g. 田巻2005：368）。しかしここで重要なことは、そうした比較においては「人間として扱われる」ための交渉をする自由の有無という点が強調されていること、そして、契約労働が一般的である中東諸国の雇用主から逃げ出した同じフィリピン人への支援の背景には、そのような自由を持たない者への共感があることである。

　以上述べてきた、フィリピン人であれば知り合いでなくとも助け合うというルールとその実践、そして「給料が安く」「自由がない」という中東の雇用主の元から逃げ出したフィリピン人への共感及び彼らへの支援ルールは、フィリピン人移住労働者の間での強固な連帯意識の存在を示している。そしてそのような連帯意識の背景には、彼ら自身の非合法入国、非正規で家事労働職に従事するという困難な経験の中で、また中東諸国における同じフィリピン人のより困難な移住労働経験についての話を聞く中で構築されてきた、「たとえ困難があろうとも生活の向上を求めて海外で就労する我々フィリピン人」という、移住労働者達の集合的アイデンティティがあると考えられる[10]。

5　再確認／再発見されるイロカノであること

　ただし、以上みてきたフィリピン人移住労働者同士の強固な連帯意識のみを強調することは、パリのフィリピン人社会の描写としては必ずしも適当とはいえない。

　パリのフィリピン人移住労働者達の生活は、平日の家事労働あるいは他の非専門職の仕事と、休日の同じフィリピン人同士と過ごす余暇活動に二分さ

第13章：フランスにおけるフィリピン人移住労働者のエスニシティ

れるが、仕事以外では、彼らの付き合いの範囲がフィリピン人の枠を越えていくことはほとんどない。ただしここで注目したいのは、筆者が参与観察を行ったイロコス地方出身者達の生活の中で、フィリピンの一言語集団であるイロカノへの帰属意識や、イロコス地方出身という地域意識が表明されることが少なくなかったことである。例えば筆者を居候として受け入れてくれたレミーは、パリのフィリピン人社会についての情報を得たいという筆者に対して次のように述べた。「今度きたときは、(イロカノ以外の) 他のグループを訪れるとよい。グループによって色々とやり方が異なるからだ。パンパンガとかビサヤなど (の言語民族集団) はこういうふうではない (色々な人を受け入れない)。なぜかといえば、彼らは『お高くとまっている』からだ。」こうしたフィリピンの他の言語集団との比較は、料理の味付けの違いなど、生活の場でその都度見出されるより具体的な差異についてもなされる。それらの言葉からは、パリにおいて彼らのイロカノとしてのエスニシティが再確認されている状況を窺うことができる。

このような彼らのイロカノとしての意識が視覚的に表現されるのが、休日や平日の夜のエッフェル塔近くの公園での集まりである。日照時間が長く暖かい5月から10月までの期間には、普段は雇用主が提供するサービスルームや仕事場近くのアパートに分散して居住する多くのフィリピン人が公園に集まる。数人から数十人単位で敷物を敷き、トランプに興じたり、酒を飲んだりするというのが、フィリピン人グループの通常の公園での過ごし方である。

筆者が頻繁に足を運んだ、レミーらが集まる公園の特定の場所には、平日の夜であれば大体10人から20人、土曜日の夜や日曜日であれば最大で30人程が集まる。ただし、その特定の場所に集まるフィリピン人のほとんどはイロカノであり、会話もほぼすべてイロカノ語でなされる。レミーの出身町である南イロコス州のX町の出身者とその親族がやや多いが、イロカノと結婚した少数の他地域出身者を除けば、全員が南イロコス州及び隣接する州出身であった。この集まりにいつも参加している人の話を総合すると、フィリピン人同士でのもめごとが絶えないので、数年前から、イロカノ、タガログのグ

ループが離れて座るようになったという。実際、道路を挟んだ公園の別の場所では、タガログ語や、フィリピンの他地域の言語を話す集団が、イロカノと同じように敷物を敷いて集まっていた。

　ある土曜日の夜は、南イロコス州の州都出身で、1994年に夫に呼び寄せられてパリに来た非正規の家事労働者の誕生日であった。フィリピンでの誕生日と同様、彼女がすべての飲み物と食事を用意し、レミーらを招待した。公園には、いつものようにイロカノとイロカノと結婚した少数の他地域出身者が30人程集まり、フィリピンでも誕生日などの集まりには欠かせない肉料理や、ピナクベッドというイロコス地方の野菜料理などを食べながら、酒を飲んだり、トランプに興じたりしていた。

　こうした集まりでは、「ここは我々イロカノが集まる場所」ということが強調される。また、「我々イロカノは食べ物を持ってくるので、いつも食べ物やつまみをもらいにくるタガログとは『やり方』が異なるので一緒にはいられない」などと、この集まりとイロカノ性が結びつけられて説明されることもある。

　このようなパリにおける地域的、言語集団のアイデンティティの表明は、程度の差こそあれ、フィリピン国内でも聞くことができるものであり、その意味でフィリピン国内のエスニシティ状況の反映として捉えられるものである。また、エスニック・アイデンティティが表現される文脈の違いという観点からは、公園での集まりなどにおけるイロカノ性の強調は、パリのフィリピン人社会内部での、サブ・グループによるアイデンティティ表明の一例として捉えることもできるだろう。ただし、次の2点は先行研究との関わりで述べておく必要がある。

　まず指摘したいのは、このような出身地域、言語集団ごとの「やり方」の違いの強調などが、パリのフィリピン人社会の形成過程の特徴とある程度関連していると考えられることである。すでに述べたように、近年の家族再統合を除けば、非合法的な入国が一般的であるフランスやイタリアでは、親族ネットワークと非合法入国を手配する代理店が結びついた形で移住が拡大し

第13章：フランスにおけるフィリピン人移住労働者のエスニシティ

てきた。そのため、両国のフィリピン人社会は、ピンチズらが主たる考察の対象とした契約労働主体の移住先国よりも、出身地を同じくする人々が移住先における一地域・一職種に集中する度合いが相対的に高い。しかもフィリピン人社会の規模が大きいイタリアと異なり、フランスでは、一つの村から数十人が移住するという事態は皆無ではないが、まだそれほど一般的ではない（cf. 長坂 2003）。このようなフランスのフィリピン人社会の成り立ちは、出身地域を同じくする言語集団レベルでの集団形成が行われやすい条件を構成していると考えられる。

　次に指摘したいのは、公園における彼らのイロカノ性の強調などの諸行為を、国内のエスニシティ状況の反映、あるいはアイデンティティ表明の文脈の違いという観点からだけではなく、移住先社会における公園という公共空間を、自分達にとって「慣れ親しんだ場」に転換させていくという移住者達による象徴実践という観点からも捉える必要があるということである。つまり、パリの公園において出身地と同様にイロカノ語を話すこと、誕生日にイロコス地方の誕生日で出されるのと同様の料理を公園に持ってきて人を招待して食べさせること、あるいは料理したものを持ち込んで公園で酒を飲むことを「我々イロカノのやり方」として語ることは、一方でフィリピン人社会内部での差異の強調という側面を持つものであるが、他方で、彼らの出身地での生活をできる限り再現し、そうした集まりを自分たちの「やり方」が行われる場として解釈していくことによって、パリの公共空間を、自分達にとって「慣れ親しんだ場」として読み替えていくような象徴実践として捉えられるのではないかということである。

　すでに述べたように、ピンチズは、契約労働者や非正規就労者達によるフィリピン人アイデンティティと結びついた集合的な文化の提示が、移住先における侮辱的な経験に対する「象徴的防御」となっていると考察した（Pinches 2001）。ここで強調したい点は、そのようなフィリピン人移住労働者達による象徴実践が、言語集団毎のエスニシティの強調においても同様に認められるであろうということである。公園での集まりに端的に示される彼らのイロ

Ⅲ 欧米に越境したアジア人ネットワーク

カノ性の強調は、フィリピン人同士の連帯を侵食するベクトルを内包しているともいえるが、他方で、そのようなフィリピン人同士の連帯意識の構築と同様に、移住過程及び移住先での様々な困難に対して、彼らによってその都度なされてきた実際的・象徴的対応の一例としても理解されるべきものであるといえる。

6　おわりに

　本章では、フィリピンの一地方出身者への短期間の参与観察に基づき、パリのフィリピン人移住労働者達の重層的なエスニシティの表出形態を検討してきた。具体的には、「たとえ困難があろうとも生活の向上を求めて海外で就労する我々フィリピン人」という特定の移住労働経験と結びついたアイデンティティの生成、及びそうしたアイデンティティに裏打ちされたフィリピン人移住労働者達間の強固な連帯意識、そして休日の公園の集まりに示される彼らによるイロカノとしてのエスニシティの再確認と強調に着目した。そして後者の彼らの言語集団レベルのエスニシティの再確認と強調の例として取り上げた公園での集まりについては、フィリピン人社会内部での差異の再確認・表明としての側面だけではなく、彼らが移住先社会に適応していく過程での象徴実践としての側面を持つことを指摘した。このような本章での考察は、移住者のエスニシティを論じる際、文脈に応じたエスニック・アイデンティティの流動性や可変性を指摘するだけでなく、そうしたアイデンティティの再構築や表明が、移住者達の日常生活においていかなる意味を持ちうるのかという点を検討することの重要性を改めて示しているといえるだろう。

　いずれにせよ、以上はイロコス地方出身者への短期間の参与観察に基づくパリのフィリピン人社会の試論的考察である。本章で着目した休日の過ごし方を例にとっても、フィリピン移住労働者の間では、出身地域だけでなく出身階層や個人の興味関心などによる多様性が認められる。パリのフィリピン

第13章：フランスにおけるフィリピン人移住労働者のエスニシティ

人移住労働者のエスニシティの様態を立体的に捉えていくためには、ここで論じることができなかった専門職に就くフィリピン人移住者との関係性も視野に収めつつ、これまでの特定のグループへの参与観察によって得られた資料を、パリのフィリピン人社会の多様な適応の方向性の中に位置づける作業が必要となるだろう。

注
（１）国家統計局によるサンプル調査（2000年）によると、専門技術職に就いている海外フィリピン人労働者（Overseas Filipino Workers）は全体の14％である。残りの38％は家事労働職中心のサービス職、41％は建設業中心の製造関連業職に就いていた（NSO 2001：xliii-xliv）。
（２）本章の資料のほとんどは、2003-4年の数日間の予備調査を経て、2005年9月にパリで行われた、イロコス地方出身の家事労働者達への約2週間の参与観察で得られたものである。
（３）1975年の数字は手続き完了者数。
（４）1988年から1990年の間に海外契約労働者として手続きを行った者の53％が、大学を卒業しているか、大学教育を受けていた（Gonzalez 1998：47）。
（５）筆者のイタリア、フィリピンの調査については長坂（2003）を参照。
（６）以下の記述は、拙稿（長坂 2005）の一部と重複する部分がある。
（７）調査時点では、少なくとも日本円にして約70万円が必要であると説明された。
（８）コロルムとは、スペイン植民地支配に対して潜行して抵抗活動を行った、コロルム結社とも呼ばれた聖ヨセフ兄弟会の祈祷からとられた言葉だが、現代フィリピンでは、無許可の資産や商売などを意味する（Ileto 1979=2005：436）。
（９）もちろんこのことは、彼らのフランス出身の雇用主との関係がすべて良好であることを意味するわけではない。実際、彼らは、契約を守らなかったり、無理難題を押し付けるフランス出身の雇用主のことをよく話題にしていた。
（10）ピンチズが引用する中東への契約労働者の次のような言葉は、世界各地で就労するフィリピン人移住労働者達にある程度共通する、そうしたアイデンティティのあり方を示しているといえる。「外国で働きに行ったときに一番重要なことは助け合うことだ。なぜなら私達はみんなフィリピン人であり、みんな苦しんでいるからだ。」（Pinches 2001：201）

参考文献
高畑幸、2003、「国際結婚と家族－在日フィリピン人による出産と子育ての相互扶助」石井由香編『グローバル化する日本と移民問題4　移民の居住と生活』明石

書店、255-291。
田巻松雄、2005、「東・東南アジアにおける非合法移民」『社会学評論』56(2)：363-380。
長坂格、2003、「移住における親族ネットワーク：フィリピンからイタリアへの移住の事例研究」岩崎信彦他編『海外の日本人、日本のなかの外国人』昭和堂，60-76。
―――、2005、「パリのフィリピン人」『アジア遊学』81：180-192。
Aguilar, F. V., 1996, "The Dialectics of Transnational Shame and National Identity," *Philippine Sociological Review*, 44 (1-4):101-136.
Alegado, D. T., 1992, "The Political Economy of International Labor Migration from the Philippines," Ph D. Dissertation, University of Hawai'i.
Anderson, B., 2000, *Doing the Dirty Work?: The Global Politics of Domestic Labour*, London: Zed Books.
Constable, N., 1997, *Maid to Order in Hong Kong: Stories of Filipina Workers*, Ithaca: Cornell University Press.
Gonzalez, J. L., 1998, *Philippine Labour Migration: Critical Dimensions of Public Policy*, Singapore: Institute of Southeast Asian Studies.
Guarnizo, L. E. and M. P. Smith, 1998, "The Location of Transnationalism." M. P. Smith and L. E. Guranizo eds., *Transnationalism from Below*. New Brunswick, New Jersey: Transaction Publishers, 3-34.
Ileto, R., 1979, *Pasyon and Revolution: Popular Movements in the Philippines, 1840-1910*, Quezon City: Ateneo de Manila Univ. Press.（=2005、清水展・永野善子監訳『キリスト受難詩と革命』法政大学出版局）
Massey, D. S. et al., 1998, *Worlds in Motion: Understanding International Migration at the End of the Millennium*, Oxford: Clarendon Press.
NSO (National Statistic Office), 2001, *2000 Survey on Overseas Filipino*, Manila: NSO.
Pinches, M., 2001, "Class and National Identity: The Case of Filipino Migrant Workers," J. Hatchison and A. Brown eds., *Organizing Labour in Globalising Asia*. London: Routledge, 187-213.
POEA (Philippine Overseas Employment Administration), 2005, "Overseas Employment Statistics" (http://www.poea.gov.ph/html/statistics.html, 2006.11.1)
Wihtol de Wenden, Catherine, and Margo Corona DeLey, 1986, "French Immigration Policy Reform 1981-1982 and the Female Migration," C. Brettell and R. Simon eds., *International Migration: The Female Experience*. Totowa, N.J.: Rowman & Allanheld, 197-212.

第14章：現代フランスにおける華人社会の形成

白鳥　義彦

1　はじめに

　フランスの社会には、どのようなイメージが向けられるであろうか。数多くのブランドを生み出しているファッションやモードの国というイメージが最初に思い浮かべられるかもしれない。あるいはルーヴルやオルセーをはじめとする数多くの美術館に代表される芸術の国という側面もある。フランス革命や人権宣言を端緒として近代への歩みを切り開いてきたことが強調されることもあろう。これら様々なとらえられ方とともに、フランスには移民社会という像もある。本稿では、この移民社会フランスという観点に注目し、その一般的な様相を概観した上で、フランスに関してこれまで論じられることの少なかった中国系移民について特に注目して取り上げることとしたい。フランスには現在30万人から50万人の中国系の人々がおり、これはイギリスを上回ってヨーロッパで最大の人数であるとされるが（Béja 2004：115）、社会的に表立った問題があまり生じてこなかったこともあって、これまで主要な関心の対象とはあまりなってこなかった。しかし以下に見るように、ここには様々な興味深い論点が提示されるのである。

2　移民社会としてのフランス

　「移民社会」としてとらえられる代表的な国の一つとして、米国を挙げることができる。そこで、ノワリエル（Noiriel 1992＝2002）の論考などを参考にしながら、米国と対比させつつ、移民社会としてのフランスの特徴をまず

Ⅲ 欧米に越境したアジア人ネットワーク

明らかにしていこう。

　先住民との関係を脇に置くとすれば、1620年のメイフラワー号による清教徒の移住以来、「新大陸、新世界」のアメリカの歴史の主潮流はヨーロッパをはじめとする入植者の移民によって作り出されてきたとされる。そして、アジア、アフリカ、ラテンアメリカなど他の諸地域からの移民も含め、米国では諸民族の融合によってアメリカ人という「新しい人間」が産み出されるのだという神話が生まれてくることとなる。ここから、移民は誰しも将来はアメリカ市民になるという考えが生じてくる。

　これに対してフランスは、建国と同時に移民が始まったのではないため、移民によって国が形成される移民国とはみなされてこなかった。絶対王制期にすでに見られたように、行政上の中央集権化が何世紀にもわたって進められたことによって、国の民族的、言語的統一が推し進められてきた。フランス革命期に「一にして不可分の共和国」ということが強調されたのも、こうした考えの反映としてとらえることができよう。従来からヨーロッパ大陸という地続きの中での人の移動は存在していたにせよ、19世紀後半以降現代的な意味での大量の移民の流入が始まる。しかしフランスにおいては移民は、米国におけるような将来の市民としてではなく、一時的・補助的な労働力として常に見られ続けてきた。

　しかし現実には、20世紀の初頭以降、移民が与えたインパクトは相対的にはアメリカよりもフランスのほうが大きいとも言える。例えば、1930年において外国人の増加率はアメリカが人口10万人当たり492人であったのに対してフランスは515人で、フランスは世界から移民を受け入れる主要な国になっていたのである（同 276＝207）。さらに現在のフランス人口の3分の1が、2世代前の祖父母の代にまでさかのぼれば外国出自のオリジンであるということが象徴的に語られたりもする（Noiriel 1988：10；小坂井 2004：108）。

　またフランスには、移民についての「共和主義的伝統」に基づく独自な考えを見出すことができる。米国では移民問題は、法令文書、慣行、人々の精神構造の中で、人種問題と「エスニシティ」に不可分に結びついているのに

対して、フランスでは、人種、宗教、民族的起源にもとづくあらゆる分離の拒否が（少なくとも法的には）高らかにうたわれるのである（Noiriel 1992：278＝2002：209）。1789年の革命期の議論として、「民族としてのユダヤ人には何も認めてはならないが、個人としてのユダヤ人にはどんなことでも認めなければならない。ユダヤ人は国家の中で政治団体や身分を構成することは許されない。各人がめいめい別個に市民でなければならない」[1]ということも述べられていたが、当然これはユダヤ人にのみではなく、あらゆる民族や宗教等に当てはまる。一方こうした考え方の代償として、すべての文化的あるいは宗教的実践は公的な場面からは排除され、「私的な」領域に閉じ込められることとなる[2]。例えば第三共和政期におけるカトリックとの関係や、イスラムの象徴としてのスカーフの着用を学校で認めるか否かということが近年大きな議論をひき起こした、ライシテ（非宗教化＝世俗化）をめぐる問題もここから生じてくる。

　実際、筆者が行ったインタヴューによれば、中国人街のあるパリ13区の区役所でも、姓名を見れば出身地は推測できるが（13区では中国系以外にマリ出身の人も多いとのこと）、行政的な面ではそうした差異は考慮に入れないということが強調されていた。

　1960年代まで、アメリカにおける調査項目は人種（黒人、白人など）と民族（宗教、言語、両親の国籍）を基準として構成されていたのに対し、フランスでは19世紀にはすでに1789年の原理が組み込まれ、宗教、両親の国籍を問う質問項目は禁じられ、分類の基準として法律的要素（フランス人か外国人か）が重視されるようになっていた。要約的に述べるならば、フランス人は移民の現象を「外国人」問題として考え、アメリカ人は「民族」問題としてとらえてきたと言うことができる（同 280-281＝211）。

3　フランスにおける移民の流れ

　次に、ノワリエル（Noiriel 1992＝2002）、デロワ（Déloye 2005＝2005）などを参

Ⅲ 欧米に越境したアジア人ネットワーク

考にしつつ、近現代のフランスにおける移民の流れについて見ていこう[3]。これは、三つの大きな波として整理することができる。

　第一の大きな波は、19世紀末のものである。この時期、約10年で外国人の数は倍になり、1880年代初めには彼らの数は約100万人に達した。その多くは隣国、特にベルギー（約40％）とイタリアの出身で、フランスでの定住地は国境沿いの諸県、すなわちベルギーとの国境付近のノール県、イタリアとの国境付近のブーシュ＝デュ＝ローヌ県等に限定されていた（Noiriel 1992：283-285＝2002：214）。一方、外国人の数が増大し、可視化していくことにより、これが大衆を動かす一つの表徴ともなっていった。例えば第三共和政初期のフランスを揺るがす大きな事件であったブーランジスムは、民衆の外国人への反感を選挙のために徹底して利用した最初の大きな政治運動となった。またこの時期のもう一つの大きな事件であるドレフュス事件時にも、ドレフュス擁護の側で立ち上がったゾラに対して、イタリア系の出自であるがゆえにドレフュス派となったという中傷が向けられてもいる（Charle 1990＝2006参照）。

　第二の波は、第一次世界大戦後の時期に見出される。この時期、戦後の経済復興と結びついた1920年代のフランス工業の驚異的な成長が見られる一方、大戦による膨大な数の人命の損失によってこれに必要な労働力が不足していたことから、移民労働者の前例のない流入が生じたのである。移民の数は、1930年には、1920年の3倍の300万人以上に達した。また労働力は、以前よりはるかに広い地域から募集されている。数の上ではイタリア人が最多となったが、最も急激に増加したのはポーランドを初めとしたその他の国籍の労働者であった。だが、1930年代初めには再び経済危機がフランスを襲い、そのために外国人労働者の募集が停止されると、再び外国人排斥の行為と言説が復活することとなった（Noiriel 1992：288＝2002：217）。なお、この時期から、労働力の流入が組織的に行われ、専門的な機関によって管理運営されるようになったことも、制度的な側面での大きな変化として注目される（Déloye 2005＝2005：10）。

　第三の移民の波は、戦後から1960年代にかけてフランスに到来する。戦後

から、1973年の石油危機による状況転換まで続いた「栄光の30年」の工業成長は、新たに大量の外国人労働者に依存し、労働者の募集地域を新規に拡大することによって達成された。この時期の流れを特徴づけるものとして、フランスの歴史では初めて、新移民の多数派がヨーロッパ人ではなくなったことが挙げられる。フランスの旧植民地、中でも北アフリカのアルジェリア、チュニジア、モロッコ等のマグレブ諸国の出身者が多くフランスに移民として来たのである（Noiriel 1992：289＝2002：218参照）。そこには、とりわけ1954年から1962年まで続いたアルジェリア戦争に代表される旧植民地との関係の問題があり、またアラブやイスラムといった民族や宗教の問題が強調されることにもなる。その後、石油ショック以後の1970年代半ばの経済危機などを受け、1974年には「フォンタネ通達」によって移民の受け入れが停止された。なお、ヨーロッパ共同体外からの外国人の比率は、1975年には45％であったものが、1990年には64％となっている。

　啓蒙あるいは革命期以来の普遍的な価値が社会を構成する理念として受容される一方で、近年のフランスでは、「国民戦線」に見られるような極右による排外的な言説が社会的に一定の支持を集めていることも事実である。前回の2002年の大統領選挙に際して、同党の党首ル＝ペンが第1回投票で2位に入り、上位2名による第2回の決選投票に勝ち上がったことは記憶に新しい。しかし、こうした排外的な言説は現代において初めて現出したわけでは必ずしもなく、その意味で移民をめぐる今日の諸問題を、同じような構造の下における既知の事象との共通性を有するものとして相対化することもまた可能である。第1波、第2波の移民の流れに関して先に指摘したように、「スティグマ」としての外国人の表徴というのは常に存在し得る。仮に、「今日の移民は、19世紀や1930年代の移民とは違って、ヨーロッパ外の人々である。その多数派は、マグレブ人、アフリカ黒人、トルコ人、インド＝パキスタン人からなっている。出身国によっても、また文化的基準においても、こうした外国人は、古代、キリスト教中世、ルネサンス、啓蒙の世紀、といったヨーロッパ史の重要な時期とは何のかかわりもない」[4]といった言説によってか

つての移民との差異、あるいは今日の「フランス人」一般との差異が強調されるにしても、しかし例えば1930年代において調査を行ったフランス人たちは、ロシア人はまだフランス社会に同化されてはいないとみなし、「移民」とフランス人との間の差異を指摘していた。その一方で当時、ロシア人によって発表された研究では、ロシア文化が第2世代に受け継がれることはあり得ないと嘆かれてもいたのである（同 304＝231）。今日でも、「ポスト社会」としてのフランスとの文化的な差異が大きいと信じられている例えばマグレブ系の人々においても、特に第2世代以降では急速に文化変容が進み、フランス社会への同化が見られるという指摘もある。「移民社会」というものを一つのカテゴリーとしてとらえるよりもむしろ、フランス社会から排除されたままにとどまっている層と、社会の中にすでに場を得ている層とが二極化しており、むしろそこから諸問題が生じてくるという方がより実態を反映しているという見方も示されるのである。

4　フランスにおける中国系移民の歴史

　これまで述べてきたフランスにおける移民の全般的な流れを踏まえた上で、次に中国系移民に焦点を当ててその流れを追っていこう[5]。

　近代におけるフランスと中国とのあいだの重要な関係としてはまず、第一次世界大戦期の1916年3月にフランス政府、イギリス政府、中国政府のあいだに結ばれた協定によって、14万人の中国人が戦争で不足した労働者の補充として5年間の契約でフランスに送られたことが挙げられる[6]。山東、安徽を中心として、ごく一部が浙江・温州地域の出身である彼らのうち、少なくとも1万人の死者が出たとされる。またこれら中国人の中で生存した者のうち、温州出身者をその大部分とする約1万人が戦後も、パリのリヨン駅近辺を中心としてフランスに留まり、1930年代にはパリ3区のアール・エ・メチエ地区に移って、皮革業に従事した。

　第一次世界大戦後にも中国人学生はフランスに途絶えることなくやって来

第14章：現代フランスにおける華人社会の形成

た。1921年２月には中国共産党フランス支部が結成され、翌年にはこれは500名のメンバーを数えるに至り、その中には周恩来、李立三、李富春、鄧小平といった革命の中で主導的な役割を果たすこととなる人物も含まれていた。周恩来をはじめ彼らの多くは、自費では留学できない青年がフランスで働きながら学ぶために、蔡元培（後の北京大学学長）らによって始められた「留法勤工倹学会」の制度によってフランスに渡っている（小倉 1992：20）。

　第二次世界大戦後、1954年のディエン＝ビエン＝フーの陥落とそれに続くジュネーヴ協定によるフランス軍の撤退、1975年のベトナム共和国（南ベトナム）の崩壊などにより、数多くの中国系移民（インドシナに住んでいた、多くが広東や潮州の出身者）がフランスにやって来た。国際連合難民高等弁務官事務所（ＵＮＨＣＲ＝United Nations High Commissioner for Refugees）の資料によれば、1992年末現在でインドシナ難民の定住を受入れた国を多い順に見ると、アメリカが約80万人、次いでカナダとオーストラリアがそれぞれ約13万人、フランスが約10万人弱で、以下ドイツとイギリスが約２万人と続いており（田中 1994：155）、アメリカほどではないにせよフランスはかなりの程度の人数を受入れていることがわかる。また、1975年直後の時期に、15万人から20万人がフランスに来たという数字が挙げられることもある（Béja 2004：116）。彼らは「難民（réfugié）」として来ており、難民の場合は通常の移民とは法的な資格が異なるので、1974年に移民の政策的な受け入れが閉ざされたという、前節で述べたこととは異なる枠組みで受け入れられている。「難民」としてフランスに来た彼らは、申請をすれば容易にフランス国籍を取得して帰化することが可能であり、実際に多くの者がこの申請を行ってフランス国籍を取得した。

　なお、インドシナ難民という枠組みで見た場合、1975年４月の「サイゴン陥落」によるベトナム戦争終結後、旧南ベトナム民衆のうち「アメリカへの協力者、旧体制にあまりに深く関与した者」、３年後には、私営経済部門の廃止により「商人、職人たち（多くは華僑・華人）」が、さらには中越関係の悪化を反映して"望ましからざる者"に分類されたカトリック教徒と中国系」

Ⅲ 欧米に越境したアジア人ネットワーク

がボートピープルとして、あるいは他のルートの第三国経由で、脱出を図った。彼らの多数は北アメリカを目的地としており、フランスを選んだのは親類縁者が先に居を定めていたり、文化的親近感をいだく者（たとえば仏語が堪能な者）だったといわれる（宮島 1994:86）。また、カンボジアからも多くの人々が脱出を図り、彼らは、①経済的抑圧を恐れた初期の中国系商人、②イデオロギー的にコミュニズムを嫌った者、③あらゆる階層にわたる、食糧難・飢餓・病（治療の手段を奪われた）を理由とする者、④旧軍人、官吏、知識人などで処刑を恐れるもの、と分類できる（同、87）。このように、インドシナから逃れた人々には、中国系の人が多くいたことがわかる。ベトナム戦争終結直後の時期にあたる1975年4月から1978年2月の時期には、南ベトナム軍・政府関係者とその家族とともに、豊かな華僑あるいは華人（中国系ベトナム人）が脱出したが、彼らが基本的には長期にわたる戦争により発生したことから、誰しもが彼らを「難民」と受けとめ得る状況にあったこと、また大量に発生したという事情もあって、実務的にも1人1人の「難民」資格を問うことが困難であったため、国連総会は決議で彼らを全て「難民」と規定した。各国は流出してきた人々に対して難民資格審査を実施したり、強制的に帰国させることはしなかった（五島 1994：57-59）。1976年2月のフランス内務省の通達では、「インドシナ半島難民の問題にあらためて切に注意を喚起したい。彼らはフランスの領土に到達すると同時に、滞在許可、および無料の医療扶助（本人と家族がまだ未就業の場合）の権利を有することにあらためて留意されたい。また到着と同時に彼らはフランスへの帰化を申請することができる。全国相互援助委員会はいくつかの県に代表部を創設した。これは、公権力と、インドシナ難民のフランス社会への編入のために活動している民間諸団体との間に連携をうちたてるためのものである」[7]と記されている。さらにその後、ベトナムと中国との関係が悪化した1978年3月から1979年10月の時期には、第一に、統一後、ベトナム共産党が従来の華僑政策を変更し、華僑にベトナム国籍を取得したベトナム公民、つまり華人となることを強く求め、その求めに応じない人々に対しては、従前のようなベトナム公民と同等の権利

第14章：現代フランスにおける華人社会の形成

を享受できるという「特権」を廃止して、他の外国人と同様にその就業などに制限を加えるようになったこと、第二に、南ベトナムの社会主義的改造の一環として、1978年3月に南部における私営商業活動を全面禁止し、その主要な担い手であった華人を経済困難に陥らせたこと、第三に中国がベトナムとの関係を悪化させていたカンボジア（ポルポト政権）を支援していたこともあり、ベトナム政府が中国との対決姿勢を強める中で華僑・華人を危険視し、階級を問わず、最終的に彼らをその地位や職業から追い出し、資産没収にまで及んだことにより、経済的にも政治的にも困難に陥った華僑・華人が南ベトナムばかりでなく北ベトナムからも国外脱出を試み、南・北ベトナム双方から合計約40万人もの華僑ないし華人が大量に流出した（同 59-60）。このように、1970年代中期にインドシナ諸国を逃れた人々の大多数は、国籍上はベトナム人、カンボジア人、ラオス人であったが、実際は中国系のため、統計上の分析は一層複雑となる（Hargreaves 1995：82＝1997：133）。なおフランスでは、1981年には約13万人の不法滞在外国人の合法化が行われ、最近では1997年にもこうした合法化の措置が取られた。1981年は社会党のミッテランが大統領に選出された年であり、また1997年は国民議会（下院）選挙で社会党が勝利し、ジョスパンを首班とする左派政権が誕生した年である。このように一般に左翼の側の方が移民に寛容な政策をとると目されているが、インドシナからの難民の間では、当地での経緯もあって、左翼が政権に接近することは当時不安をもって見られており、1981年5月のミッテラン政権誕生の際には、一部ベトナム人の中に恐慌状態が生まれたとのことである（宮島 1994：94）。

　近年では、中国の改革開放政策や1989年の天安門事件などの影響により、中国本土からの中国人も多くフランスに来ている。近年中国本土から来たこれら中国系の人々にも、大きく分けて2つのカテゴリーを考えることができる。1つは「新華僑」と呼ばれる人たちで、学歴が高く、大学・研究機関の研究職、ホワイトカラーなど、フランス社会の中でも高い地位を得て働いている人々である。これに対してもう一方は、主として経済的な理由から職を

Ⅲ 欧米に越境したアジア人ネットワーク

求めるためにフランスに来た人々である。後者の人々の中には、フランスにおいていまだ安定した地位を得るに至らずに、不法滞在者、定職を持たないままにとどまっている人も多いと見られている。ただしいずれにせよこの時期においては、人の移動に関して素朴に考えられるように送り出す側の国や社会の状況の悪化によって移民が増大したのではなく、「改革開放」や「民主化」といった、むしろ広い意味での状況のある種の「改善」がその増大をもたらしたのだという指摘もなされている（Béja 2004：117）。また、後者の形で来仏する者は、温州や青田といった浙江の出身者が多く、不法滞在の状態を脱して企業主になることを目指すとされる（Béja・Wang 1999）。現在パリでは、パリ市域の南の境界をなす13区のイタリア広場とショワジー門、イヴリー門とに囲まれた地域、およびパリ内の東北に位置する10区、11区、19区、20区の境界あたりのベルヴィル地域が、中国人街としてとりわけよく知られている[8]。例えば旧正月である春節の時期のパリ13区役所のホームページは、そのトップを春節に関する記事が飾っており、13区における華人社会の存在の大きさをうかがうことができる。

5　現代における華人社会の形成

次に、フランスにおいて活躍する中国系移民の方に対して行ったインタヴューも踏まえながら、フランスにおける現在の中国系移民の様子の一端を明らかにしていきたい。

ここでは、1985年に設立された「華裔融入法國促進會」（Conseil pour l'intégration des communautés d'origine chinoise en France）の会長、T氏の話を紹介したい。T氏はベトナム戦争とそれに続く混乱のなか、サイゴン陥落後、1976年に「難民」としてフランスにやって来た。もともとはラオスに居住していた。アジア系の食材店としてヨーロッパに大きなネットワークを有する著名なスーパーマーケット、「陳氏兄弟公司」の陳兄弟とは、フランスに来る以前から親しく、フランスでも緊密な関係にある。またT氏自身もフラン

第14章：現代フランスにおける華人社会の形成

スに来てから、食品関係の仕事に就き、現在は加工食品製造の会社を経営している。

　T氏は、「華裔融入法國促進會」（以下、この会自身の略記にならって、「華進会」と記す）の設立の経緯、活動の状況を以下のように説明している。

　難民としてフランスに来て10年が経ち、子供たちも大きくなっていく中で、徐々に当地の社会や生活にもなじんでいきフランス化していく。しかし自分たちの出自は中国人というところにあり、子供やさらには孫の世代のことを考えると、中国人というこのもともとの自分たちの世界を知り、この文化を残し伝える必要があると考え、同時に自分たちの世界をフランスにおいて表現していく必要があると考えた。また、サイゴン陥落といった状況の中でフランスに無一文の状態で来ていたために、孤立感があったことも大きな問題であった。子供たちが学校に行くようになると、そこでの子供たちの関係を通して同じインドシナ系の中国人の間でのネットワークが広がっていくこととなる。さらに、「難民」としてフランスに来た彼らの多くは帰化によってフランス国籍を取得したが、フランス社会で「フランス人」として生活していく上での政治的な権利や義務の問題なども存在し、新たなフランス国民である彼らがこうした政治的権利や義務について講演会などを開いて学ぶ必要性も認められた。このような諸背景のもとに、この「華進会」が1985年に組織されたのである[9]。最初の会長には陳氏兄弟公司の社長が就き、のちに彼の仕事が多忙となったために、T氏が会長職を引き継いだ。

　この会は、フランスにおける中国系の人々の歴史の掘り起こしも熱心に行っている。第一次世界大戦期に、10数万人の中国人が軍人としてフランスに来ていたことは先に述べたが、この歴史的な事実も「華進会」が発掘したものである。1988年にそれら軍人を記念するイベントを「華進会」は行った。この行事は、「華進会」にとって画期をなす重要なものであった。さらに1998年には、パリ13区の中華街に位置するボードリクール公園に、「第一次世界大戦中にフランスのために戦死した中国人の労働者および兵士」を記念する石碑を建てた。その除幕式には、フランスの軍隊（義杖兵）や政府関

係者も列席した。また、祖先を供養する日である清明節には毎年、他の中国系の諸組織とともに第一次世界大戦期の中国人戦死者を追悼する式を行っている。「華進会」のこうした活動を通じて、一時期はほとんど忘れられていた第一次世界大戦期のこれら中国人の存在も、今日とりわけ中国系のコミュニティーにおいてはよく知られるようになってきている。

　こうした記念行事を行うことによって、この会の活動がフランス政府に認められるようになっていった。そのように認知されてくることを通じて、パリ市あるいはパリ13区をはじめとして行政側との関係も密なものとなってきている。実際、筆者がT氏の紹介によってパリ13区役所において13区官房長にインタヴューを行った際にも、「華進会」と区役所との良好な関係を見てとることができた。なおT氏によれば、パリには現在、出身地、職業等に基づく中国系の結社が60前後はあるとされる。「華進会」はそれらの中でも行政との関わりが強いとのことであるが、しかし「華進会」がパリにおける中国社会を代表するというようなことはなく、行政に対しても他の諸結社と同等の位置関係にあるとのことであった。「華進会」はインドシナ出身の人が多く、さらにはフランス人もメンバーに入っているので、フランス語やフランス文化に慣れ親しんでいる度合いが高く、そのために行政の方も「華進会」にコンタクトを取りやすいのだとT氏は述べている。

　T氏が代表をつとめるこの「華進会」は、フランスに居住した、それ以前の中国人との連続性を強調している。また、旧正月である春節の活動などを通じて、今日におけるパリの中国文化や伝統を表現する役割も積極的に担っている。こうした活動は、ビジネスにも役立つ面がある。経済活動は、13区に閉じこもっていてはできないとT氏は述べる。パリ全体、フランス全体、そしてさらにはヨーロッパ全体といった規模で考えなくてはならない。例えば陳氏兄弟公司で販売されている野菜は東南アジア地域などから輸入されているものも多いが、こうしたものは相当量のまとまった単位でなければ輸入が困難である。そのためには、フランスあるいはヨーロッパでネットワークを持って、輸入する量を多くしなければならない。ネットワークがあるから

こそ輸入が可能となる。したがって、13区あるいはパリ近辺だけにとどまるのではなく、卸のネットワークをひろげていくことも重要である。また行政との良好な関係も商売に役立っていると認識されている。パリの中国人街がフランス社会から切り離された内向きの世界を形成しているという指摘もあるが（宮島 1994：105、110-111）、「華進会」の活動はそうした「閉鎖性」を意識的に打ち破ろうとするものとしてとらえることができよう。

　ここで注目すべきことの一つは、「再華人化」あるいは「再エスニシティ化」といった現象が見出されることである。出身地域からして、彼らは大陸からの直接の中国人ではない。T氏自身、ラオスにいた時からすでにフランス語を学んでおり、ベトナム戦争といった歴史的な経緯があるとはいえフランスに来たときにはまだ中国に行ったことはなかった。T氏がはじめて中国を訪れたのは1983年のことである。しかしフランスに移住してきたことによって、むしろあらためて中国系の出自が強く意識されるようになったということが考えられる。「華進会」が、フランスに来た中国人の歴史の掘り起こしを積極的に行っていることの意味も、このような文脈の中でより深く理解することができる。同様の現象は、20世紀初頭のシカゴ学派の社会学者も指摘していた。「アメリカ合衆国に移民したシチリア人出身者は、アメリカ人のまなざしや外国人排斥の宣伝のもとではイタリア人と呼ばれていたが、彼らが自分たちをイタリア人であると認識するようになるのは合衆国に移民してからのことにすぎない」(Noiriel 1992：300-301＝2002：227)。したがって、こうした「再エスニシティ化」とも呼ぶべき現象は、中国系の人々に限られるものではない。また、「『ポーランド人』という言葉は、狭い意味では、同じ言語、同じ宗教（カトリック教）、受難の国民への帰属感情を共有している人々からなる民族集団を指している。しかし言葉の法的な広い意味では、ポーランド人とはポーランド出身のすべての人々のことであり、1919年においてその住民の3分の1は、ジャニーヌ・ポンティによれば、少数民族、とくにウクライナ人、ユダヤ人、ベラルーシ人からなっていた」（同 301＝227）という指摘も見出されるが、ここからも、各個人のアイデンティティは国の枠

組み、あるいは既存の民族的なカテゴリーとは必ずしも一致するものではないということがわかる。フランスに関しても、マグレブ系の移民について、生活の上での諸問題により即した文脈で、ムスリム・アイデンティティが常に状況変化的なものであることも論じられている（宮治 1993）。さらに、例えばタイの社会では中国系の出自であるということが、当地で生活する中で目立たなくなっていくと言われていることと対比して考えれば、移住先の社会のあり方によって、自らのアイデンティティのとらえ方にも相違が生まれてくるということが考えられるのである。なお、これと関連して、パリの中華街のレストランの多くが、「中華料理、タイ料理、ベトナム料理レストラン」というように地域名を並列した看板を掲げていることも、インドシナ出身の中国系の人々が多く来仏しているという歴史的な経緯と合わせ、示唆的である。

6 おわりに

これまで論じてきたように、フランスにおける中国系の移民にはいくつかの層があり、それぞれのカテゴリーの相互の間には必ずしも深い関係が持たれずに生活が送られている。またとりわけインドシナ出身の中国系の人々が一つの大きな核をなしていることは、その特徴として注目される。「華進会」の会長T氏は、例えばベトナム人と比較して、ベトナム人はすでにフランス社会に統合されて目立たなくなっているという認識を示した上で、自分たちはフランス社会の中で孤立することもなく、またベトナム人たちのように同化してしまうのでもなく、自らのアイデンティティを保ちつつフランス社会の中でしかるべき位置を占めて生きる道を探ってこの「華進会」を創設したと述べている。T氏のような人々は、「難民」として来仏後すぐにフランス国籍を取得し、基本的にフランスに生活の基盤を据えることを求め、以後30年以上が経過して今日安定した生活を送っている。法的な身分という観点からすれば、ホスト社会到着後のかなり早い時期に合法的な安定した身分を得

第14章：現代フランスにおける華人社会の形成

ているので、移民としてはある意味で特別な状況にあったと言えるかもしれないが、今日のようにフランス社会の中で場を得るまでの過程は容易なものではなかったはずである。

同時に、世代交代期を迎えて「華進会」の活動自体は転換期にあるようにも見受けられる。最近は、必要な機会に応じてメンバーが集まる程度にとどまっているとのことであり、実際の活動それ自体はやや停滞気味の側面も見られる。ホスト社会において生活が安定していく中で、出自に関わるアイデンティティを第二世代以降に伝えていくことの困難さという一般的な問題が、「華進会」においても見出されよう。

現在のところ、フランス社会における中国系移民や中国系社会に対する見方は基本的に好意的なものであると言うことができよう。春節の祭り、十二支、あるいは中国系の食材やレストランなどはフランス人の生活の中にもしっかりと受容されている。同時に、国際社会における中国本国の存在感の高まりによって、中国が脅威と感じられるまでには至らないとしても、注目度がますます高まっているのも事実である。こうした中で、フランスにおける中国系移民は、フランス社会の多様性を問う明示的な集団の一つとして存在し続けるのではなかろうか。

注
（1）*Archives parlementaires*, t. IX : 478 ; Noiriel, 1992:278＝2002:209における引用。
（2）小坂井（2004）では、こうしたフランス的理念が現実の諸問題といかに関わってくるかということに焦点を当てて論が展開されている。
（3）フランスにおける移民、外国人をめぐる問題については渡辺（2006）も参照。この論文には第一次世界大戦期にフランスに来た中国人労働者の写真（同 313）も掲載されている。
（4）Jean-Yves Le Gallou, "Identité nationale et préférence nationale", *in* Le Club de l'horloge, *L'Identité de la France*, Paris, Albin Michel, 1985 : 246 ; Noiriel, 1992 : 290＝2002：219における引用。
（5）主として華裔融入法國促進會（2000）、Béja（2004）などを参照している。
（6）フランスにおける移民の歴史を論じた小冊子の中でも、この第一次世界大戦期

Ⅲ　欧米に越境したアジア人ネットワーク

に中国から人が送られてきたことに触れられており、そこでは認可を受けた会社によって3万7,000人の中国人がフランスに来たと記されている（Dewitte 2003：26）
（7）J.-P. Clario, "L'accueil des réfugiés du Sud-Est asiatique dans le dispositif national d'accueil de France Terre d'Asile, " J.-B. Fournier et al., éds., *Les réfugiés d'Asie du Sud-Est et leur insertion en France*（PSU－ECASE, 1989）：104-105；宮島　1994：93-94における引用。
（8）近年、西欧社会に定着した移民たちは、西欧諸国の労働者たちの郊外志向によって空白となったインナーシティや低家賃公共住宅地区に安い住宅を求めることとなったと指摘される（梶田 2005：126）。13区の「ショワジーの三角地帯」とも呼ばれる地区は高層建築が建ち並ぶ地域であるが、ここは当初はフランス人労働者の住宅問題に対応するために高層建築が建設されたものの、フランス人はこうした建物に居住することを好まず、空き家のままであったところに、この時期フランスに到着したインドシナからの中国系難民が多く居住することとなり、今日の中国人街が形成されることとなった。またこの地区はフランスにおける「ほとんど単一エスニック集団のミクロ地区のまれな例」（Hargreaves 1995：82＝1997：133）で中国系のみが目立つ地区であるのに対して、庶民的な地区として知られてきたベルヴィル地域は、中国系ばかりでなく例えばアラブ系の店なども多く見出される。
（9）社会党が率いる政権によって1981年に、外国人の結社の自由に対する法的制約が撤廃されたことも（Hargreaves 1995：89＝1997：142；Withol de Wenden 1995：63-64）、「華進会」のような組織の結成を制度的に容易にしたことが考えられる。

参考文献

小倉和夫、1992、『パリの周恩来――中国革命家の西欧体験』中央公論社。
梶田孝道、2005、「EUにおける人の国際移動――移民とイスラームを中心にして」梶田孝道編『新・国際社会学』名古屋大学出版会、114-136。
小坂井敏晶、2004、「開かれた国家理念が秘める閉鎖機構――フランス同化主義をめぐって」石井洋二郎・工藤庸子編『フランスとその〈外部〉』東京大学出版会、105-126。
五島文雄、1994、「ベトナム難民の発生原因」加藤節・宮島喬編『難民』東京大学出版会、53-80。
白鳥義彦、2005、「フランスにおける中国系移民」『アジア遊学』81、「特集　東アジアのグローバル化」勉誠出版、162-179。
田中信也、1994、「日本の難民受入れ」加藤節・宮島喬編『難民』東京大学出版会、141-168。
宮治美江子、1993、「マグレブ系移民のネットワーク――フランス―アルジェリア国際移動とイスラム」梶田孝道編『ヨーロッパとイスラム――共存と相克の

ゆくえ』有信堂、64-88。
宮島喬、1994、「フランスにおけるインドシナ難民——その受入れと社会編入をめぐって」加藤節・宮島喬編『難民』東京大学出版会、81-111。
渡辺和行、2006、「移民と外国人のフランス」谷川稔・渡辺和行編著『近代フランスの歴史——国民国家形成の彼方に』ミネルヴァ書房、301-323。
Béja, Jean-Philippe, 2004, "L'émigration chinoise", dans Dupâquier, Jacques et Laulan, Yves-Marie (dir.), *Ces migrants qui changent la face de l'Europe*, Paris: Harmattan, 115-119.
Béja, Jean-Philippe et Wang Chunguang, 1999, "Un "village du Zhejiang" à Paris?", *Hommes & Migrations*, 1220, 61-72.
Charle, Christophe, 1990, *Naissance des 《Intellectuels》 1880-1900*, Paris: Éditions de Minuit. (=2006、白鳥義彦訳『「知識人」の誕生 1880—1900』藤原書店。)
Déloye, Yves, 2005, "Un point de vue sur les recherches françaises sur la question de l'immigration, de l'ethnicité : le regard d'un socio-historien du politique". (=2005、白鳥義彦訳「移民、エスニシティーの問題に関する、フランスにおける研究についての視点——ある政治社会史学者の観点」『社会学雑誌』22：57-74。)
Dewitte, Philippe, 2003, *Deux siècles d'immigration en France*, Paris: La documentation française.
Hargreaves, Alec G., 1995, *Immigration, 'Race' and Ethnicity in Contemporary France*, London：Routledge. (=1997、石井伸一訳『現代フランス——移民からみた世界』明石書店。)
華裔融入法國促進會、Conseil pour l'intégration des communautés d'origine chinoise en France, 2000, 特刊Numéro spécial.
Noiriel, Gérard, 1988, *Le creuset français. Histoire de l'immigration XIXe-XXe siècle*, Paris: Seuil (Points Histoire, 1992)
——, 1992, "Français et étrangers", dans Nora, Pierre (dir.), *Les lieux de mémoire*, tome 3, *Les France*, volume 1, *Conflits et partages*, Paris: Gallimard, 274-319. (=2002、上垣豊訳「フランス人と外国人」、谷川稔監訳『記憶の場——フランス国民意識の文化＝社会史 第1巻対立』岩波書店、203-242。)
Withol de Wenden, Catherine, 1995, "France : les mirages de l'immigration zéro", dans Withol de Wenden, Catherine et De Tinguy, Anne (dir.), *L'Europe et toutes ses migrations*, Bruxelles: Éditions complexe, 57-71.

第15章：カナダ・カルガリーの中国人「新移民」の意識と生活

首藤　明和

　カナダの中国人「新移民」は、そのほとんどが大卒程度の学歴をもち、中国社会では中間層に属する。彼ら彼女たちは、中国国内で一定レベルの社会的地位を獲得した後に（あるいは、獲得する可能性を大いに秘めつつ）、カナダへ移住している。カナダの中国人「新移民」は、中国社会の中間層意識や中間層が抱く国際移動にたいする意識に裏打ちされている部分が大きい。「国境を越えるエスニシティ」として中国人「新移民」を取り上げる場合、彼ら彼女たちのカナダにおける生活や意識を、中国社会での中間層や国際移動の意識と関連させて考えてみるとどうだろうか。

　まず第1節では、カナダに居住する中国人「新移民」について概観し、第2節では筆者が実施したインタビュー調査の事例から、カナダ・カルガリーでの「新移民」の生活を具体的に描写する。続く第3節では、中国社会の中間層および国際移動の意識について先行研究から整理する。第4節では、中間層の意識から「新移民」をみることで明らかになるエスニシティ研究の課題についてまとめておきたい。

1　カナダの中国人「新移民」とは何か

　1967年の新移民法の施行以後、カナダの中国系移民は増大した。70年代半ば以降に華人を含むインドシナ難民の受け入れがあったほか、中国大陸からの「新移民」は、改革開放後、とくに90年代になってから急増した。そのほか、97年の香港の中国返還を前に、トロントやバンクーヴァーなどの大都市

Ⅲ　欧米に越境したアジア人ネットワーク

に香港人が殺到したことは記憶に新しい。

　本稿で詳しく述べる余裕はないが、「新移民」と「老移民」は同じ華人とはいえ、カナダでのエスニシティ（集団・意識・文化）は大きく異なる。19世紀末から20世紀初頭にかけて、カナダの鉄道建設などに、数多くの中国人「老移民」（その多くが広東や福建など華南の出身）が尽力したことはよく知られている。しかし、一方でカナダ政府は、アメリカの排華政策に追随して、1884年から1923年にかけて「老移民」に過酷な人頭税を課した。「老移民」の毎月の収入は30～50カナダドルであったのにたいし、毎年、人頭税として約500ドルを徴収した。1923～47年になると中国人移民自体を受けいれなくなり、カナダ入国者は平均して毎年2人足らずであった。47年に排華政策は終了するが、民族差別が無くなったわけではない。センサスによると、1951年のカナダには約3.2万人の中国系「老移民」がおり、その多くは、小売店やレストラン、農場の経営などを生業とした。

　カナダ経済の変化、人口出生率の低下（移民の受入がなければ2008～10年に人口増加がストップするといわれた）、ヨーロッパの人口増加のかげりなどから、カナダは移民政策を転換する。1967年の新移民法の施行、71年の多文化政策の開始、86年の投資移民法の制定などである。61年当時、カナダの移民の出身地は、85％がヨーロッパで、アジアは2.5％に過ぎなかった。しかし、81～91年に入国した「新移民」133万人をみると、ヨーロッパからは26.4％、アジアは46.5％、中国大陸・香港出身者だけで全体の12.9％を占めるまでになった（黄編 2003：31）。1990年代半ば以降、就業人口の20％あまりを移民が占めてきた。それでもなお、カナダの労働力不足は深刻である。アメリカへの技術者流出が7（アメリカへ）：1（カナダへ）の比率で生じており、また、中小企業では、2002年に25～30万人、2020年に100万人の労働力が不足すると予測されていた。政府は、法定の退職年齢を65歳から67歳に引き上げたりもしている。

　カナダに滞在する中国系「新移民」は、1991年には約60万人、96年は約86万人、2001年は約103万人に達している（Johnson 2005：36-37）。中国系移民

は、欧米系を除く全移民のなかで3割ほどを占めるようになり、カナダ総人口（2006年で約3250万人）に占める比率も上昇しつつある。とくに、トロントやバンクーヴァーなどの大都市では、中国系が3～4割ほどを占めている。

「新移民」は、「経済移民」の「技術移民」（Skilled workers）のカテゴリーに属する。Citizenship and Immigration Canada（ＣＩＣ）が公刊している統計資料によると、1996年から2005年までの10年のあいだ、毎年10万人前後の「技術移民」を受け入れている。なかでも中国大陸からが最も多く、1999年までは毎年2～3万人、2000年以降は毎年4万人近くを受けいれている。

「技術移民」の申請方法だが、まずＣＩＣのＨＰにて自己評価をおこなう。「学歴」（25点）、「言語能力」（24点）、「職歴」（21点）、「年齢」（10点）、「カナダでの職歴や、カナダの事業所からの招聘の有無など」（10点）、「適応性（同行する配偶者や家族の学歴、カナダにおける親族の有無など）」（10点）の項目について採点し、合計67点以上だと当面の申請基準を満たすことになる（2005年時点）。その後の移民局の審査では、英語や仏語の運用能力のほかに、カナダの労働力人口の減少や専門職、熟練工の不足などを反映して以下の要素が重視される。すなわち、①職歴もあって年齢も若い世代、すなわち30～40歳代の者、②情報、金融、理工分野の専門スキルをもった者、具体的には、ＳＥ、プログラマー、看護士、保険調査員、歯科医、レントゲン技師、自動車修理工、印刷工、エンジニア、中国語教師など（黄編 2003：34）、③大卒者や大学院修了者などである。したがって、中国人「新移民」は、30～40歳代の高学歴層に偏り、中国国内である程度の社会的地位と職歴をもった個人およびその家族に集中する。

当然、100年以上も前から、苦境のなか、カナダで生活の足場を築いてきた「老移民」およびその子孫たちと、改革開放以降の「新移民」とは、移民の経緯やカナダ社会での暮らしぶり、中国大陸とのつながりなどで大きく異なるのである。

Ⅲ　欧米に越境したアジア人ネットワーク

2　カナダ・カルガリーの中国人「新移民」の生活

　本節では、筆者の実施したケース・スタディに基づき、カナダの中国人「新移民」の生活についてみていくことにしよう。

　筆者は、アルバータ州カルガリー市において、2000年以降にカナダにやってきた中国人「新移民」を対象に実地調査をおこなった（調査時期：2005年9月15〜27日）。調査法は、WD、WJ夫婦（遼寧省撫順市出身）を起点とした機縁法に基づくインタビュー調査である[1]。インフォーマント同士が知り合うきっかけは、カルガリーの華人教会でおこなわれているミサであった。週末のミサには中国人「新移民」だけで200名近くが礼拝する（中国人の「新移民」は、少数の者を除いて、大部分はキリスト教に入信していない）。礼拝者の5〜7割はマレーシア、シンガポール、台湾、香港からの華人移民で占められ、中国からの移民は2割ほどである。

　カルガリー市（アルバータ州の州都。カナディアンロッキーの麓から東へ約80kmの丘陵地に位置する）は、人口956,078人（2005年）、面積は789.9平方kmである。人口規模は州で最も大きく、国内でも3番目である。また、カルガリー・メトロポリタン（都市圏）は、人口1,037,100人（2005年）、面積12,642平方kmであり、中国系移民は51,850人（2001年センサス）であった。

　カルガリーでは石油産業が発達している。カナダの石油・天然ガス会社のうち89％の本社機能がカルガリーに集中し、石炭会社の本社機能も64％を占めている。現在、トロントからカルガリーへの本社機能移転がさらに進んでおり、2005年には、帝国石油の本社がカルガリーに移転する予定であった。従業員の400家族も移ってくることから、2005年9月の時点で、すでに住宅の値上がりも始まっていた。アルバータ州で石油が発見されたのは1914年、60年代になって石油産業が発展、73年のオイルショック以降、人口が急激に増加し、325,000人（1974年）から647,000人（1987年）となった。1981年に石油産業は最盛期を迎えたが、その後の石油価格の低下で90年代まで不況が続いた。2000年になると、世界規模でのエネルギー需給の逼迫などを背景に景

第15章：カナダ・カルガリーの中国人「新移民」の意識と生活

気は回復、現在、カルガリー市民のひとりあたりＧＤＰは、カナダの都市のなかでもっとも高い。

　急激な発展にともなうスプロール現象が深刻化している。宅地の郊外化が進む一方で、道路建設や公共鉄道の整備が追いつかない。ダウンタウンは、夜や週末になると人気が消え、車でスルーするだけの街になる。北米の諸都市に比べて犯罪率は低いが、最近では、ギャングの闘争やドラッグに関連した犯罪が増加している。郊外では麻薬取り締まりが頻繁におこなわれ、市の東部では低所得・不安定就労者層の集住地区が形成されつつある。

　中国人「新移民」の生活について、ＷＤ、ＷＪ夫婦へのインタビューを中心にみていこう。仕事だが、中国国内と同様の専門技術職に就くには、一般的に５年はかかるという。英語が得意な場合には、移住後３～６ヶ月して専門技術職などに決まる場合もあるが、きわめて稀である。一方、アルバイトで生計を立てることは十分可能である。カルガリーでは、月に1000カナダドル（2005年６月現在、１カナダドルは約90円）あれば生活には困らないという。工場の装飾工や単純作業工、カート操縦、レストランのボーイ、皿洗い、レジ係り、店の受付などのアルバイトで、時給７～10ドル、月収として1000ドルほどになり、夫婦で働けば十分にくらしてゆける。ヨーロッパ系住民は、看護士や保育士に就きたがらないので、アジア系移民の女性にとって、ある程度の英語力で就ける仕事のひとつになっている。

　ＷＤとＷＪ夫婦、娘ＷＸ（1997年生まれ）は、2003年にカナダ・カルガリーへ移住した。夫ＷＤは大連理工大学（化工専攻・石油関係）を卒業後、遼寧省撫順市の石油化学コンビナートでエンジニアをしていた。2005年の調査時点では、彼はカルガリーの英会話学校に通いつつ、化学の技術者としての就職を目指してカルガリー大学大学院の進学を希望していた。しかし、翌年になって進学を諦め、現在は資格取得のためにアルバータ州立短大に通っている。妻ＷＪとは、職場の上司の紹介で知り合った。ＷＪは、インテリア関係の設計補助の仕事を目指して、アルバータ州立短大のＳＥ養成コースに在籍していた。カルガリーでは石油関連の工場で求人が多く、かつ、建築、土木の設

Ⅲ　欧米に越境したアジア人ネットワーク

計技術をもっていると就職がしやすい。正式な社員になれば、初任給は年収5万ドルだという。中国の大学卒業資格だけでは、就職はほとんど無理であり、カナダの短期大学などに入りなおす「新移民」が多い。中国で修士や博士を取得しながらも、改めてアルバータ短期大学の資格取得コースに通う「新移民」もいる。

　カルガリーへの移民の経緯は次のとおり。2000年旧正月、WDは大学の同窓生との食事の際、彼らがカナダへの移民を計画していることを知り、即座にカナダに渡ることを決意、インターネットを通じて情報を収集し手続きを開始した。移民の許可を得るまでに2年、手続で約3万元（WDの年収に相当）、その他、引越し代など諸費用で3万元ほどを要した。カルガリーにやってきたのは2003年、その3年後には家族全員がカナダの国籍を取得できる。カルガリーは採油都市、撫順市は製油都市という関係もあり、理系専攻だと「技術移民」の審査で有利になる。WJの高校の同級生3人（撫順市出身で専攻は化学や物理）もカナダに移住している。

　アルバイトでも十分に生活できる理由は、手厚い社会保障にもある。移民にたいする政府援助は多項目にわたる。カルガリー政府は、クリスマスに全住民にたいして200～300ドルのプレゼントを贈る。石油資源は共有財産という考えに基づき、住民に利益を還元する。また、移民に労災が適用され、医療は歯医者を除いて無料である。親が有職者の場合には、こどもの歯の矯正は無料になる。医療への手厚い助成ゆえに、その弊害も存在する。診療やカウンセリングは1ヶ月の順番待ちも珍しくない。風邪の診察だけでも1週間ほど待たされることがあるという。

　中国人「新移民」は、カナダ政府が提供する助成金を活用している。カルガリーの「新移民」が語る最善の生活戦略（カナダに到着後の2年間）とは、次のようなものである。カナダに到着後1年間は、まず働く（アルバイト：1000～2000ドル／月）。その後、移民向けの住宅融資を受けて、マイホーム（標準的な一戸建約20万ドル）およびマイカーを購入する。銀行口座の残高がなくなるので、住宅ローン猶予の手続きをおこなう。購入したマイホームの半地

下室を650ドル／月で、移民してきたばかりの中国人に貸す。大家になった後は、英会話学校に1年間通い（1年間は学費免除）、そのあいだ、政府から750ドル／月の生活支援を受ける。したがって、カナダに定住して2年目には、無職でもマイホームに住み、半地下室の家賃650ドル／月、夫婦1500ドル／月の生活支援費、さらに、こどもへの200ドル／月の牛乳代支給が加わり、合計で2000ドル以上の月収入を確保できる。

3　中国社会の中間層と国際移動にたいする意識

ここで、カナダの中国人「新移民」の意識を理解するために、その母体となっている中間層について概観しておきたい。1980年代以降に出現した東アジアの中間層について、たとえば服部民夫らは、以下のように述べている。これまでの研究において東アジアの中間層は、消費レベルなど不確かな指標から西欧の中間層と対比され、政治や社会変動の「望ましい」方向性と結びつけられる傾向にあった。そうではなく、むしろ、欧米と東アジアの中間層にみる背景や組成の違いを理解するには、東アジア諸国の①後発的近代化の初発条件、②圧縮された産業化、③植民地経験や独立後の国民国家形成や政府・公企業など公的セクターの役割・開発政策などを分析する必要があるという。分析の結果、(1)東アジア諸国間では、中間層の定義、厚さ、威信、役割、同質性や多様性のあり方などで異なること、(2)各国の中間層内部で重層的な形成（教育や職業から中間層に位置づけられるが、所得や地位の違いから新・旧中間層や周辺的中間層に分化している）がみられることなどを明らかにしている。ここから服部らは、(a)経済的同質性が連帯感を生み出し階級利害を顕在化させるという欧米中間層型の仮説は、東アジアの中間層には妥当しない、(b)東アジアの中間層生成の重要性は、経済成長と成功のシンボルとして機能し、個人的地位の達成・維持の優先を促すことで後発的近代化の矛盾を減少した点にあると主張し、さらに、(c)東アジア諸国の中間層が、経済発展の受益者的役割から新たな役割へと一歩進むかどうかは、今後、検討すべき課題だとし

Ⅲ　欧米に越境したアジア人ネットワーク

た（服部ほか編 2002）。

　中国の中間層については、菱田雅晴と園田茂人の論考がある。それによると、中国では、①アジアNIEsと比べて中間層の比率が小さく、第2世代が圧倒的に多い。地域移動の制限から、中間層生成のメカニズムは他国と異なる、②自営業層、外資系・国有系のホワイトカラーなど都市中間層は、国有企業労働者層に比べて改革・開放の恩恵を受けている、③格差への意識は総じて階層差が少なく、学歴による格差は、収入や職業による格差ほど強く認識されていない、④総じて階層間の政治意識に違いはみられず、むしろ学歴が意識を決定する構図が存在する、⑤所得や地域間格差の拡大のなか、社会的弱者へのサポートが注目されるが、相対的に高学歴で裕福な共産党員は社会的弱者を代表する立場にはなく、現体制への同調性が強く具体的な政策的指向性を共有していない、⑥若い党員は、旧来の社会主義イデオロギーから距離を置き、市場経済と能力主義を信奉しつつあることなどが指摘されている（菱田・園田 2005）。

　服部や園田らの知見に基づけば、現在の中国では、都市中間層の台頭と、市民社会の担い手とされる公的な権利義務主体の生成とは、単純には結びつかないということだろう。改革開放後、増大する社会移動において、中間層はいかなる意識を形成してきたかというと、教育・職業あるいは所得・地位といった異なる指標からは、「新─旧」・「中心的─周辺的」といった中間層の重層的な構造が顕著ななかで、①階層間に格差や政治意識に違いはみられないが、学歴が意識形成に及ぼす影響は階層を問わず大きいこと、②富裕層は現体制への同調性が強く、受益者としての立場を保守する傾向にあることなどと整理できる。

　こうした中間層意識は、国際移動と関連させた場合、どのように理解すべきだろうか。管見によれば、本稿と共通した問題関心のなかで、中国・中間層の国際移動について分析した先行研究は数少ない。そのなかにあって、香港ミドルクラスにかんする呂大樂の論考などは示唆に富むものである[2]。呂は、1997年の中国返還を控えた香港・中間層の政治意識を分析し、「退出

(exit) 戦略」などの概念を提起した。それは、①香港ミドルクラスは個人的努力、競争、公正さ、機会の平等など、「個人の努力」と「その利益の正当な享受」という欧米的な価値観を受容しているが、中国政府の提唱する「一国二制度」の不透明さともあいまって、政治回避の指向や政治からの距離が顕著である。それゆえ、②自ら育った国（地域）を道具とみなす（道義を見出さない）ことによって「退出戦略」を指向したり、③国家のなかに社会や個人が押し込まれることによって物質的な供給にのみ反応したりする。④結果として、香港社会は社会的リーダーの再生産に苦慮することになったというものである（呂 2002：90-99）。

当然、大陸中国と香港の中間層とは、いろいろな点で異なるだろう。現在の中国において、欧米的な価値観が幅広く受容されているのかどうか、中国が香港と同様に「退出戦略」のなかで役に立つ道具なのかどうかなど、議論の余地は大きい。しかし、先にみた中国の中間層の議論と重ね合わせると、香港および中国の中間層に共通する点として、①政治への無関心、あるいは同調というかたちでの消極的な関与、②社会的リーダーシップへの無関心、③ライフスタイルにおける消費欲求充足の重視などを指摘することができるだろう。

4　カナダ・カルガリーの中国「新移民」からみえる　　エスニシティ研究の課題

カナダの中国人「新移民」を理解する基礎作業として、中国社会における中間層の性質に着目した。その理由は、「新移民」の母体が中国の中間層にあるということだけでなく、エスニシティ研究の蓄積してきた理論が、「新移民」の内部構造や外部との関係性をうまく捉えることができないこととも関連している。

エスニシティの研究では、エスニシティ（集団・意識・文化）の生成や活性化の要因を説明する枠組みとして、原初主義（primordialism）と境界主義（boundarism）、および、表出主義（expressivism）と手段主義（instrumentalism）の2対の分析枠組みが代表的である[3]。原初主義の立場は、血縁、地縁、歴史、

Ⅲ　欧米に越境したアジア人ネットワーク

伝統、人種、宗教、言語など、永遠性や不変性が想定された紐帯を共有することでエスニシティが生成すると考える。産業社会（ゲゼルシャフト）におけるゲマインシャフトの発見という意味あいも強いだろう。境界主義は、他者の存在を通して自己を形成する、あるいは自己の否定的要素を他者に投影することで、ウチとソトの境界が形成されエスニシティが生成すると説明する。表出主義は、ルーツの確認や過去の追憶など、人びとの帰属意識に生じる満たされなさを埋めるものとしてエスニシティが生成するという。手段主義は、社会経済的不平等に抵抗するポリティックスや運動の手段として用いられるときにエスニシティが生成すると考える。

　エスニシティの生成にかんするこれらの枠組みに共通していえることは、①生成したものが何であるかについて、どのようなものであっても説明が可能であり、②その説明を可能にするものは、エスニシティ集団にあらかじめ付与されたさまざまな特徴にかんする常識的な理解だということである。たとえば、エスニシティ研究の4つの枠組みが、それぞれに「カナダにおける中国人移民のエスニシティとはいかなるものか」という問いかけを発した場合、その生成プロセスには差異が示されるものの、生成されたものは一様に「中国人らしさ」（Chineseness）という馴染み深い諸特徴として説明されるだろう。

　カナダの中国人「新移民」のエスニシティとはいかなるものか。おそらく何らかの意味で、私たちにとって馴染み深い「中国人らしさ」は生成するだろう。しかしそこでは、（Ⅰ）中国の都市部・中間層としての特徴を、「中国人らしさ」よりもいっそう強く現すのではないだろうか。政治への無関心や同調というかたちでの消極的な関与、社会的リーダーシップへの無関心、ライフスタイルにおける消費欲求充足の重視など、東アジアの中間層でも広くみられる一般的特徴である。（Ⅱ）また、たとえ「中国人らしさ」としてのエスニシティが顕在化しているとしても、「新移民」にみる集団性の希薄さや、「新移民」と「老移民」とが生成する多層的なエスニシティの構造に注意しなければならないだろう。

　こうした仮説的な見解は、収集したインタビュー・データに基づいて実証

第15章：カナダ・カルガリーの中国人「新移民」の意識と生活

的に検討しなければならない。紙幅の制限もあるので、ここではそうした見解を傍証するものとして、インフォーマントのいくつかの言説を紹介するにとどめたい。

　まず（Ⅰ）について。「中国人らしさ」だが、たとえば戴国煇（1980）がいうように、海外華人のアイデンティティは、「落葉帰根」（ルーツに帰る）から、「落地生根」（移民先でルーツを生み出す）へと変わりつつある。そうした状況ではあるが、数多くの研究が明らかにしているのは、移民1世は、郷土や家族など祖国にたいする帰属が前提にあるということだった。一方、祖国にたいする想いを「新移民」に尋ねたところ、答えは押し並べて「中国での人間関係は煩雑で疲れる」「落ち着きがなく、ゆとりがない」「カナダで求めているのは平穏で快適な日々であり、その点で、たいへん満足している」「将来、中国へ帰るつもりはない」「子どもには英語圏の大学に進学させ、将来は所得の高いアメリカで仕事をさせたい」といったものだった。「新移民」は「移民1世」ではあるが、祖国にたいする想いは冷めている。通信や交通の発達した現代においては、もはや望郷の念など駆り立てる必要がないのかもしれない。年齢が若いということもあるだろう。「中国人らしさ」としては、「衣錦還郷」（故郷に錦を飾る）や儒教の最大の徳目「孝」とも関連して、両親への仕送りなどを重視する価値観があるだろう。送金について質問したところ、予想に反してすべてのケースで「親へ送金はしていない」「親は親でやっている」との答えが返ってきた。「中国人らしさ」にみる価値規範は、「新移民」のなかでかなりの変容が生じている。

　第2節で触れたカナダの福祉制度にたいする態度などは、「新移民」が中国の中間層意識に裏打ちされていることを傍証するものだろう。「新移民」は、福祉制度を社会的に支える公的な権利義務主体という「市民精神」とは距離があり、むしろ、あくまでもカナダでの生活戦略として福祉制度を捉えている。移民を希望する多くの中国人を出し抜いて、数か月でも早くカナダに来ることが、数多くの経済的チャンス（福祉制度の恩恵を含む）に与るうえで有利なことを「新移民」はよく知っている。

Ⅲ　欧米に越境したアジア人ネットワーク

　上の（Ⅱ）の問題意識は、「新移民」を集団的に捉えることが適切なのかどうかという方法論的な問題と関連する。むしろ、カルガリーの「新移民」は、個人を中心としたエゴ・ネットワークのなかで情報を編集し資源を選択的に動員しており、場合によってはエスニック・アイデンティティを生成することもあると考えたほうが、実情に沿っている。エゴ・ネットワークの個々の形態と論理を通じて、エスニシティと「新移民」の関係は解明されるべきと考える。個人に分析の軸足を置きながら、エスニシティを継承・獲得などの主意主義的側面、あるいは流用、模倣、拒絶、適応などの実践的側面から解明する方法である。

　たしかに、カルガリーではエスニシティが顕在化しているようにみえる。市中心部には中華街が形成され、旅行代理店や診療所、歯医者、レストラン、本屋、雑貨店などが入居したショッピングモールが存在するほか、同郷会や宗親会などのオフィスもみられる。郊外では、華人系のスーパーマーケット（「大統華」）が、ウォルマートなど欧米系のスーパーにはない野菜、魚介類、調味料、乾物などを中国から空輸し販売しており、賑わいをみせている。

カナダ・カルガリーのダウンタウンの中華街　高層ビル左やや斜め上の一角にみえる建物。ショッピングモールとなっており、その北側には、宗親会や同郷会がオフィスを構える。ボー川を渡った北側は閑静な住宅地で石油関連企業の社員などが多く住む。

第15章：カナダ・カルガリーの中国人「新移民」の意識と生活

　ここでは、「新移民」は、エスニシティの顕在化を促進する重要なアクターにもみえる。しかし、エゴ・ネットワークの内実からエスニシティをみれば、「老移民」の経営する店舗でアルバイトをする「新移民」、「老移民」の販売する品物を購入する消費者としての「新移民」など、雇用／被雇用や、生産／消費の関係など、非対称的な関係が目につく。カルガリーでのエスニシティの顕在化は、「新移民」と「老移民」の関係でみると、精神的な連帯というよりは物質的な連帯である。「新移民」にたいするインタビューでは、すべてのケースで「宗親会や同郷会などは『重い』ので参加するつもりはない」といって「老移民」を敬遠する姿が顕著である。消費や雇用を通じての契約関係はかまわないが、精神的な連帯になると、中国社会で敬遠してきた「人間関係の煩わしさ」が頭をよぎるのだろうか。「新移民」同士の場合、生活に必要な情報交換は、地域の英会話学校、専門学校、華人教会、移民局、華人が経営する郊外のスーパーマーケット、乗り合わせた鉄道やバスの車中などでもおこなわれるが、注目すべきは、China Smileなどカナダ居住の中国人「新移民」で運営されるウェブサイトである。ウェブサイトでは、個人ごとに自らの情報を管理でき、かつ匿名性を維持できるので、むしろ、カナダ社会のあらゆる領域にかんするトピックを率直に語っているようにみえる。「新移民」のエゴ・ネットワークに親和的な社交の場である。

　カルガリーの中国人「新移民」を「国境を越えるエスニシティ」として捉えるには、いくばくかの躊躇いを感じる。たしかに、「新移民」は「老移民」のエスニシティを手段主義的に利用しており、そのなかで、カルガリーの中国人エスニシティはますます顕在化していると理解することができる。あるいは、「老移民」のエスニック・ビジネスゆえに、大量の「新移民」の国際移動が可能になっていると評価することもできる。しかし、そうした説明をすることの意義はどこにあるのか、考えてしまう。文化が秘める創造や再生などの可能性を、トランス・ナショナルな移動のなかで、むしろ矮小化されたひとつの適応機能として位置づけてしまうことへの躊躇いである。それゆえ筆者は、エゴ・ネットワークの形態と論理にかんするさまざまなケースを

Ⅲ 欧米に越境したアジア人ネットワーク

積み重ねてゆくことで、「新移民」とエスニシティの相互作用が秘める可能性をさらに探求することが、今後の課題だと考えている。

注
(1) 2時間以上のインタビュー調査に協力して下さったインフォーマントは以下のとおり。

		出生年 性別	出身地	職業 （中国）	学歴 （中国）	渡加年	生活の現状 （カルガリー）
①	WD	1969・M	山東省済南市	国有企業技師	大学	2003	短大の資格取得コースに在籍
②	WJ	1971・F	遼寧省撫順市	国有企業技師	短大	2003	短大のＳＥ養成コースに在籍
③	WY	1965・M	江蘇省南京市	会社経営	大学	2002	南京のＩＴ関連会社を経営
④	YL	1968・F	江蘇省宜興市	会社経営	短大	2002	保育士
⑤	RS	1970・F	遼寧省盤錦市	国有企業技師	MBA	2001	夫とともに銀行の中間管理職
⑥	RJ	1966・M	遼寧省営口市	電力会社勤務	大学	2004	アルバイト（妻は看護婦）
⑦	WL	？・F	河北省五安市	？	大学	2004	アルバイト（短大に在籍）
⑧	LJ	1969・M	安徽省無為県	省・設計局技師	短大	2003	アルバイト（短大に在籍）

注：①②、③④は夫婦。データは2005年9月時点のもの。

なお③④の夫婦と息子（1999年生れ）の家族は、「宇宙飛行士家族」（astronauts families）や「太空人」家族と呼ばれるもので、オーストラリアの香港・台湾移民に多くみられる現象である。関根政美（1998：324）によると、「太空人」家族には、「夫は空の人」「妻は空の家の住民」といった意味が含まれる。家族で移住するものの、夫（妻）が定期的に移住先と出身地を行き来する家族形態をいう（夫は香港や台湾での仕事を続けたり、あるいは夫の教育や職歴に見合った仕事が移住先で見つからず、夫のみ（妻の場合もある）帰国し職に就く状態）。カナダの同現象については、

森川眞規雄（1998：353）が分析している。今後、大陸中国の「新移民」でも「太空人」家族が増えることは十分に予想される。
（2）そのほか、関根（1998）の中国系オーストラリア人コミュニティの分析や、森川（1998）のカナダにおける香港人アイデンティティの分析は、本稿の関心と共通する部分がある。
（3）エスニシティの代表的な分析枠組みについては、谷富夫（谷編 2002：1-60）や陳天璽（2001：39-43）が簡潔にまとめており、本稿ではそれらの成果を参照した。また、カナダのエスニシティについては、ライツ（1980＝1994）やブルトン（2006）などが参考になる。

参考文献

可児弘明・鈴木正崇・国分良成・関根政美編、1998、『民族で読む中国』朝日新聞社。
関根政美、1998、「多文化社会での活躍」可児弘明ほか編『民族で読む中国』朝日新聞社。
戴国煇、1980、『華僑――「落葉帰根」から「落地生根」への苦悶と矛盾』研文出版。
谷富夫編著、2002、『民族関係における結合と分離』ミネルヴァ書房。
陳天璽、2001、『華人ディアスポラ』明石書店。
服部民夫・船津鶴代・鳥居高編、2002、『アジア中間層の生成と特質』アジア経済研究所。
菱田雅晴・園田茂人、2005、『経済発展と社会変動』名古屋大学出版会。
森川眞規雄、1998、「「近代性」の経験」可児弘明ほか編『民族で読む中国』朝日新聞社。
Breton, Raymond, 2006, *Ethnic Relations in Canada*, McGill-Queen's University Press.
黄潤龍編、2003、『海外移民与美籍華人』南京師範大学出版社。
Johnson, Walter, 2005, *The Challenge of Diversity*, Montréal: Black Rose Books.
呂大樂、2002、「香港の中間層」（河口充勇訳）服部民夫ほか編『アジア中間層の生成と特質』アジア経済研究所、75-103。
Reitz, Jeffrey G., 1980, *The Survival of Ethnic Groups*, McGraw-Hill Ryerson.（＝1994、倉田和四生・山本剛郎訳編『カナダ多民族社会の構造』晃洋書房。）

第16章:カナダにおける「新移住者」向け日本語マガジンの登場
―― 『ビッツ』『ビンゴ』『マンマ』に関する一考察

水口　朋子
岩崎　信彦

「トロントからオモシロク! bitsboxは、トロント・カナダに本拠点をおく総合メディアカンパニーです。」(ビッツ 2006)

「留学の目的に合った学校をお探しいただけます。豊富なスクール情報のほか、卒業生さんや体験者さんの生の声も掲載しています。」(ビンゴ 2006)

「子供と共にカナダでの暮らしをより楽しみながら生活するために、親として、1個人として学ぶべき情報を提供していきたい。それがmammaの願いです。」(マンマ 2006)

2000年に入りトロントでは、日本の高度経済成長期、またはそれ以降にカナダにやってきた「新移住者」と呼ばれる日本人を対象にして、3つの新しい日本語雑誌が登場している。戦前・戦後のカナダにおける日系新聞[1]と一線を画し、自らをマガジンとして位置づけるこれらの雑誌が生まれた背景には、ワーキングホリデーや留学のためにカナダに短期滞在する20代から30代の日本人の増加、そして、カナダで結婚・永住する20代半ばから30代半ばの日本人女性の増加がある。言語・文化・年齢的な隔たりから、既存の日系コミュニティ[2]との接点が生まれにくい「新移住者」のカナダでの生活環境に注目し、これらの雑誌は彼らが必要とする情報提供を行なうとともに、

Ⅲ 欧米に越境したアジア人ネットワーク

日本語環境の整った職場の創出、日本人のさらなる呼び寄せ、「新移住者」同士や日系コミュニティ内のネットワークづくりといった役割も果たしている。本稿では、まず、これら「新移住者」のカナダへの移住の動向を概観した後、各雑誌の代表者とのインタビューと掲載内容の分析をもとにして、それぞれの雑誌の発行に至る経緯とその役割について考察する。ワーキングホリデーや留学でカナダに短期滞在する日本人を対象とする雑誌として『ビッツ（bits）』と『ビンゴ（Bingo）』、そして、カナダで結婚し永住化の道をたどる日本人の親、特に女性を対象とする雑誌として『マンマ（mamma）』を取り上げる。

1 日本語マガジン登場の背景

1.1 「新移住者」としての日本人

　日本からカナダへの移住は、19世紀後半、職を求めてカナダにやってきた独身男性を中心に始まっている。その後、日本からの女性の呼び寄せに伴い1910年頃にはカナダ生まれの二世が誕生している。戦後は日本から海外に職を求めるものは少なく、日本人・日系人[3]の増加は、1970年以降に日本企業の海外駐在員として、そして、1980年以降にワーキングホリデーや留学を機にカナダにやってくる日本人を待つことになる。戦前1920年代中ごろの日本人・日系人の数は2万人程度、戦後はゆるやかな増加傾向にあり、1970年には3万7000人、2001年には7万3000人となっている[4]。

　カナダで「新移住者」と呼ばれる日本人には、日本の高度経済成長期、またはそれ以降に、ワーキングホリデー、留学、日本企業の海外駐在、結婚などを通じてカナダに短期滞在、または永住する日本人が含まれている[5]。カナダ移住の理由となるこれらの要因は、それぞれが独立しているというよりは、1年のワーキングホリデービザが切れた後学生ビザに変更したり、学生ビザでの留学中に結婚し永住権を申請したりと、それらの間で頻繁にわたり歩きがおこなわれている。後述するように、三つの日本語雑誌の現編集長す

第16章：カナダにおける「新移住者」向け日本語マガジンの登場

べてがワーキングホリデーでカナダにやってきているが、そのうち2人はすでに永住権を取得しており、1人はカナダでの結婚を機に永住権申請の手続きを現在進めている。以下では、これらの雑誌の代表者や読者の中心となる日本人がカナダに渡ったり、永住したりするきっかけとなっているワーキングホリデー、留学、日本人女性の結婚・永住化傾向について見ていきたい。

1.2 ワーキングホリデー

ワーキングホリデー制度は、1986年3月に日本とカナダの間で協定がかわされている。現在、カナダ以外にもオーストラリア、ニュージーランド、イギリス、フランス、ドイツ、韓国といった国々の間でも行われている。日本ワーキングホリデー協会（2006a）によると、この制度は、「最長1年間異なった文化の中で休暇を楽しみながら、その間の滞在資金を補うために付随的に就労することを認める特別な制度」であり、その目的は、「両国の青少年を相互に受け入れることによって、広い国際的視野をもった青少年を育成し、両国間の相互理解、友好関係を促進すること」であるとされている。応募資格は日本に在住している18歳から30歳までの日本国籍保持者である。ワーキングホリデーを使った初年度のカナダへの渡航者は236人であったが、1990年に入ってからその数は4000人を超え、2002年より毎年上限の5000人に達している（日本ワーキングホリデー協会 2006b）。2006年度の応募は、応募要綱が出されて半年で定員に達して締め切られるなど、カナダ行きを希望しても1年間待たなければならないというのが現状である。これらカナダにやってくる日本人が増加している要因には、バブル崩壊後の日本の就職難、新しい生活スタイルの模索、日本社会での女性に対する待遇への不満などが指摘されている（コバヤシ 2003;『マンマ』代表者 2006）。

1.3 学生

また一方で、学生ビザでカナダに滞在する日本人も1990年以降著しく増加している。2004年のカナダ移民局の統計（Citizenship and Immigration Canada

2006)によると、日本は韓国、中国に続く第3の留学生送り出し国となっており、カナダの留学生全体の約8パーセントを占めている。カナダに学生として日本人が増えてくるのは1980年代に入ってからである。1980年に621人、1985年に1000人、そして、1990年後半には年間5000人以上もの日本人が学生としてカナダに入国している。2001年現在、カナダに学生ビザで滞在する日本人の総数は約1万人となっている。また、他の留学生送り出し国と比べた場合、その3分の2が女性であることが日本人学生の特徴であるといえる。

1.4 女性永住者

「新移住者」のもう一つの特徴に、ワーキングホリデービザや学生ビザでカナダに滞在する20代半ばから30代半ばの日本人女性の永住傾向がある。コバヤシ(2003)によると、1990年代に入ってからの日本人の永住権取得者1000人の3分の2が25歳から34歳の日本人女性となっている。また、これらの女性の半分が独身者であり、同年代の男女比を見ると、女性の数は男性の数の5倍にもなっていることがわかっている。さらに、1990年以前にカナダに渡ってきた日本人女性には、29歳前後の「キャリア志向」の女性が多かったが、1990年以降にカナダにやって来た女性は、平均25歳と年齢が下がっているのも近年の特徴である。これら1990年以降のカナダへの渡航者は「日本の伝統や習慣に縛られない自由なライフスタイルを送りたい」「男女関係がより平等であるカナダで結婚したい」といった理由で移住をしている女性もいることから、必ずしも「キャリア志向」ではないことも指摘されている。2005年の『マンマ』の発行は、これら1990年代以降にカナダにやってきた女性が家庭を持ち始めた時期と重なり、独身者としてカナダに渡り、その後、結婚、永住、子育てといった日本人女性のライフコースを象徴しているともいえるだろう。

2　新移住者向け雑誌の登場とその役割

2.1 短期滞在者向け雑誌——『ビッツ』と『ビンゴ』の例より

『ビッツ』と『ビンゴ』は両者とも、短期滞在者向け日本語雑誌であるが、前者がワーキングホリデーを経験した日本人を中心に始められたのに対して、後者は日本滞在経験のある韓国人移民の主導ではじめられるなどその相違点も多い。また、『ビッツ』はエンターテイメント情報誌として、『ビンゴ』は留学生のための応援マガジンとしての性格を前面に出しており、両者の内容にも違いがみられる。『ビッツ』は、ワーキングホリデー、学生、海外駐在員など20歳から40歳代初めの年齢層をその読者の中心とし、現在トロントで発行されている日系プレスの中では最大の発行部数を誇っている。一方『ビンゴ』は、発行当初は『ビッツ』と同様、短期滞在者全般を対象としていたが、韓国系留学センターをスポンサーに持つ強みを生かし、ここ1年はカナダの語学学校・専門学校・大学で学ぶ日本人のための情報発信を展開している。以下では、まず、これら二つの雑誌の発行に至る経緯とそれらが果たす役割の相違点を考察し、その後、短期滞在者向け雑誌という性格から生じる共通点について述べたい。

■トロントNo.1　日本語マガジン　『ビッツ』：2002年発行隔週無料情報誌
　発行部数8000部　http://www.bitslounge.com/

発行までの経緯と現状

　『ビッツ』の代表者である男性は、2000年春、働きながら北米旅行を続けるため、ワーキングホリデービザの取得が可能なカナダにニューヨークからやってきている。当時は、トロントを最終目的地とは考えていなかったという。しかしながら、日本でコンピューター関連の仕事に携わっていたため、カナダでは費用面・手続き面でも移民が比較的簡単に行なえることを聞き、2国間を自由に往来できるという魅力から永住権を申請している。その後、

Ⅲ　欧米に越境したアジア人ネットワーク

永住者としてカナダに住み始め、『日加タイムズ』で働いている(『日加タイムズ』の発行人も戦前から戦後まで続いた日本語新聞『大陸時報』での記者経験をもつ(白水 2004：401)など、旧日本語プレスから新日本語プレスへの転身の履歴がここに見て取れる)。

　『日加タイムズ』で働く中、そこにはワーキングホリデーの日本人が必要としている情報が不足していることに気づき、『ビッツ』の発行を計画する。特に、新しくカナダに来た日本人が必要とする衣・食・住の情報、そして、それが整ったあとに必要となる仕事・学校情報、音楽・レストラン・映画などのエンターテイメント情報、売ります・買います・賃貸などのクラシファイドの必要性を感じたという。インターネットでだれもが日本のニュースを見ることのできる時代であること、そして、新聞としての位置づけをする『日加タイムズ』との差別化を図り、ニュース中心ではない情報誌としての出発であった。このような情報誌の立ち上げに共鳴する日本人と共に、1カ月半の計画後、2002年の春に『ビッツ』を発行している。

　2002年の発行当時、新移住者のための日本語情報を掲載しているところは『日加タイムズ』のみであったため、プレス同士の競争はまだそれほど激しくなく、新しい雑誌をはじめやすい環境にあったという。しかしながら、日系コミュニティの小ささゆえに、読者層や広告主の拡大という点では苦労するという。現在は、40ページの紙面のうち3分の1程度が広告である。広告主には、短期滞在日本人を対象にビジネスを展開する旅行会社、運送会社、日本・韓国料理店、日本人ヘアスタイリスト、日本人歯科、移民相談法律事務所、英語学校、留学センターなどがならぶ。

　現在、常勤スタッフ4人とフリーランスのライター4、5人をかかえる。その顔ぶれは、永住権保持者、短期滞在者、主婦、学生、日本でのマスコミ経験者・未経験者とさまざまである。読者層は、ワーキングホリデー、学生、駐在員を含む20代から40代前半の短期滞在者である。発行後1年までに読者層の拡大を狙い、スポーツニッポンから記事を購入・掲載した以後は、ここ4年間の掲載内容はほとんど変わっていない。紙面には、特集、インタビュー、

第16章:カナダにおける「新移住者」向け日本語マガジンの登場

食、カナダのニュース、スポーツニッポン、日系コミュニティ情報、イベント情報、美容、旅行、健康、映画、コラム、クラシファイドなどが並ぶ。

今後は、広告主と読者層の拡大を通して、雑誌内容のさらなる充実化を目指したいと語る代表者であるが、そのためには規模の小さいトロントの日系コミュニティを活性化するとともに、それのみに依存しないビジネス展開をしていく必要性があるという。『ビッツ』のホームページアクセス件数の増加傾向から、今後はバンクーバー、オタワ、モントリオールなどといったカナダ主要都市部の日本人短期滞在者を対象としたホームページの立ち上げも計画されている。また、ヘアーサロンの広告が『ビッツ』に出た次の日などは、そのお店に『ビッツ』をみた中国人若者客が増えたり、また、『ビッツ』のデザインの斬新さを評価する中国系読者からの中国語版発行の要望もあったりと、近年のカナダへのアジア系移民の増加を視野に入れたビジネス展開も今後考えていきたいという。

『ビッツ』の特徴と役割
●海外生活の行動触発剤

『ビッツ』に最も顕著な特徴は、日本語でトロントの最新エンターテイメント情報が掲載されていることである。『ビッツ』がトロントで最大の発行部数を誇っているのは、短期滞在の日本人にとって英語イベント情報誌を活用することは現実に難しく、短期間の海外生活を最大限に楽しむために日本語の情報を必要としているからである。日本の人気雑誌に近い情報提供の仕方を心がけ、観光ガイドに載っていない情報を、日本人が見たくなるようなデザインで提供していることもこの雑誌の人気の要因であろう。一面カラー写真のFOOD欄は特に人気が高く、そこでは、若者層にうけそうなおしゃれなレストランだけでなく、トロントラーメン情報など、中年男性層も取りこめるような内容も含まれている。このような仕事を『ビッツ』の代表者は「裏方」として位置づけるが、これらの情報は日本人短期滞在者の行動・活動範囲を広げ、その結果として、彼らのカナダ滞在経験・海外生活の充実化を促

Ⅲ　欧米に越境したアジア人ネットワーク

進する効果があるといえるであろう。

●日系コミュニティ内をつなぐ

『ビッツ』のもう一つの特徴は、カナダにある既存の日系組織と新移住者とをつなごうとする試みがみられることである。『ビッツ』の代表者によれば、トロントの日系コミュニティでは、戦前の移住者の子孫であるカナダ生まれの二世以降のコミュニティ、戦後の日本人企業家、そして、近年のワーキングホリデーや留学を機にカナダにやってきた新移住者の三つの結びつきが希薄であるという。『ビッツ』の広告やイベント欄を見ると、二世を中心とした日系コミュニティ主催のイベント情報や日本人商工会主催のゴルフトーナメントや文化イベント情報も掲載されていることが分かる。さらに、カナダ滞在歴の長い日本人を新移住者に紹介するためのコーナーも今後実現していきたいなど、日系コミュニティ全体の活性化を視野に入れた情報提供の形がうかがえる。「日本人コミュニティが大きくなるのを待つのではなく、いまあるコミュニティをどう活性化していくかが大切だ」と語る『ビッツ』の代表者は、新移住者が既存の日系コミュニティを媒介にしてカナダでの生活を築いていくことのできる関係づくりのための橋渡しをしていきたいという。

■トロント"最"発見マガジン『ビンゴ』：2002年発行月刊無料情報誌
　発行部数2000部　http://www.bingomag.ca/

発行までの経緯と現状

『ビンゴ』は、カナダで手広く日本人・韓国人向けに留学情報センターを経営している韓国人移民の主導で始められている。日本在住経験があり、日本語も流暢な韓国人発行人は、2000年以降トロントに日本人留学生が増え始めたことに気づき、2002年春、留学情報センターで働く日本人と共に『ビンゴ』を発行している。日本人コミュニティの活性化とカナダ人に日本文化を紹介する場づくりが当初の目的であったという。日本人のみで始められた他の二つの雑誌が自宅事務所から出発しているのに対して、『ビンゴ』は、ト

第16章：カナダにおける「新移住者」向け日本語マガジンの登場

ロントのコリアタウンの真ん中にオフィスを持っての始まりであった。

当初の立ち上げは、語学学校や日系企業のスポンサーがつきやすかったため、比較的スムーズに進んだという。現時点でのスポンサーは、発行人である韓国人の経営する留学情報センターと広告主の中心となる語学学校であり、本誌約32ページの4分の1程度を広告が占めている。しかしながら、他の日本語雑誌登場による広告主の分散化や留学生を対象とする語学学校乱立による学校経営の悪化により、広告収入の増加は現在見込めないという。さらに、語学学校は日本人留学生よりも数の多い韓国・中国人留学生対象のメディアに広告を出す方がビジネス効果が高いため、日本人対象の雑誌には広告主がつきにくくなってきているという現状もある。『ビッツ』が中国系移民を潜在的な読者層として捉え、アジアからの移住者をビジネス展開の契機として考えているのとは対照的に、ここでは、アジアからの移住者、つまり、韓国と中国からの留学生をめぐって展開される学校同士の競争が、『ビンゴ』の発行部数の増加や雑誌内容の充実化を困難なものにしている現状がうかがえる。

また、『ビッツ』が永住者である代表者を中心に発行されているのとは対照的に、『ビンゴ』は20歳から30歳のワーキングホリデーの日本人編集長が中心となっている。現時点では、編集者1人と常駐のライター3人という構成である。ライターには、カナダ在住の短期滞在者、日本在住の日本人、また、過去に『ビンゴ』のライターをしていた日本在住者やカナダ・日本以外の海外在住者などがいる。現編集長・代表者である女性は、「海外での生活を経験してみたい」という理由から2005年の春にワーキングホリデービザで来加している。カナダに来た当初は、多くの日本人がそうであるように日本料理店で働いたが合わず、日本での広告代理店勤務の経験が活かせる仕事を探す中、自ら『ビンゴ』のドアを叩いている。今後はカナダでの永住を希望しており、その準備のため、2006年の冬には『ビンゴ』の編集長をやめることが決まっている。新しい編集長もすでに決まっており、ワーキングホリデーの短期滞在者である。

Ⅲ 欧米に越境したアジア人ネットワーク

歴代編集長が短期滞在者であるため、『ビンゴ』の雑誌内容は4年間を通して少しずつ変化しているといえる。発行当初は、新移住者が必要とする生活情報や異文化理解が主であったが、2005年の冬頃から「留学生のための応援マガジン」としての位置づけを意識しての内容が多い。今後は、『ビンゴ』が企画するイベントなどを通して、留学生同士の交流の場づくりなどにも力を入れていきたいという。

『ビンゴ』の特徴と役割
●学生サポート機能

「学校を選ぶなら『ビンゴ』から」といった文章にもみられるように、他の日本語雑誌やウェブマガジンとの差別化を図った、留学生対象の情報が現在の『ビンゴ』の特徴であるといえる。スポンサーである韓国人移民経営の留学情報センターの人材やそこから入る情報を使ったコーナーに「スクールファイル」や「学びナビ」がある。そこでは、最新の学校情報や日本人が少ない会話中心のコースなどが紹介されている。また、読み書きは得意だが会話に伸び悩むといった日本人留学生によくある悩みなどを取り上げるコーナーもある。留学生を対象とした語学学校・専門学校が乱立する中、このような情報は、留学生にとって納得のできる留学生活を過ごすための重要な情報源であるといえるであろう。また、英語の小テスト、「スラングのつぼ」などの英会話コーナー、分かりやすい英語の本や英語のテレビ番組紹介など、短期滞在者の英語力上達を援助するための内容もめだっている。「B級グルメ」のコーナーでは、学生に人気がありそうな、安くておいしく、ボリュームのあるお店が現役の大学院生によって紹介されている。

●異文化適応機能

初期の『ビンゴ』の中心となっていた銀行や病院といった生活情報の提供やアイスホッケーやベジタリアン食品などのカナダ文化の説明が減少傾向をたどったのとは対照的に、異文化適応機能を担い、長期にわたり続いているコーナーに連載コラムがある。在日経験のあるカナダ人の目からみた日本人

第16章：カナダにおける「新移住者」向け日本語マガジンの登場

を語る「イアンのいいやん」や日本人の視点から見たカナダ人を語る「まさきのどないやねん」、カナダのホステスの世界を描いた「お水の女」などといったコーナーは、文化の相違が引き起こす勘違いや間違いなどを風刺的に面白く描いており、人気も高い。この要因には、情報提供に終始してしまいがちな生活情報とは違い、コラムは異文化適応のための方法を提示する一方で、新移住者が共感できて楽しめる読み物としての娯楽機能も果たしていることがあげられる。また、日本からの短期滞在者の規則的な流入に伴い、生活情報やよく知られているカナダ文化に関する情報収集がインターネットなどにより簡単になったこと、そして、その結果、今回のインタビューでも明らかになったように「みんながまだ知らない面白い情報」を短期滞在者が求めだしたことにもあるといえる。

●短期滞在日本人間・日本人カナダ人間の交流の場づくり

『ビッツ』が日系コミュニティ内をつなごうとしている一方で、『ビンゴ』は短期滞在者同士のネットワーク化をより意識していることも一つの特徴である。例えば、キャンプやバーベキューといった日本人短期滞在者を対象としたイベントを企画し、『ビンゴ』紙面で宣伝するなどといった情報発信の仕方は、日本人同士の交流の場づくりにもつながっている。ここには、短期滞在の日本人同士をつなげるための組織がトロントには存在しないため、彼らが集まる機会が少ないという事情があるという。短期滞在者同士のネットワーク化は、彼らが必要な情報を収集・交換しあったり、新しい海外生活の互助組織として機能するなど重要な役割を果たしている。さらに、このように短期滞在者が集まってイベントを開催することにより、日本や日本人のことをカナダ社会にアピールし、日本に対する理解が深まってほしいとの願いもこれらのイベントを企画する大きな動機である。

さて次に、『ビッツ』と『ビンゴ』の両者が短期滞在者をその読者層の中心に据えていることから生じる共通点についてみてみたい。

Ⅲ　欧米に越境したアジア人ネットワーク

●ロールモデル機能

　両雑誌で、長期にわたり続いているコーナーにインタビューがある。『ビンゴ』はよりローカル性を強調し、トロント在住の学生、ワーキングホリデー滞在者、トロントで仕事をする日本人の紹介を主とし、『ビッツ』には世界的に活躍するカナダ在住の日本人、海外公演を機に日本からカナダを訪れる日本人俳優、スポーツ選手、ミュージシャンといった顔ぶれが並んでいる。どちらも「カナダ・海外で活躍する日本人・日系人」がテーマとして浮かび上がっており、日本人が海外で実現可能な仕事には何があるが、そして、日本人がどのようにして海外生活を送っているのかといった読者の興味に答えるものである。特に『ビンゴ』では、留学・ワーキングホリデーを終えてトロントで仕事をする日本人にも焦点が当てられており、「トロントにあるどの学校に行けば、カナダでどのような仕事ができるのか」といった短期滞在者が長期滞在者となるために必要な情報を提供する役割も果たしている。

●出版業界経験の場の提供

　ワーキングホリデーではカナダでの就労も認められているが、英語力不足や短期滞在という性格上、日本人は日本料理店、日本食料品店、日系のギフトショップなどで働くことも多い。「出版業界を体験しよう！」と呼びかける『ビッツ』の求人募集にも見られるように、『ビッツ』や『ビンゴ』の存在は、カナダでの仕事の場が限られる日本人にその機会を提供するという側面がある。『ビンゴ』の編集長が、日本でのグラフィックデザイナーとしてのキャリアをそのままカナダで活かせる仕事環境を求めた例にあるように、移住後も日本での勤務経験が活かせる環境を提供したり、あるいは、日本で出版業界に興味があったが携わる機会がなかったといった日本人に、より「やりがい」のある仕事の場を提供する役割も果たしている。トロントでの日本語雑誌発行の経験を活かして、帰国後もマスコミ関係の仕事に就く短期滞在者もいるなど、2国間をつなぐ形でのキャリアアップを目指すといったライターも見られる。

●日本人呼び寄せ機能

　『ビッツ』と『ビンゴ』両者に見られるもうひとつの特徴として、日本か

らの日本人の呼び寄せ効果が挙げられる。『ビッツ』のホームページの日本からのアクセス件数は増加する一方であり、このサイトを利用して、日本にいる間にカナダでの住まいを決めてくる日本人も多くなってきているという。また『ビンゴ』は、日本のワーキングホリデー協会各支部とカナダ大使館にも配布されており、日本在住の日本人からは日本語雑誌がトロントで発行されていることに対するおどろきの声などを聞くという。日本在住の日本人が、これらの日本語雑誌をどのように使っているかに関しては、今後の研究が待たれるが、観光ガイドには載っていないトロントの情報を日本語で提供している『ビッツ』や『ビンゴ』はカナダ滞在を日本で計画する日本人にとっても重要な情報源であるといえるだろう。

2.2 出産・子育てに取り組む日本人向け雑誌

■子育て応援マガジン『マンマ（mamma）』：2005年発行月刊無料情報誌
　発行部数4500部　http://www.mammamag.ca/

発行までの経緯と現状
　マンマの発行者でもある現編集長の女性は、1993年にはじめて学生としてトロントにやってきている。トロントは日本の留学センターの紹介であり、特に希望していた留学先ではなかったという。デザイン学校で広告デザインを専攻し、日本帰国後は、グラフィックデザイン会社で２年間働いている。しかしながら、時間に追われるような日本での生活に疑問を感じ、1996年にワーキングホリデーを利用して再度カナダに渡り、その後、トロントのデザイン会社でグラフィックデザイナーとして５年間働いている。
　カナダでの出産・子育ての大変さを経験する中、既存の日本語雑誌・新聞には、出産を控えた家族や子育てに取り組む日本人のための情報が欠如していることを痛感する。出産１年後の2004年秋頃、同じような立場にいる日本人が他にもいるはずであるとの思いから、日本語での子育て応援マガジンづ

Ⅲ　欧米に越境したアジア人ネットワーク

くりを具体的に構想し始める。子育て情報のみでなく、子供の入学の手続き、車や家の購入方法など永住を前提にした情報提供を考えたという。また、グラフィックデザイナーとしての経験をいかし、新聞とは違って写真とイラストを多く盛り込んだ情報誌を目指したと当時を振り返る。さらに、一度きりのイベント情報誌ではなく、読者が家に置いて、必要な時に必要な情報が利用できるような雑誌をつくりたかったという。マーケティングを兼ねて参加した日本人の親のためのメーリングリストを通して、現副編集長・写真家である日本人女性と出会い、その後2人で2005年の5月に『マンマ』を立ち上げる。

2005年当時、日系コミュニティ内での自営業者はどこも経営が厳しく、発行までの資金集めは特に大変であったという。『マンマ』が発行された2005年にはすでに『ビッツ』『ビンゴ』が発行後3年を迎えており、この時点で広告取りの競争率が高かったことがうかがえる。また『マンマ』は、読者が小さい子供を持つ日本人に限定されるため、広告効果に懸念があるという理由からも広告主がつきにくくなっている。現在は、日本人歯科や旅行会社が主な広告主となっているが、不動産関係や公文教室などにも働きかけているという。広告主確保の苦労とは違い、『マンマ』の発行にかかわってくれるボランティアは比較的簡単に見つかったという。日本語学校の説明会や日本人の親のためのメーリングリストを通して行った求人募集では、トロントだけでなく、トロント郊外、また、トロントのあるオンタリオ州以外からもライター、イラストレーター、病院関係者などの協力者が6、7人集まっている。

現時点では、広告主の開拓と部数の拡大が課題である。そのためにも、今後、トロント日本領事館やカナダの大手日本企業にも働きかけたり、日本で発行されている子育て雑誌に、海外の子育て紹介欄を設けるなどといった企画なども考えていきたいという。

『マンマ』の特徴と役割
●出産・子育て知識の提供
『マンマ』の読者の中心が、カナダで結婚、永住し、子育てに取り組む20

第16章：カナダにおける「新移住者」向け日本語マガジンの登場

代半ばから30代半ばの女性、もしくは、子連れで海外駐在をする日本人家族であるため、初めて妊娠・出産を経験する女性のための情報がまず目に付く。カナダで看護士をする日本人女性のコーナーでは、言語・文化的差異を視野に入れた産婦人科の専門知識が日本語で分かりやすく説明されている。病院の出産が一般的な日本に比べ、カナダでよく利用される助産師制度や北アメリカの生活スタイルになじむことによる乳がんの増加などはその１例である。

　専門的な知識に続き、日常生活に役立つ情報がある。ベビーカーでも動きやすい地下鉄駅構内の説明、カナダの長い冬の間自宅以外で子供が遊べる場所、日本ではなじみの薄い食材を使った日本料理、日英バイリンガルの遊び歌の紹介などである。どこでどのように子供を遊ばのすか、何を食べさせるのかなどといった情報は、日本にいれば家族・友達などのネットワークから手に入れることができるという。それゆえ、日本人の母親同士のネットワークもなく、また、カナダの事情に詳しく日本語で相談できる家族・知り合いも身近にいない環境の中で、閉じこもり気味になったり、孤立化しやすい日本人の親を念頭に置いた内容である。

　●カナダの出産・子育て文化解釈

　出産・子育て情報とあわせて取り上げられているのが、カナダと日本の出産・子育てに関する考え方の相違である。永住する日本人女性の約40パーセント（コバヤシ 2003）が日本人以外と結婚していることを考える時、文化的相違から生じる日々の悩みを扱う「国際結婚の悩み」や日系保育園からの情報をもとにした「悩み相談室」のコーナーが、読者の関心事であることは想像に難くない。朝・昼は母と子が日本語で話すため夫を入れた家族全体での英語の会話が少ない、日本の両親とカナダ生まれの孫との交流がないなどといった２つの文化、言語、国の間でゆれる女性像がここでは浮き彫りになっている。日本語でのカウンセリングが可能な日系のソーシャルサービスセンターのイベント情報も随時掲載されているため、コミュニティを持たない新移住者である読者が、『マンマ』を通して既存の日系サポートシステムとの

Ⅲ　欧米に越境したアジア人ネットワーク

結びつきを深めていくといった橋渡しの役割も果たしていると考えられる。

●母親・女性の活動の場の提供

『マンマ』にかかわるボランティアには主婦も多いが、彼女たちが『マンマ』作成に協力している理由として、子育てとは別の「自分の時間」がもてることにある。子供と母親の1対1の関係が24時間続いたり、今まで仕事をしていた女性が母親となり家庭に入ることからくるストレスは大きく、『マンマ』のために割く時間は、子育てとは別の「楽しめる時間」であるという声が聞かれるという。ボランティアには報酬を払えるだけの余裕がないため、『マンマ』を大きくすることを通して、彼女たちの活動の場を広げていく手伝いをしていきたいと代表者は語っている。

●カナダでの子育て・家族関係モデルの提供

『マンマ』の毎月のインタビューでは、妻・母親であると同時に、やりたいことを追求し、海外で活躍する日本人女性とその家族がロールモデル的に掲載されている。特に、インタビューを受ける人の毎日のスケジュールを紹介する「my schedule」は、カナダで働く女性がどのように子供との時間を作っているのか、夫とどのように家事を分担しているのかといった疑問にも答えるものである。また、日本人の父親も過去4回ほど登場しており、ここでは、カナダに来てやりたいことを追い続ける父親の姿、そして、日本人の父親として子供たちに何を伝えていきたいのかといった内容が中心となっている。ここには、『マンマ』を発行する傍らデザイナーとしてのキャリアを磨きたいと語る代表者の姿勢が現れている。インタビューを通して、読者が自分とは何かを見つけたり、考えたりするきっかけにしてほしいという。

3　まとめにかえて──カナダの日本語マガジンの今後

ここでは、まとめにかえて、戦前・戦後の日系新聞との比較を通して、これらの新移住者向け雑誌の新しさをその特徴と役割に焦点をあてて振り返ってみたい。そして、その中から見えてくる、今後の日本語マガジンの可能性

第16章：カナダにおける「新移住者」向け日本語マガジンの登場

についても触れてみたい。

　まず、発行にかかわる側の人材であるが、カナダ・日本間のワーキングホリデー制度が、彼らのカナダ渡航・永住のきっかけとなったことが明らかになっている。３つの雑誌の現代表者のすべてが、ワーキングホリデーを利用して1990年以降にカナダにやってきている20代後半から30代半ばの日本人である。また、コンピューターグラフィックなど、日本でのキャリアを現在のカナダでの仕事に結び付けているといった類似点もみられる。また、３人のうち２人はすでに永住者であり、もう１人は現在永住の手続きを進めているなど、ワーキングホリデーを経験した後に永住するといった系譜をここにたどることができる。

　まず、これらの新しい雑誌を見ると、戦前・戦後の日本のニュースを取り入れた文字中心の白黒日系新聞とは違い、日本のニュースがなく、また、イラストや写真をふんだんに盛り込んだ色鮮やかなデザインが目立つ。日本のニュースが掲載されない理由としては、日本で重要なニュースがあればインターネットですぐアクセスできる時代背景があると考えられる。日本に関する内容といえば、娯楽的な読み物として掲載されている『ビッツ』の日本スポーツ芸能情報や『ビンゴ』の日本の流行を紹介する「日本の今」といったコラムのみである。これらの雑誌は、英語のインターネットや英語情報誌にしか載っていないような情報を日本語で発信しており、そこでは、インターネットで得られる日本語情報との差別化が意識されている。

　これらの雑誌に共通する役割としては、ローカルな情報を通じて新移住者同士の交流やネットワーク化を図るという側面がある。この背景には、既存の日系コミュニティと新移住者との間の言語・文化・年齢による違いが大きいこと、それゆえ、新移住者が海外で必要なネットワークを既存のコミュニティから得にくいことがある。特に、短期滞在型の新移住者は流動性も高く、新移住者コミュニティといったものはできにくい傾向にあるため、ここでみた雑誌の代表者のようなワーキングホリデー経験のある長期滞在者が中心となり、ネットワークづくりが試みられているといえるであろう。だがここで

Ⅲ　欧米に越境したアジア人ネットワーク

は、新移住者を１つのコミュニティとして捉えるネットワーク化というよりは、それぞれの雑誌の性格上、ワーキングホリデー利用者、留学生、日本人の母親といったような、より細分化された形でのネットワーク化がみられる。このような新移住者同士をつなぎ、その声をまとめていこうとする試みは、今後、戦前・戦後の日系コミュニティと新移住者をつないでいくにあたって、重要な役割を果たすと考えられる。このような視点からも、新しい日本語雑誌同士の交流や連携が今後期待される。

　戦前・戦後の日系新聞とこれらの新しい日本語雑誌の共通点として、その経営の不安定さや経営拡大の難しさが挙げられる。新しい日本語雑誌が直面している問題は、戦前・戦後の日系新聞が経験したような読者減少や日系コミュニティの小ささだけではなく、語学学校の飽和状態や韓国・中国系移住者の拡大といった日本人コミュニティ外の要因が影響しているものもある。トロントやバンクーバーなどの都市部では、都市人口の40パーセント近くが非ヨーロッパ系であり、その半数以上がアジア系である。このようなカナダの人口構成の変化を考えるとき、日系コミュニティの活性化だけでなく、アジア系移民の増加に伴うアジア系メディアの需要と重要性の高まりを視野に入れ、韓国・中国系読者層・広告主を開拓するといったビジネス展開が、今後大きな鍵を握っているといえるであろう。

　アジア系移民を意識した日本語雑誌の方向性を考えるとき、アジア系若者層を対象に発行されている英語雑誌の存在も注目される。雑誌『ライスペーパー（RICEPAPER）』などは、カナダ政府や州の文学芸術雑誌部門からも補助金を受け、国営ラジオ放送であるＣＢＣからもインタビューを受けるなど、カナダの多文化主義制度を雑誌の拡大や活性化に最大限につなげている。

　「日系コミュニティを対象とした日本語雑誌」という視点から、「アジア系プレスの一部としての日本語雑誌」という視点への転換は、今後のカナダの日系プレスのあり方に新しい発展の方向を与えてくれるかもしれない。

第16章：カナダにおける「新移住者」向け日本語マガジンの登場

注
（1）日系新聞には、一世を対象とする日本語新聞と二世以降を対象とする英語・日英バイリンガル新聞がある。そのため、本稿で日系新聞と呼ぶときはその両者を含め、日本語新聞と呼ぶときは一世を対象にした日本語のみで記述された新聞をさしている。
（2）「日系コミュニティ」と言う場合には、戦前・戦後・現在までの日本からの移住者やその子孫全体を含め、戦前の移住者の子孫である二世以降の日系人と戦後カナダに渡ってきた日本からの企業家を中心としたコミュニティを強調する場合には「既存の日系コミュニティ」とする。
（3）ここでは、日本からの移住者を先祖に持つカナダ市民権保持者を日系人、そして、カナダの永住権をもつ日本国籍保持者と学生ビザ、ワーキングホリディビザ、就労ビザなどでカナダに短期滞在する日本国籍保持者を指す場合には日本人と呼ぶ。
（4）戦前・戦後1990年代までの日本人移住者・日本語と英語の日系プレスの変遷に関しては、白水（2004）が詳しい。
（5）「新移住者」の用語に関しては、短期滞在者を含めない使用の仕方も見られる。しかし、短期滞在の日本人と短期滞在を経て永住権を取得している日本人の間には、カナダ渡航の理由に関してかなりの重なりが見られるため、ここでは短期滞在者と近年のカナダでの永住権取得者を含めて「新移住者」と呼んでいる。

参考文献
コバヤシ・オードリ、2003、「ジェンダー問題〈切り抜け〉としての移民」岩崎信彦編『海外における日本人、日本の中の外国人』昭和堂、224-238。
白水繁彦、2004、『エスニック・メディア研究——越境・多文化・アイデンティティ』明石書店。
日本ワーキングホリデー協会、2006a、「ワーキング・ホリデー制度とは」（http://www.jawhm.or.jp/jp/prgrm/index.html）
日本ワーキングホリデー協会、2006b、「ワーキング・ホリデービザの発給数」（http://www.jawhm.or.jp/jp/prgrm/2006viza.pdf）
目標達成サイト、2006、「今月のチャレンジャー」（http://www.challenge.ne.jp/）
Citizenship and Immigration Canada, 2006, *Foreign Students in Canada 1980-2001*, Ottawa: Citizenship and Immigration Canada.
Statistics Canada, 2006a, *Visible Minority Groups, 2001 Counts, for Canada, Provinces, Territories, Census Metropolitan Areas and Census Agglomerations, Toronto, Vancouver*. Ottawa: Statistics Canada.

Ⅲ　欧米に越境したアジア人ネットワーク

［謝辞］
　今回の調査のために、貴重な時間を割いてインタビューをうけてくださった『ビッツ』『ビンゴ』『マンマ』の代表者にこの場をかりて感謝の意を評したい。

編著者

佐々木　衞（ささき　まもる）　神戸大学文学部教授

執筆者一覧

佐々木　衞　　　序論・第1章
具　知瑛　　　　神戸大学大学院文化学研究科院生（博士課程）　第2章
金　永基　　　　韓国中小企業庁市場経営支援センター研究員　第3章
小林　和美　　　大阪教育大学教育学部助教授　第4章
過　　放　　　　桃山学院大学社会学部助教授　第5章
黄　嘉琪　　　　神戸大学大学院文化学研究科院生（博士課程）　第6章
金　泰賢　　　　神戸大学大学院文化学研究科院生（博士課程）　第6章
北原　淳　　　　神戸大学名誉教授・龍谷大学経済学部特任教授　第7章
藤井　勝　　　　神戸大学文学部教授　第8章
レーワット・センスリヨン　　タイ・ブーラパー大学人文社会学部助教授　第8章
橋本　泰子　　　四国学院大学社会学部助教授　第9章
タンタン・アウン　　愛知大学国際問題研究所客員研究員　第10章
高井　康弘　　　大谷大学文学部教授　第11章
大城　直樹　　　神戸大学文学部助教授　第12章
長坂　格　　　　新潟国際情報大学情報文化学部助教授　第13章
白鳥　義彦　　　神戸大学文学部助教授　第14章
首藤　明和　　　兵庫教育大学学校教育学部助教授　第15章
岩崎　信彦　　　神戸大学文学部教授　第16章
水口　朋子　　　カナダ・ヨーク大学大学院生（博士課程）　第16章

越境する移動とコミュニティの再構築
2007年3月28日　初版第1刷発行

編著者●佐々木衞
発行者●山田真史
発行所●株式会社東方書店
　　　　東京都千代田区神田神保町1-3 〒101-0051
　　　　電話 03-3294-1001　振替 00140-4-1001
　　　　営業電話 03-3937-0300

装　　幀●知覧俊郎事務所
印刷・製本●株式会社平河工業社

定価はカバーに表示してあります。

Ⓒ 2007　佐々木衞　　　Printed in Japan
ISBN 978-4-497-20705-0 C3036
乱丁・落丁本はお取り替えいたします。
恐れ入りますが直接小社までお送りください。

Ⓡ本書の全部または一部を無断で複写複製（コピー）することは、著作権法上での例外を除き禁じられています。本書からの複写を希望される場合は日本複写権センター（03-3401-2382）にご連絡ください。
小社ホームページ〈中国・本の情報館〉で小社出版物のご案内をしております。
http://www.toho-shoten.co.jp

中国村落社会の構造とダイナミズム

佐々木衞・柄澤行雄編／A5判432頁／北京近郊の農村で日中の研究者が共同実施したフィールドワークに基づき、急激に姿を変えつつある現代中国農村における人々の生活を明らかにし、その社会構造と変容の実態を浮き彫りにする。◎定価6,300円（本体6,000円）978-4-497-20212-3

近代中国の社会と民衆文化
日中共同研究・華北農村社会調査資料集

佐々木衞編／B5判420頁／日中10名の研究者により、1986年から5年間にわたり中国で行われた「近代中国の農村社会における民衆運動に関する総合的研究」における資料集。中国民衆みずからが語った貴重な発言を収録。◎定価9,991円（本体9,515円）978-4-497-92342-4

中国の家・村・神々
近代華北農村社会論

路遙・佐々木衞編／A5判256頁／日中両国の研究者10名によって1986年～1990年に行われた社会歴史調査の成果である論文9篇を収める。近代中国の社会構造を、民衆の生活の中から捉えた論文集。
◎定価3,873円（本体3,689円）978-4-497-90305-1

21世紀における北東アジアの国際関係

愛知大学国際問題研究所編／A5判224頁／日本と中国、中国と韓国、中国と台湾、南北朝鮮など、北東アジアにおける各国・各地域間関係に対して、日・中・韓・米国の研究者が分析を加え、今後の展望を示した論文8篇を収録。◎定価3,780円（本体3,600円）978-4-497-20603-9

東方書店ホームページ〈中国・本の情報館〉http://www.toho-shoten.co.jp/

加速化するアジアの教育改革

諏訪哲郎・斉藤利彦編著／A5判320頁／積極的に教育改革を進めるマレーシア、タイ、韓国、中国の状況を、理念や政策のみならず、カリキュラムや教育内容にまで踏み込んで分析する論文集。終章では日本の教育における混迷をも指摘。◎定価3,780円（本体3,600円）978-4-497-20509-4

「近代化」を探る中国社会
日中《市場経済と文化》シンポジウム

北京市友苑中外文化服務中心編（北京市友苑中外文化服務中心発行／東方書店発売）／A5判288頁／1994年に開催されたシンポジウムに基づき、伊東光晴・今村仁司・中村雄二郎らによる日本と中国の論文25編を収録。◎定価3,262円（本体3,107円）978-4-497-96474-8

中台関係の現実と展望
国際シンポジウム 21世紀における両岸関係と日本

愛知大学国際問題研究所編／A5判200頁／両岸関係をテーマに行われた国際シンポジウムの報告。北東アジアの平和、政治・経済、文化交流をめぐって中国・台湾・日本の研究者が立場の違いを越えて議論を重ねる。◎定価2,940円（本体2,800円）978-4-497-20410-3

中国の開港と沿海市場
中国近代経済史に関する一視点

宮田道昭著／A5判224頁／アヘン戦争による開港により、中国の社会や経済、人々の生活は転機を迎えた。本書には、19世紀後半から20世紀初頭にかけて、世界経済の波に直面した中国経済の変容過程を探求した論文6篇を収録。◎定価3,360円（本体3,200円）978-4-497-20602-2

東方書店ホームページ〈中国・本の情報館〉http://www.toho-shoten.co.jp/

日中関係、国際関係における歴史的価値の高い研究・提言を精選。
冷静と熱情——その多彩な業績を集成する待望の著作集！

衞藤瀋吉著作集【全10巻】

戦後、その該博な歴史知識と冷徹かつ実証的な研究によって、日本の近代中国研究を国際的水準に引き上げた一人であり、併せて国際関係研究に学際的手法を採り入れる基礎を築いた衞藤瀋吉東京大学名誉教授の厖大な業績のうちから精選した論著を全10巻に収録。その日中関係や安全保障問題に関する分析は、時流におもねらず、冷静かつ一貫した論旨で評価が高い。他方、歴史の中に生きる人物を描写する際のロマンティシズムは、人間味豊かな名文とともに、読む者の心を惹きつけずにはおかない。なお、解説に代えて、巻末に興趣溢れる鼎談を付した。

A5判上製・本文各巻平均320頁／全10巻セット 44,100円（本体42,000円）
〔分売可〕各巻 4,410円（本体4,200円）

第1巻　近代中国政治史研究　978-4-497-20401-1
第2巻　東アジア政治史研究　978-4-497-20402-8
第3巻　二十世紀日中関係史　978-4-497-20403-5
第4巻　眠れる獅子　978-4-497-20308-3
第5巻　中国分析　978-4-497-20404-2
第6巻　国際政治研究　978-4-497-20405-9
第7巻　日本人と中国　978-4-497-20309-0
第8巻　無告の民と政治　978-4-497-20406-6
第9巻　日本の進路　978-4-497-20407-3
第10巻　佐藤栄作　978-4-497-20311-3

別　巻　総索引・総目次他　定価 2,940円（本体2,800円）978-4-497-20416-5
総索引・総目次に加え、著作集未収録のエッセイ・学界紹介などを掲載。

東方書店ホームページ〈中国・本の情報館〉http://www.toho-shoten.co.jp/

東方中国語辞典

相原茂・荒川清秀・大川完三郎主編編／四六判2120頁／中国人の身近なことばや用例、現代を読む上でかかせない新語を多数収録。類義語、会話集、中国の社会や文化を解説したコラムなどの読み物、百科項目などの事典的要素も充実。見やすく引きやすい2色刷りの本文も好評。
◎定価5,250円（本体5,000円）978-4-497-20312-0

東方広東語辞典

千島英一編著／四六判1408頁／いわゆる「香港広東語」を中心に、口語、俗語、諺、成句から、隠語や流行語まで網羅。親文字方式発音順に配列し、充実した例文にはローマ字による全文の発音を付す。また、特徴的な事物に適宜写真を掲載する。部首索引に併せて、日本語索引も収録する。
◎定価7,350円（本体7,000円）978-4-497-20508-7

東方台湾語辞典

村上嘉英編著／四六判528頁／台湾の人口の約4分の3の人々が母語とする台湾語（閩南語）。本辞典は、台湾特有の事物や風俗習慣に関する語彙から、新語、日本語からの外来語まで常用語彙を網羅する待望の本格的台湾語辞典。◎定価6,300円（本体6,000円）978-4-497-20704-3

中日日中貿易用語辞典

藤本恒・戸毛敏美・胡士雲編著／四六判528頁／日中貿易に常用される経済・貿易・法律・経理会計用語など5500余語を収録。実用的な例文・訳文を多数掲載するほか「書簡用語」「会計用語」「常用包装標識」など8種の付録も充実。◎定価4,725円（本体4,500円）978-4-497-20609-1

東方書店ホームページ〈中国・本の情報館〉http://www.toho-shoten.co.jp/